20대 (예술가의 펜으로 그린

단짠한
한국현대사

단짠한 한국현대사

초판 1쇄 발행 2019년 4월 25일

지은이   김민우
발행인   안유석
출판본부장 김형준
편 집   전유진
표지디자인 박무선
펴낸곳 처음북스, 처음북스는 (주)처음네트웍스의 임프린트입니다.

출판등록 2011년 1월 12일 제 2011-000009호
전화 070-7018-8812 팩스 02-6280-3032
이메일 cheombooks@cheom.net

홈페이지 cheombooks.net 페이스북 /cheombooks
트위터 @cheombooks
ISBN 979-11-7022-173-9 13910

단짝한
한국현대사

김민우 **지음**

처음북스

목차

머리말   007

1장 혼란스러운 해방기

1. 1945년 해방과 독립을 위한 준비 과정   014
2. 모스크바 3상 회의와 반탁 투쟁의 전개   030
3. 제1차 미소공동위원회   036
4. 미 군정의 대응 방식, 9월 총파업 및 10월 항쟁   041
5. 좌우합작 실패! 여운형의 죽음이 가지는 의미   048
6. 5월 10일, 남한만의 총선거   055

2장 정치의 귀재, 이승만 정권기

7. 제헌국회, 이승만 정부 등장   065
8. 흐르는 피와 눈물, 4.3사건과 여순사건   068
9. 토지개혁은 대한민국 경제발전의 첫 단추였다   077
10. 이승만의 정치공작과 민중의 심판   084
11. 1950.6.25. '한국 전쟁'   094
12. 전쟁 속의 비극   115
13. 전쟁 속 권력전쟁의 결과물   124
14. 이승만 vs 조봉암   131
15. 이승만을 꺾을 수 있었던 시민의식의 비결   147
16. 끝없는 이승만의 야욕과 부정선거   155
17. 4.19혁명, 제1공화국의 종결   162

3장 철권통치, 박정희 정권기

18. 허정 과도정부와 장면 정권   174

19. 5.16 쿠데타 발발   198

20. 군인들의 세상   209

21. 민정 이양 번복, 박정희 '대통령' 당선   221

22. 박정희의 대일외교 굴욕?   232

23. 외화벌이를 위한 몸부림? 베트남 파병   246

24. 6.8 부정선거 물타기, 동백림 사건   262

25. 북한의 도발과 3선개헌   281

26. 10월 유신   299

27. 김대중 납치사건과 유신 반대 투쟁   330

28. 민청학련의 배후는 인혁당 재건위!   344

29. 긴급조치9호 발동   365

30. 박정희 체제 종언   392

4장 신군부 쿠데타 세력, 전두환 정권기

31. 12.12 쿠데타와 5.17   410

32. 1980.5.18, 전라도 광주   422

33. 삼청교육대와 녹화사업   455

34. 스포츠 공화국의 이면   476

35. 균열 조짐   495

36. '1987'과 그 한계   515

맺음말   539

참고문헌   543

머리말

작년에 돌연 책을 쓰기 시작했다. 내 전공과는 무관한 역사에 관해. 그것도 까마득한 역사가 아닌, 오늘을 살고 있는 우리에게 가장 가까운 현대사를 말이다.

시간이 흘러 벌써 3년 전이 되었지만 2016년과 2017년은 나를 포함한 대한민국 국민들에게 꽤 충격적인 해였다. 1948년 8월 15일 대한민국 헌법이 탄생한 이후 최초로 대통령이 탄핵되는 사건이 벌어졌다. 솥단지처럼 열전도성이 높아 쉽게 뜨거워지는 우리나라는 온통 정치에 대한 이야기로 꽉 차있었다. 웹툰 플랫폼 댓글난에도 작품에 대한 감상보다 '하야하라'는 말이 더 많을 정도였다. 그런 와중에 나는 홀로 '그런가보다' 했다. 정치에 하나도 관심이 없었고, 원체 유행을 잘 타지 못하는 성격이기도 했다(항상 내가 무언가를 시작하면 그때가 그 무언가의 끝물이곤 했다). 그렇다. 이렇게 말하기 뭐 하지만 내가 보기에 당시의 상황은 '위대한 정치사의 한 장면'이라기보다는 '유행' 같았다. 과연 광장에 모인 저 사람들은 자기가 듣고 보고 믿는 것을 토대로 충분한 주관을 가지고 움직이는 것일까? 나만 아무것도 모르는 걸까?

판단을 내리기에는 내가 모르는 것이 너무 많았다. 그래서 뉴스를 보고 사람들과 이야기를 나눴다. 그러면서 이 사건이 어떤 단발성 이벤트보다도 더 큰 사건임을 느꼈다. 동시에 박근혜 대통령의 탄핵 그리고 비선실세 '최순실'이라는 이름이 범국민적 농담소재로 입에 오르는 것을 보았다.

두 가지를 깨달았다. 첫째, 대통령이 탄핵될 수준의 사건은 그럴만한 일이 있었기에 일어난 것이다. 그 중심에는 국민이 있었고, 국민들은 스스로 옳다고 믿는 것을 주장하고자 자발적으로 움직였다. 둘째, 수많은 사람의 결단과 행동력이 돋보였지만 그 안에는 분명 자세한 내막을 알지 못하면서 이벤트에 참여하는 감각으로 참여하는 이들도 있다는 것이었다. 그저 많은 사람의 입에 회자되니 모르면 안 될 것 같아 찾아보다가 편승해 장단을 맞추는 사람들 말이다.

물론 의식 있고 깨어있는 사람들의 헌신으로 이 나라는 존속될 수 있었다. 촛불집회와 같은 정당하고 성숙한 민주적인 행동으로 부패한 행정부가 합헌적으로 바뀐 것은 세계에서 사례를 찾기 힘들 정도니 자부심을 갖기에 충분하다. 그러나 TV에서, 언론에서 치켜세우는 만큼 대한민국 국민의 의식이 대단한지는 잘 모르겠다. 최근 청와대 국민청원 게시판에 올라오는 글들은 우리가 과연 민주주의라는 도구를 올바로 쓸 수 있는 국민이 맞는지 의심하게 만든다. 불확실한 정보의 파편만 가지고도 자신의 이익에 결부된다면 목에 핏대를 세우는 인간의 본능적인 모습. 자신과 전혀 상관없는 문제이기 때문에 함부로 판단하고 적당히 눈치 보면서 농담거리로 삼는 무책임함. 이런 행동들을 '위대한 민주시민'이라는 말로 포장할 수는 없다고 생각했다.

하지만 나 역시 우리나라의 정치와 역사에 무관심했다. 내가 바로 우리나라 민주시민의 치부였다. 그럼 어떻게 해야 하나? 최근 대한민국에서 일어난 일이 큰 역사적·사회적 흐름의 전환이라면, 나도 바람직한 나라를 일구는 데 의미 있는 한마디를 던지고 싶었다.

그 한마디를 떼기가 많이 힘들었다. 꾸준한 관심과 사랑 없이 자기 멋대로 훈수를 두는 사람은 누구도 좋아하지 않는다. 특히 나이 몇 살 더 먹었다고 그런 일을 정당화하는 것을 두고 우리는 '꼰대질'이라고 한다. 나는 나이가 어려 그런 일은 할 수도 없을 뿐더러 하고 싶지 않았기에 현대사를 공부했다. 비록 조금 느리고 멀리 돌아가는 방법이었지만 스스로에게 떳떳하고 내가 사랑하는 사람들에게 인정받는 길이라고 생각해 이 책을 썼다.

이 책은 1945년 8월 15일 해방부터 1987년 마지막 헌법 개정까지의 우리나라 현대사를 담고 있다. 한국은 고조선 때부터 오랜 세월 동안 뿌리 깊은 단일민족의 역사를 자랑하고 있지만 현재 우리가 사는 대한민국의 대부분은 1945년 이후에 만들어졌다. 그러나 여러 가지 이유로 우리는 공식적으로 국사를 배우거나 이야기할 때 해방 이후를 빼놓고 이야기하곤 한다. 아직 최근 일이라 평가가 이르다는 말도 틀린 것은 아니다. 허나 가장 커다란 이유는 우리가 해방 이후부터 지금까지 꽤 오랫동안 정치적 발언을 하는 데 거센 탄압이 가해지는 역사를 겪어왔기 때문이다. 덕분에 우리는 정치 성향을 드러내는 행동을 기피하게 되었다. 하지만 대한민국에 살면서 이 나라를 이야기하려 할 때 현대사를 모르고 이야기하기는 어렵다. 바꿔 말하자면 현대사를 공부하고 아는 것이 현재를 살아가는 우리에게 큰 도움이 된다고 나는 확신한다.

현대사를 온몸으로 밀고 온 기성세대는 젊은 세대에게 "패기가 없다"고 이야기하고, 젊은 세대는 기성세대가 자신들의 삶을 이해하지도 못하면서 함부로 꼰대질을 한다고 비판한다. 세대 간의 갈등은 서로에 대한 정보가 부족해서, 아니 서로에 대한 정보에 무관심해서 격화되고 있다. 나는 젊은 세대의 입장이지만 젊은이들이 기성세대의 삶과 그들의 사고관에 대해서도 알 필요가 있다고 본다. 물론 회식 자리 같은 불편한 분위기에서 일방적인 대화로 알게 되는 것 말고. 또한 관심을 가지고 어떤 대상을 알아가는 것만으로도 많은 것이 해결된다고 믿는다. 알아간다는 행위의 근간에는 꾸준한 배려와 사랑이 있기 때문이다.

갈등은 소모적인 싸움으로 끝나는 것이 아니라 성숙한 생각이라는 발전으로 이어져야 한다. 때문에 짧고 빠른 판단으로 서로 상처를 주고받는 사람들에게 이 책이 느리게 생각하고 배려할 수 있는 시간을 주기를 바란다. 내용이 가볍지만은 않아 더 많은 사람이 관심을 가지고 볼 수 있도록 그림도 그렸다. 내 전공이 이렇게 쓰일 수 있어서 기쁘다. 끝으로 이 책이 나오기까지 애써주신 처음북스 편집자님과 가족들, 반려견 강북이 그리고 이 부족한 책을 읽는다는 인내심을 발휘하실 독자 여러분께 감사의 인사를 드린다.

김민우

1장
혼란스러운 해방기

1.
1945년 해방과 독립을 위한 준비 과정

마침내 해방,
그런데 세계는?

제2차 세계대전이 끝난 1945년 8월 15일, 일본에게 식민통치를 받던 한국은 해방됐다. 한국이 자국의 힘으로 일본과 전쟁해 그들을 물리쳐 해방을 맞이했다면 독립국으로 나아가는 과정이 조금 달랐을 수 있겠다. 하지만 안타깝게도 한국의 광복군은 힘을 쓰지 못했고, 세계는 강대국들의 패권 다툼 속에 있었다.

2년 전, 중화민국(당시의 중국)과 영국, 미국 등 연합국 측은 이탈리아의 항복을 받아낸 상황에서 카이로 회담을 개최한다. 그들은 추축국(독일, 이탈리아, 일본 진영)에 불리한 흐름으로 돌아가고 있는 세계대전의 상황을 보고 이 회담에서 전쟁 후에 처리해야 할 문제, 즉 일본이 패배할 경우 일본이 점령한 한국의 독립을 어떻게 할지를 논의했다. 이 회담의 특별조항에는 한국이 '적절한 절차'를 거쳐 독립국으로서 기능할 수 있도록 만들자는 내용이 있다. 이는 뒤에 나오는 미국과 소련의 한국 신탁통치 문제와 연결된다. 신탁통치란 한국이 해방되고 독립이 이뤄지기까지 미국과 소련의 감독 아래에 있는 것이다. 한마디로 한국은 해방을 스스로 이룬 것이 아니라 얼떨결에 이뤘으므로 독립국을 세우고 자치할 수 있는 능력이 없다고 본 것이다.

하지만 사실 승전국인 이들에게 한국이 실제로 자치할 능력이 있는가는 중요하지 않았다. 명목은 '한국의 독립을 돕는다'였지만 일본의 항복을 받아내는 데 한국이 기여한 바가 없었기 때문에 큰소리치며 이래라저래라 간섭할 수 있는 구실이 생긴 것이다. 승전국들은 카이로 회담 이후 1944년 얄타 회담(소련이 대일전 참전을 약속함) 그리고 해방이 이뤄진 해인 1945년 포츠담 회담에서도 이를 재차 확인했다.

우리나라에서는 어떤 일이
벌어지고 있었나

한편 국내에서는 해방되기 1년 전부터 여운형 선생과 건국동맹이 활동 중이었다. 우리가 잘 알고 있는 이승만이나 김구 같은 독립운동가들은 당시 해외에서 독립 준비를 하는 중이었기 때문에 건국동맹은 국내의 유일한 독립운동 단체라고 봐도 무방했다.

해방 당시 일본의 쇼와 일왕은 실질적인 항복 선언을 라디오 방송으로 전했는데, 라디오가 대중적으로 보급되지 않았을 때라 한국 사람 대부분이 그 사실을 몰랐다. 그래서 여운형 선생이 8월 16일에 자택 뒤편의 휘문중학교 운동장 강당에서 해방을 축하하는 연설을 하고 나서야 국민들은 감격에 겨워 환호성을 질렀다.

여운형 선생은 이 자리에서 조선총독부의 엔도 정무총감과의 회담 내용도 전했다. 그는 무질서한 분위기 속에서 자칫하면 한국 내 일본인과 한국인의 유혈 충돌이 일어날 수 있었기 때문에 서로 피 흘리지 않고 일본인들이 자국으로 귀환할 수 있도록 하는 대신 다섯 요건을 내걸었다. 각지의 정치범 즉시 석방과 식량 문제 해결, 국내 치안 유지 및 건설 사업 문제에 간섭하지 말 것 등이 그것이다.

이처럼 여운형은 일본에게 한국의 해방과 건국에 협조하기를 요구했으며 또한 건국동맹을 바탕으로 건국준비위원회(이하 건준)를 조직했다. 건준은 해방 직후 국내의 어지러운 분위기를 바로잡고 치안을 유지했으며 일본인이 각종 기구, 시설, 자재를 가져가는 것을 막아 보존

하는 등의 역할을 했다. 하지만 이들의 목적은 건국 준비였을 뿐 더 나아가 국가 모델 구상을 하지는 않았다.

건준이 건국 준비를 위한 기초적인 임무 수행을 하고 있는 동안 건준의 지도부는 미군의 남한 진주 소식을 접하고 다급해졌다. 이때 박헌영이라는 인물이 등장한다. 그는 명망 있는 인물인 여운형과 접촉해 조선공산당을 부활시키고 한반도에 사회주의 국가를 건설한다는 목적을 분명히 가지고 있었다.

＜일본에게 요구하는 다섯 가지 요건＞

1. 조선 각지의 정치·경제범 즉시 석방

2. 3개월간의 식량 확보

3. 치안 유지 및 건설 사업에 간섭하지 말 것

4. 학생 훈련 및 청년조직에 간섭하지 말 것

5. 노동자들의 건설사업 협력에 간섭하지 말 것

민족주의 진영(우파)
vs 사회주의 진영(좌파)

잠깐, 조선공산당? 사회주의 국가? 박헌영은 도대체 정체가 무엇인가? 여기서 짚고 넘어가야 할 것이 있다. 현재까지도 입에 자주 오르내리는 좌파와 우파의 갈등, 그 개념이 시작되는 시점이 바로 이때다.

일제강점기 때부터 우리나라에서 일어난 독립운동은 크게 두 축으로 나눌 수 있다. 하나는 민족주의 계열이고, 다른 하나는 사회주의 계열이다.

우선 민족주의는 같은 피를 나눈 민족끼리의 동질성과 평등성을 내재한 개념이다. 한국은 오랜 시간 단일민족으로 구성된 중앙집권 국가의 역사를 가지고 있다. 때문에 우리 공동체를 같은 민족이라는 이름으로 묶고 외부 침략 세력에게 배타적인 마음을 가지는 것은 아주 친숙한 방식이다. 또한 민족주의자들이 추구한 독립 방식은 주로 독립적으로 자본력을 키우고 실력을 양성하는 것으로 무장투쟁 같은 급진적인 방식은 좋아하지 않았다. 대표 인물로 실력양성론을 제기한 안창호가 있으며 해방 이후 한국에서는 대한민국 임시정부의 일원이었던 김구, 이승만 등이 있다. 이들은 보수 우파 진영에 해당한다고 볼 수 있다.

사회주의 계열은 1917년 러시아 혁명으로 탄생한 소련이라는 사회주의 국가의 창설자 레닌의 사회주의가 추구하는 방향성과 맥을 같이한다. 우리도 많이 들어본 마르크스는 그의 책 『공산당 선언』에서 "만국의 노동자여 단결하라!"라고 주창한다. 여기서도 알 수 있듯 사회주

의는 국가 경계를 따지지 않고 노동자 계급의 단결과 혁명을 지지한
다. 이에 더해 레닌은 자본주의가 사회주의로 변화하려면 급진적인 투
쟁을 필요로 한다고 이야기했다. 즉, 사회주의는 민족을 따지지 않으며
노동자의 급진적인 투쟁으로 혁명을 일궈 모든 사람이 평등한 사회주
의 국가를 만드는 것을 목표로 한다. 이는 민족주의의 주장과 정면으로
대치된다. 이 사회주의 계열의 아주 대표적인 사람이 앞서 이야기한 박
헌영이다. 앞에서 말했듯 해방 조선을 사회주의 국가로 만드는 것이 그
의 궁극적인 목표였다.

북:
소련 군정과 김일성의 등장!

결국 남한에서는 사회주의자 박헌영의 활약으로 건준이 우익인사를 배제한 조선 인민공화국(이하 인공)으로 재편된다. 건준 지부는 인민위원회로 바뀌었으며 서울에 있던 중앙인민위원회는 극좌파 위주로 권력이 형성됐다.

중도 입장을 취하던 여운형 선생이 박헌영의 이런 움직임에 휘둘린 것을 큰 실책이라고 보는 시각도 있다. 그러나 인공이 치안 유지 및 국가로서의 기능을 감당했다는 점은 의미가 있다. 특히 3.7제라는 소작료 개혁은 일제강점기 때 소작료의 50~80퍼센트만 내면 된다는 파격적인 제안을 해 큰 호응을 샀다. 해방정국에서는 건준에서 인공으로 이어지는 이 단체가 민중에게 가장 큰 영향력을 행사했다고 볼 수 있는 것이다.

한편 북한에서는 한층 더 본격적인 사회주의 체제가 자리 잡으려 하고 있었다. 시간을 조금 거슬러 올라가보자. 일본이 항복을 선언하기 6일 전, 사회주의 국가 소련은 일본에 전쟁을 선포했다. 이때 일본은 이미 원폭을 맞아 빈사 상태였기에 소련은 만주국을 침공하고 한반도에도 진주했다. 8월 12일에 함흥, 청진, 원산을 넘어 24일에는 평양을 비롯한 38도선 이남인 개성까지 진출했다. 소련은 일제가 물러갔으며 조선은 해방됐다는 포고문을 발표했지만 그날로 조선에 간접통치를 행사했다.

당시 북한은 민족주의 계열 조만식이 이끄는 건준 평안남도 지부가 활발히 활동 중이었다. 사회주의 세력은 미미했다. 한반도의 지리적 위치상 소련 체제에 우호적인 입장을 취하도록 만들어 놓을 필요가 있다고 판단한 소련 군정의 수장 치스차코프는 북의 단체와 지도자들을 소집해 이렇게 말한다. 각 단체는 인민정치위원회라는 하나의 조직으로 재편한다. 단, 민족주의자와 사회주의자의 비율을 동일하게 하는 조건으로 말이다. 이때부터 소련은 북한의 우파 주류 현상을 억제하고 사회주의 노선으로 나아가도록 기초적인 작업을 하기 시작했다. 하지만 동시에 곳곳에서 소련군의 만행 소식도 들렸다.

이윽고 간접통치를 표방하던 소련 군정은 북한이 본격적으로 사회주의 노선을 밟도록 김일성이라는 인물을 활용하기로 한다. 김일성은 보천보 전투에서 활약한 인물로 이미 사람들 사이에 명망이 있었다. 이 전투가 일어난 1937년은 일제 치하 독립운동에 대한 강도 높은 탄압으로 무장투쟁이 잠잠하던 때였다. 보천보 주재소를 습격한 김일성과 병력 170여 명이 거둔 실질적인 성과는 미미했지만 독립군의 투쟁이 죽지 않았음을 보여줬고, 이는 김일성이라는 인물이 대중 사이에서 유명세를 타기에 충분한 스펙이 됐다.

소련은 김일성을 지도자로 추대하고자 적극 지원했다. 김일성은 독립된 북한 내의 공산주의 지도부가 필요하다고 보았고, 박헌영과 합의해 조선공산당 북조선분국을 두었다. 10월 14일에는 김일성 장군 환영 평양시민대회가 열렸고, 이로써 김일성은 북한 지역의 사회주의 세력을 통제할 권한을 쥐었다.

조만식과 조선민주당의 민족주의 그룹은 김일성과 조선공산당을 밀어주는 소련 군정에 반발했다. 11월 16일, 소련 군정 규탄 시위가 벌어졌다. 소련군은 시위를 주도한 개신교 계열 기독교사회민주당을 강경 진압했으며 더 나아가 교회를 습격하고 현장 사살까지 하는 등 과격하게 대처했다. 이에 신의주 학생들이 반공을 외치며 시가지 행진으로 다시 맞섰고, 소련군은 총을 쏴 인명피해를 내며 행진을 진압했다. 이 과정 속에서 수천 명이 체포, 투옥됐고 주요 민족주의자들이 배후로 지목됐다. 결국 민족주의 진영 사람들은 강경한 탄압을 이기지 못하고 월남했다. 이렇게 북한의 우파 세력은 완전히 거세됐고, 김일성을 중심으로 한 사회주의 세력이 더욱 견고해졌다.

미 군정과 이승만,
김구의 귀국

소련군이 한반도에 빠르게 진주하자 미국 측은 당혹감을 감출 수 없었다. 어느새 2차 세계대전 때의 일본과의 대치 구도가 소련 사회주의 정권과의 대치 구도로 변모했기 때문이었다. 이를 막고자 미국은 소련에게 한반도 분할 구상안을 제기했고, 적절한 경계선으로 국제사회에서 줄곧 이야기돼온 북위 38도선을 채택했다. 이때부터 38선이 미군과 소련군의 주둔지를 구분하는 군사분계선이자 나아가 각자의 독자적 군정 체제를 분리하는 기준선이 된다.

9월 8일이 돼서야 일본의 아베 노부유키 총독은 항복 문서에 서명했고, 한반도에는 미 군정이 들어섰다. 존 하지 중장을 비롯한 미 군정은 한반도의 행정 상황에 무지했다. 때문에 '체제 유지를 통한 효율성 극대화'라는 이유로 일제강점기 때 국민을 통치하던 친일파 관료들을 그대로 다시 등용했다. 친일파들 역시 해방이 된 후 발 디딜 곳이 없었기에 미 군정에 충성을 다했다. 해방이 됐는데도 친일파들이 다시 출세하는 암담한 현실에 민중은 격한 반감을 가질 수밖에 없었다.

또한 미 군정은 좌파를 탄압하는 방향성을 견지했고, 기본적으로 한반도 내에 존재하는 정치 세력을 인정하지 않았다. 즉 인공세력을 인정하지 않은 것이다. 대신 정당을 통한 정치 활동을 인정해주기로 했다. 인공은 해체되었고, 곧바로 정당이 수백 개 가까이 우후죽순 생기기 시작했다.

미 군정은 그중 극우 계열의 한국민주당(이하 한민당)을 적극 지원했는데, 한민당은 일제강점기 때의 지주계급과 친일파 등이 주요 구성원인 정당이었다(한민당 외에 우리가 기억해야 할 주요 정당으로는 중도 우파 안재홍의 국민당, 중도 좌파 여운형의 조선인민당, 그리고 극좌파 박헌영의 조선공산당[이하 조공]이 있다). 미 군정의 기본적 입장이 친일관료집단을 베이스로 하는 한민당을 적극적으로 지원하고 조공과 같은 좌파를 탄압하는 것이었으므로 좌우 갈등은 본격화될 수밖에 없었다.

이런 상황 속에서 모두가 기다리던 명망 있는 인물이 입국한다. 바로 이승만이다. 그의 정통성은 대한민국 임시정부 요인 이력으로 민중에게 이미 각인되어 있는 상태였다.

이승만의 등장이 정치난상 속의 한반도에 큰 반향을 가져올 수밖에 없는 이유는 몇 가지 더 있다. 첫째, 그는 미국 프린스턴 대학에서 국제법으로 박사 학위를 받았다. 학위수여자는 미국의 28대 대통령 우드로 윌슨으로 이승만과 친분이 깊었다. 또한 이승만은 미국 사교계에서도 독보적인 존재감을 뽐냈다. 둘째, 『일본 내막기』라는 그의 저서에서 예측한 일본의 공격성과 예측불허성이 진주만 공습이라는 현실로 나타났다. 그의 날카로운 통찰력이 세계적으로 입증된 것이다.

이런 연유로 이승만은 미국과 세계가 무시하지 못할 영향력을 가지고 있었다. 때문에 국내 좌파와 우파 역시 모두 그를 자기편으로 끌어들이고 싶어 했다.

하지만 이런 '빵빵한' 뒷배경에도 불구하고 부족한 자금줄이 그의 최대 약점이었다. 그래서 그는 지주계급 위주로 구성된 한민당을 선택했다. 물론 한민당의 영수 추대는 거절했지만, 그쪽으로 기울어진 경향이 있음은 부인할 수 없다.

사실 초반에 그는 국내 분위기를 읽고자 독립촉성중앙협의회를 조직해 좌, 우를 봉합하려 했다. 다만 그는 기본적으로 극우 성향이어서 시간이 지나자 사회주의에 대한 공격성 발언을 하는 등 본격적으로 자신의 정치 성향을 드러냈다. 그 후 줄곧 이승만은 반공(反공산주의)의 길을 걸었다.

이제 우리가 잘 아는 인물이 또 한 명 등장할 차례다. 바로 김구다. 그는 11월 23일이 되어서야 귀국했다. 왜 그랬을까? 미 군정이 인공과 마찬가지로 임정(대한민국 임시정부)또한 인정하지 않았기 때문이다. 임시정부 자격으로 귀국하겠다는 김구와 이를 막는 미 군정 사이에 갈등이 생기면서 임정 요인들이 개인 자격으로 각각 귀국하기로 타결을 볼 때까지 시간이 많이 흘렀다. 물론 이는 국내 정치 상황을 인정하지 않은 미 군정의 독재 탓이지만, 우리는 여기서 김구의 면모를 엿볼 수 있다. 그는 일제 치하 당시에는 명망 있는 독립 운동가이자 민중의 신임을 얻는 지도자였지만 해방 이후 본격적인 국가 건설에 있어서는 세태 변화를 수용하는 유연성이 조금 부족했다.

국내에 들어온 김구 또한 한독독립당(이하 한독당)이라는 또 하나의 세력을 형성했다. 그는 정치 활동을 할 때 '3.1운동 이후 설립된 대한민국 임시정부의 법적 정통성을 계승한다'는 방향성을 반복적으로 드러냈다. 불행한 것은 일제에 항거하고 독립을 꾀한 임시정부의 정통성이 국내에서는 인정받고 있었지만 앞서 보았듯 실권을 가지고 있는 미 군정에게는 관심 밖이었다는 점이다. 시대는 명확히 변하고 있었지만 김구는 임시정부의 정통성을 기반으로 한 독립적 자기 세력 유지에 골몰했다.

1945년, 한반도는 해방 이후의 길을 모색하고 있었다. 명망 있는 인물들도 모두 복귀했고 모두가 조국의 독립을 열망했지만 막상 닥친 국가 건설 준비는 쉽지 않았다. 끊임없이 강대국 소련과 미국의 입김이 불었고, 국내에서조차 좌, 우 세력 간의 입장 차이가 존재했다. 소련과 미국의 편향적인 정치 방향은 이 입장 차이가 첨예한 갈등으로 번지도록 부채질했다. 준비되지 못한 해방 속에서 민중은 배를 곯고 있었다.

2.
모스크바 3상 회의와 반탁 투쟁의 전개

모스크바 3상 회의와
〈동아일보〉 오보 사건

1945년 12월, 소련에서 모스크바 3상 회의가 열렸다. 미국, 영국, 소련 3국은 이 협정에서 다음과 같이 협의했다.

1. 한국에 남·북한 모두 참여하는 단일 과도정부 수립을 위한 미소공동위원회(이하 '미소공위')를 설치한다.
2. 한국의 과도정부와 미소공위의 협의 하에 최대 5년간의 신탁통치안을 구상 및 실시한다.

해방이 된 8월 중순부터 12월까지 거의 다섯 달 가까이 국내 정치는 합의점을 찾지 못하고 있었다. 북쪽은 소련 군정이, 남쪽은 미 군정이 들어서 혼란과 세력 다툼을 조장하고 있는 가운데 민중의 혼란 또한 만만치 않았을 것이다. 그런 와중에 나온 모스크바 3상 회의 내용 중 신탁통치 부분은 민중에게 일단 무조건 반발을 살 수밖에 없지 않겠는가. '드디어 일본에게서 해방됐는데 또다시 다른 나라의 지배 아래 놓인다고? 이게 말이 되는 소리야?'라는 목소리가 생생히 들리는 듯하다.

사실 3상 회의의 주안점은 신탁통치보다도 과도정부 수립에 있었다. 하지만 뚱뚱한 친구 앞에서 돼지 얘기를 꺼내기 조심스러워지듯, 한반도의 민심 앞에 그토록 염원하던 독립이 유보된다는 말을 꺼내기는 조심스러웠다. 때문에 이 예민한 '신탁통치 문제'를 포함한 3상 회의 결과를 민중에게 전달할 할 때는 더욱 그 논지를 명확히 할 필요가 있었다.

그런데 12월 27일, 정식 결과가 발표되기도 전에 <동아일보>에서 '모스크바 3상 회의에서 소련이 신탁통치안을 제기하고 밀어붙였다'는 내용의 자극적 오보를 낸다. 그러나 사실 신탁통치는 미국에서 먼저 제기했고, 회의는 신탁통치보다 과도정부 수립을 주된 안건으로 두고 진행되었다.

그렇다면 이 오보 사건의 저의는 무엇이었을까? 오보를 낸 <동아일보>의 사주 김성수와 사장 송진우는 모두 한민당 소속으로 친미 성향의 사람들이었다. 또한 미 군정이 국내 언론을 사전 검열했기 때문에 오보 내용을 용인했다는 것은 부인할 수 없는 사실이다. 물론 미 군정이 의도적으로 날조 기사를 내보냈다는 증거는 없다. 다만 이러한 정황이 드러난 상황에서 미 군정이 배후에 있었다고 가정해보면 그 의도는 명확하다. 새로 취임한 트루먼 대통령은 소련과 공산주의 확산을 경계하고 있었고 세계는 자유주의와 공산주의라는 이념 대립의 장으로 들어가고 있었다. 이렇게 한반도에 대한 미국과 소련의 쟁점이 부딪치는 가운데 일어난 <동아일보> 오보 사건은 민중의 신탁통치에 대한 반감을 소련에게 전가시켜 유리한 위치를 선점하려 한 미 군정의 전략적 오보 발행이라는 느낌을 지우기 어렵다.

반탁운동의 전개

신탁통치에 대한 무조건반사적 거부감을 가진 민중은 반대 시위의 불을 지폈다. 신탁통치를 적극 주도한 소련에 대한 부정적 입장이 득세하면서 반소운동 또한 전개됐다.

김구와 한독당 세력이 반탁 투쟁을 주도했다. 김구는 반탁운동을 이끌며 대한민국 임시정부의 이름을 다시 한 번 거론했다. 그리고 더 나아가 이를 기회로 미 군정으로부터 정권을 되찾아 임시정부를 기반으로 한 자주독립을 이루겠다는 입장을 천명했다.

그러나 이는 또 한 번 현실의 벽에 부딪치는 시도였다. 미 군정은 김구의 움직임을 쿠데타로 인식하고 제재했다. 그래서 김구는 반탁운동의 방향을 신탁통치 자체에 국한해 축소, 수정하고 방법도 비폭력으로 바꿨다.

그럼에도 불구하고 반탁 열기는 수그러들기는커녕 더욱 활발해졌다. 이런 상황 속에서 한민당의 송진우는 김구와 반대로 현실적 신중론을 제기했다. "현재 우리나라는 미군과 소련군의 통치 하에 있으므로 전후 문제가 어떤 합의 없이 반탁만 고집한다고 해서 해결될 일이 아니다. 미 군정과 합의해 결정하자." 다음날, 송진우는 암살됐다. 배후는 아직까지 알려진 바 없지만 이 사건은 당시가 말 한마디만 잘못해도 목이 날아갈 수 있는 살벌한 상황이었음을 반증한다.

'반탁은 애국, 찬탁은 매국' 공식이 날이 갈수록 힘을 얻고 있었다. 친일파 잔존 세력 또한 이 열기에 편승했다. 그런데 해를 넘긴 1946년 초, 좌파 측 조공의 박헌영이 찬탁 입장을 표명했다. 해방 정국 당시 민중 다수에게 지지받던 조공은 단숨에 매국집단으로 찍혀버렸고 오히려 친일파가 반탁 입장을 취하면서 조공을 비난하는 것으로 애국자가 되는 '신분 세탁'의 아이러니가 발생했다. 조공이 한독당 우위의 반탁 대열에 서봤자 승산이 없음을 알고 무리수를 둔 것이 화근이었다.

조공 측은 이를 무마하고자 신중하자는 입장을 취하던 다른 당과의 연합을 모색했다. 중도 좌파 여운형의 조선인민당, 중도 우파 안재홍의 국민당, 송진우의 죽음으로 위기감을 느낀 극우파 한민당이 그것이다. 이 연합을 '4당 코뮤니케'라고도 하는데, 이들은 '3상 회의 지지 후 자주적인 해결책 모색'이라는 애매한 입장을 취했고 이마저도 결국에는 대중의 반발을 우려해 입장을 철회했다. 하루 만에 결렬된 '4당 코뮤니케'와 함께 조공은 남한에서 이념적으로 고립됐다. 좌우 이념 대립은 정치권에서 민중으로 확산됐고, 격렬한 갈등 상황이 계속됐다.

한편 북한에서는 모스크바 3상 회의 결정에 대해 조만식과 민족주의 계열이 반탁 입장으로 나섰다. 그러나 곧 이어 "모스크바 3상 회의의 핵심은 과도정부 수립이다"라는 소련의 공식 발표가 나왔고 이를 바탕으로 김일성이 역공을 펼쳤다. 조만식을 평양 호텔에 연금하고 조선공산당 북조선분국을 북조선 공산당으로 명칭을 바꾼 뒤 북조선임시인민위원회를 세운 것이다. 조만식의 부재로 북한 땅의 민족주의 진영은 무너져 내렸다. 하지만 아직 소련 군정의 입김 아래 놓여있긴 했지만 단독정부를 세웠다는 의미가 있었다고도 볼 수 있다.

3.
제1차 미소공동위원회

민주의원 출범

반탁운동을 전개하던 김구는 2월 1일에 비상정치회의를 소집해 과도정부 수립을 논의했는데, 이후 비상국민회의로 이름을 바꿨다. 그다음 과도정부 정권 내각을 구성할 최고정무위원회를 설치, 의장에 이승만, 부의장에 김규식, 총리로 김구를 선출했다.

소련과의 공동위원회를 앞두고 미 군정은 이들을 과도정부 수립에 대한 남한 자문위원으로 삼아 남조선대한국민대표민주의원(이하 민주의원)을 출범시켰다. 구성원만 봐도 알 수 있듯 민주의원에서 좌파는 철저히 배제됐고 이에 대응해 박헌영, 여운형 등을 필두로 한 '민주주의민족전선(이하 민전)' 또한 결성됐다. 또 민전에 가세한 김원봉이라는 임정 소속 좌파 성향의 인물은 반외세를 외치던 김구가 미 군정 하에 있는 민주의원 총리직에 선출된 것에 반발했다.

하지만 민주의원에 속한 김구나 이승만 등의 인물이 김원봉의 우려대로 미 군정에 무조건 협조적이지는 않았다. 김구는 여전히 임시정부에 집착했고, 이승만은 이미 남한 단독 정부 수립을 구상하고 있었다.

예견된 불화였다?
미소공동위원회 개막

미소공동위원회 개막을 앞두고 예비회담이 열렸다. 해방된 해, 심한 흉년이 들어 쌀이 부족했던 북은 남에게 쌀을 지원받는 대신 화학용품 및 석탄을 지원하기로 했다. 그런데 문제는 남에서도 쌀 품귀현상이 일어났다는 것이다. 조선총독부의 마지막 총독 아베 노부유키가 한반도 내 일본인 본국 송환 문제를 처리하는 과정에서 화폐를 마구잡이로 찍어낸 것이 원인이었다. 이는 곧 엄청난 인플레이션을 초래했고, 이 과정에서 쌀을 사재기한 속칭 '모리배'들이 큰 이득을 봤다.

이 문제에 대해 미 군정은 행정적으로 무능했고, 소련 군정과 북한은 미 군정과 남한이 쌀을 지원하지 '못하는' 상황을 쌀을 지원하지 '않는' 것이라고 생각했다. 게다가 소련은 남한 내의 반탁, 반소운동의 움직임과 이를 방관하고 있는 미 군정에게 불신을 가지고 있었다.

마침내 미소공위가 열렸다. 미 군정은 민주의원을 중심으로 과도정부를 구성하자고 주장했다. 소련 군정은 반탁 투쟁을 한 정당과 사회단체를 과도정부 구성에서 배제하라고 요구했다. 반탁 세력이자 동시에 친미 세력인 민주의원을 바탕으로 소련의 공산화를 막는 것을 제일로 삼은 미 군정은 소련과 갈등이 불거질 수밖에 없었다. 그러나 다행히 일정 선에서 합의해 '반탁 투쟁 경험이 있어도 3상 회의 결정을 지지하는 정당, 사회단체에게 협상 참여를 허락하겠다'는 내용의 공동성명 5호를 도출해냈다. 하지만 이승만, 김규식 등은 이 성명을 지지했으나 김구는 반대했다. 미 군정 하지 사령관은 '특별성명'을 내서 공동성명 5호에 서명해도 반탁 의견을 고수할 수 있게 해주겠다고 했다. 이에 민주의원과 비상국민회의가 지지했으나, 이번에는 소련이 하지의 특별성명을 문제 삼았다. 공동성명 5호에 서명한 순간 반탁 의사 표명은 포기해야 한다는 것이었다. 결국 미소공위는 결렬되고 무기한 휴회에 들어갔다.

그렇게 미소공위는 결렬되었다.

4.
미 군정의 대응 방식,
9월 총파업 및 10월 항쟁

이승만의 정읍발언
그리고 좌우합작의 움직임

북조선인민위원회의 위원장에 취임한 김일성은 그 전까지 토지개혁 같은 정책을 시행하는 등 정부의 역할을 하기도 했다. 하지만 어디까지나 소련 군정의 지시 하에 이뤄졌을 뿐 단독정부로서 북한을 인정하기는 어려웠다. 또한 남한은 우파 우위, 북한은 좌파 우위인 탓에 미소공위는 휴회됐고 좀처럼 좁혀지지 않는 이념 차이로 분단이 가시화되고 있는 상황인 것은 확실했다. 결국 이승만은 이런 정세를 이용해 자신의 정치 영향력을 극대화하는 방향으로 상황을 끌고 나가려 한다. 북한과 단절하기로 한 것이다.

6월 3일, 전라북도 정읍에서 이승만이 남한만의 단독정부 수립을 주장하자 한민당 및 친일 세력을 제외한 모든 민중이 강하게 반발했다. 1000년간 역사상 유래 없는 분단에 모두가 당혹감을 느낄 수밖에 없었다. 하지만 김구는 이승만의 정읍발언을 지지하는 성명을 내며 힘을 실어줬다.

그런데 예상 외로 미 군정이 소련과 협의해 한국 문제를 처리하는 방식이 아직은 유효하다고 생각하며 오히려 이승만의 권력 집착을 비판했다. 또한 '극좌(조선공산당)' 탄압을 본격화했다. 그중 하나가 조선정판사 위조지폐 사건을 우파 성향 신문에서 연일 보도하는 것이었는데, 이 사건은 조공당원이 공산정권을 수립하려고 당 자금, 활동비 조달, 그리고 남한 경제 교란을 목적으로 위조지폐를 1200만 원 가까이 찍어낸 사건이다. 조공 측은 당 위신을 추락시키려고 조작된 사건이라고 해명했지만 이 사건의 방점은 진위 여부보다 여론 형성을 통해 조공의 대중적 입지를 위축시키는 것에 있었다.

미소공위가 휴회된 후 미 군정은 새로운 정치 노선을 설정해야 했다. '남한 단독정부 수립'의 이승만과 극우가 아닌, 그렇다고 극좌 박헌영과 조선공산당은 더더욱 아닌, 중도파, 즉 중도 우파 김규식, 중도 좌파 여운형 등을 중심으로 한 좌우합작 노선이 그것이다. 안 그래도 중도파는 미소공위 결렬에 위기감을 느껴 좌우합작의 기초를 닦는 중이었다. 민전의 여운형, 허헌 등은 민주의원의 김규식, 원세훈 등을 만나 회담을 가졌고 미 군정은 "김규식, 여운형의 합작 회담을 적극 지원한다"는 입장을 표명했다. 이승만과 김구는 초반에는 반대했으나 정읍발언으로 도리어 자기에게 부담이 돌아온 이승만은 이후 좌우합작에 수

긍하는 모습으로 변했다.

한민당 측의 중진 원세훈이 중도파 합작회담에 참여한 후 한민당 내부에서 좌우합작에 대한 의견이 갈렸다. 이때 원세훈을 비롯한 정통 민족주의 계열이 약 270명 탈당하면서 한민당은 친일파 모임으로 전락해 정치적 주도권을 빼앗긴다. 이제 좌우합작 노선에 반대하는 당은 친일파 중심의 한민당과 조공뿐이었다. 미 군정이 좌우합작을 밀어주기로 결정한 이상 그 흐름에 표면적으로라도 동의하지 않을 수 없는 상황이었다. 좌우합작 위원회가 구성되고 좌우합작 7원칙이 공개됐다.

1. 조선 민주 독립을 보장한 모스크바 3국 외상 회의 결정에 의해 남북을 통한 좌우합작으로 민주주의 임시정부를 수립할 것
2. 미국소련공동위원회 속개를 요청하는 공동성명 발표
3. 토지 개혁에 있어 몰수 유조건, 몰수 체감 매상 등으로 토지를 농민에게 무상으로 분여(유상몰수 무상분배), 시가지의 기지와 대건물을 적정 처리하며 주요 산업을 국유화해 사회노동법령과 정치적 자유를 기본으로 지방자치제의 확립을 속히 실시, 통화 및 민생 문제 등을 빠르게 처리해 민주주의 건국 과업 완수에 매진할 것
4. 친일파 및 민족 반역자의 처리 조례를 본 위원회의 입법기구에 제안, 입법기구로 하여금 심리 결정해 실시케 할 것
5. 남북을 통해 현 정권 하에서 검거된 정치운동자의 석방에 노력. 아울러 남북 좌우의 테러적 행동을 일체 즉시로 제지토록 노력할 것
6. 입법기구의 권능과 구성방법 운영 등에 관한 대안을 본 합작위원회에서 작성해 적극 실행을 기도할 것
7. 전국적으로 언론, 집회, 출판, 교통, 투표 등의 자유가 보장되도록 노력할 것

좌우합작 7원칙은 해방 후 지속된 분열과 갈등으로 좁혀지지 않던 의견을 서로의 양보 속에서 합의했다는 의의가 있다. 그러나 이 원칙은 곧바로 저항에 부딪치고 만다. 친일파 중심의 한민당은 제4조 친일파 청산을 걸고 넘어졌다. 또한 박헌영의 조공은 제3조 유상몰수 무상분배를 받아들일 수 없다며 반대했다.

9월 총파업이
10월 항쟁을 낳고

　　좌우합작이 한창 진행될 즈음, 미 군정의 좌파 탄압 전략에 조공은 민중의 지지로부터 완전히 멀어져 버렸다. 박헌영과 조공은 이래서는 안 되겠다 싶어 새로운 전략을 세운다. 9월 총파업과 10월 항쟁을 일으킨 것이다.

　　9월 13일, 사건은 경성철도공장에서 시작됐다. 미 군정은 이번에도 '노동자 관리 합리화'와 같은 그들 중심의 명목으로 노동자 수 감원과 월급제의 일급제 전환 등 노동자의 권익을 박탈했다. 이런 처사에 철도 노동자 약 3000여 명이 일급제 및 감원 계획 무산 조치와 노동자의 기본적인 권익 보호를 요구하며 파업에 들어갔지만 미 군정은 꿈쩍도 하지 않았다. 23일에는 부산 철도국 노동자 7000여 명이, 그 다음 날에는 서울철도청의 1만 5000여 명이 파업에 동참했다. 남한 철도교통망 일대에 혼란이 생길 정도였다.

　　조공 산하에는 조선노동조합 전국평의회(이하 전평)라는 규모 있는 노조가 있었다. 26일부터 전평의 주도 하에 파업이 전국으로 확산된다. 각종 출판, 통신, 전기, 해운 등 주요기관의 노동조합이 일제히 파업에 들어간 것이다. 이렇게 미 군정의 무능하고 무관심한 행정 때문에 생긴 식량난과 실업에 허덕이던 민중의 상황을 적극 이용해 조공의 정치적 공세가 '9월 총파업'이라는 이름으로 전개됐다.

　　파업이 확산되고 격해질 조짐이 보이자 미 군정은 경찰을 동원해 많은 노동자를 검거했다. 그 과정에서 우익계 노동조합 대한독립촉성

노동총연맹(이하 대한노총)이 좌익계 전평의 주도권을 탈취했다. 참고로 대한노총은 전평처럼 노동자 스스로 결성한 조직이 아니라 정부의 지원 하에 하향식으로 결성된 조직이다. 때문에 형식상으로는 노동조합이지만 정말로 노동자의 입장을 대변하는 조합은 아니었다. 이를 '어용노조'라고 한다.

대한노총은 이승만 정권 집권 후 각종 궐기대회에 동원되는, 사실상 기본적으로 정부 당국의 입장을 대변하는 단체였다. 그래서 철도노조의 새로운 대표로 대한노총 소속원이 선출돼 군정청 운수부 당국과 협정을 체결하면서 9월 총파업은 종결된다.

그런데 웬걸, 10월 1일, 대구 지역에서 사건이 터진다. 이 날은 군과 경찰의 폭행을 동반한 진압을 규탄하는 시위가 있는 날이었다. 이 집회에서 경찰이 총을 발포해 사망자가 발생했고, 이에 분노한 군중은 다음 날 경찰서를 습격했다. 곧 계엄령이 선포됐지만 성난 민중의 격렬한 시위는 수그러들 줄 몰랐고 성주, 고령, 영천, 경산 등 대구 곳곳으로 번져나가다 경남과 전남, 전북을 비롯한 전국으로 확산됐다. 10월 항쟁이 발발한 것이다.

경상북도에서만 77만여 명이 시위에 참가했다. 경상북도 전체 인구의 25퍼센트에 달하는 수치다. 여기에서 136명의 사망자가 발생했다. 더 많은 사망자와 사상자가 있을 것으로 추정되지만 그동안 이 사건은 한국 현대사의 여느 사건들처럼 폭동으로 규정돼 언급 자체를 쉬쉬해왔고, 정확한 피해 규모도 확인하기 어렵다.

10월 항쟁은 9월 총파업으로 시작된 조공의 통제에서 벗어났으며 정치적 공세로서의 의미도 가지지 않는다. 당시 민중은 해방 후 1년 가까이 좌, 우 이념에 흔들리는 혼란 정국에서 살아왔다. 통일될 기미도 보이지 않았다. 미 군정은 친일파를 우호하고 식량 배급을 제대로 하지 않거나 노동자를 탄압하는 등 무책임한 정책으로 일관했다. 민중의 속이 타들어갈 수밖에 없지 않겠는가? 이것이 9월 총파업과 달리 10월 항쟁이 자연발생적 성격을 지닌 이유다.

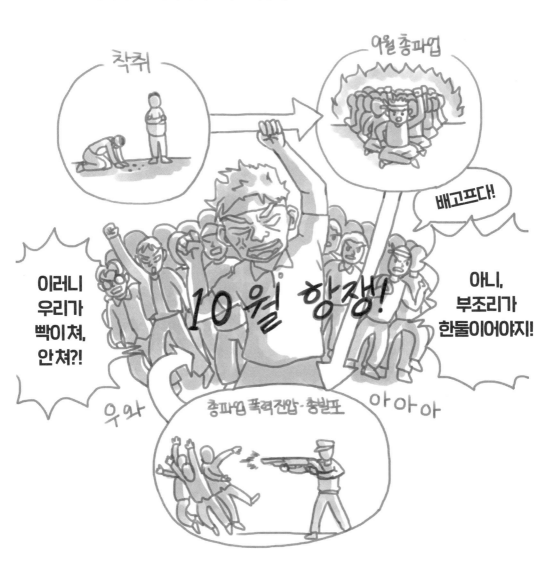

5.
좌우합작 실패!
여운형의 죽음이 가지는 의미

흔들리는 좌우합작

혼란한 와중에도 미 군정은 표면
적으로는 좌우합작 노선을 지원했다. 10월 항쟁 진상 규명을 두고 좌
우합작 위원회는 미 군정에 친일파 위주의 경찰을 개혁할 필요성이 있
다고 제기했다. 사건 격화의 근본적인 원인 중 하나인 경찰의 강경 진
압을 문제 삼은 것이다. 하지만 미 군정은 이를 받아들이지 않고 사건
의 책임을 박헌영과 조공에 모조리 전가해버렸고, 이 때문에 민중에게
도 조공이 문제라는 인식이 박혔다. 이제 조공이라는 이름은 남한에서
더 이상 존속할 수 없었다.

물론 9월 총파업은 조공 박헌영의 지시가 맞지만, 폭력을 동반한 불
법행위가 아닌 정당한 파업이었다. 그리고 10월 항쟁이 조공의 통제를

벗어난 민중의 몸부림이었다는 점을 볼 때 미 군정의 이러한 책임 전가 논리는 억지스럽다. 좌우합작 위원회가 주창한 경찰 개혁은 선을 넘어 과도하게 군중을 탄압한 경찰 50여 명의 경찰직 해직으로 끝났다. 그리고 조공은 남조선로동당(이하 남로당)으로 개편된다.

이후 미 군정은 남조선과도입법의원(이하 입법의원)이라는 남한 최초의 입법기관을 설치한다. 미 군정이 선정하는 45명의 관선의원과 간접선거로 선출되는 45명의 민선의원으로 이뤄진 기관이었다. 이에 따라 10월 하순에는 입법의원 선거를 치렀는데, 10월 사건의 여파로 좌파는 선거 참여가 어려웠다. 결국 또 좌파가 배제된 채 입법의원이 구성됐다.

다행히 극우와 중도 간 논쟁 끝에 친일파 처단법이 통과되는 등의 성과도 있었다. 또한 이는 남한에게 있어 최초의 의회 경험이기도 했다. 하지만 입법의원 의장 자리에 앉은 김규식은 좌파 및 중도파에게 미 군정의 입장을 대변했다며 손가락질 받았고, 여운형 또한 입법의원에 불참 의사를 밝히면서 좌우합작 위원회 존속이 불투명해졌다.

이듬해인 1947년 3월, 민전은 파업을 주도하면서 미소공위의 재개를 촉구했다. 하지만 미 군정은 이런 움직임에 냉담했고, 김원봉을 비롯한 파업 주도 세력 2000여 명을 투옥시키고 고문하는 등의 탄압을 가했다.

트루먼 독트린 선언과
마셜 플랜

좌우합작 노선을 채택하고 지원하기로 한 미 군정이 이런 식으로 나온 이유는 무엇일까? 해를 거듭할수록 공산주의권의 위협이 거세졌기 때문이다.

1946년, 영국의 처칠은 연설 중 '철의 장막' 발언을 한다. 철의 장막이란 2차 세계대전 이후 소련에게 주변 국가들이 편입되면서 공산주의 영향권이 확산되는 것을 경계해야 한다는 요지의 연설에서 나온 단어로 폐쇄적, 비밀주의적 대외정책으로 나오는 소련에 예속된 국가들에 마치 철의 장막이 드리워진 것 같다는 의미다.

이 철의 장막 발언은 냉전 구도의 서막을 알리는 신호탄이었다. 당시 한반도와 가까운 중국에서는 장제스의 국민당 정부와 마오쩌둥의 공산당이 내전 중이었다. 그런데 예상을 뒤엎고 공산당의 우세가 확실해지면서 한반도도 공산화될지 모른다는 두려움이 엄습했다. 소련의 핵 개발 성공 첩보 소식도 들렸다. 여기에 9월 총파업과 10월 항쟁이 연달아 터지자 미국의 불안감은 높아졌다.

위기를 느낀 미국의 트루먼 대통령은 이듬해 3월 '극소수의 무장 세력 또는 외부 세력에 의한 전복 행위에 저항하는 자유민을 지원하는 것이 미국의 정책이어야 한다'는 내용의 '트루먼 독트린'을 발표한다. 이 선언을 문장 그대로 보면 미국이 정의의 편에 서서 힘없고 가난한 국가를 지원하겠다는 것처럼 보인다. 그러나 트루먼 독트린은 공산화되는 국가들은 경제적 불균형에 그 원인이 있음을 전제로 한다. 경제적 지원을 바탕으로 소련을 견제해 이들 국가를 자유주의 진영으로 포섭하는 것이 최종 목적이었다. 미국의 이 선언은 마셜 플랜이라는 구체적인 실행책으로 이어져 소련 봉쇄를 본격화하기 시작했다.

제 2차 미소공동위원회 파행과
여운형 암살

1947년 5월 21일, 제2차 미소공위
가 재개됐다. 중도파 인사들과 각 정당, 사회단체는 미소공위를 지지하
고 과도정부 수립 협의 대상으로 참여하는 방향을 취했다. 반대로 김구
와 이승만은 전국적으로 반탁 시위를 주도했다. 예상보다 호응은 적었
다. 하지만 두 사람은 크게 신경 쓰지 않았다. 이승만은 남한 단독 정부
수립을 이미 염두에 두고 있었고, 김구는 이승만과 같은 진영에 있는
것에 만족한 듯하다.

문제는 냉전이 본격화되면서 미소공위의 핵심을 쥐고 있던 미국과
소련 사이 관계가 완전히 어긋났다는 것이었다. 소련은 이미 김일성을
중심으로 북한의 공산화를 이뤄가면서 만족 중이었고 미국 역시 자칫
하면 한반도 전체의 공산화를 불러올 수 있는 과도정부 수립은 불필요
하다고 여겼다. 이렇게 제2차 미소공위는 7월 10일에 자연적으로 파행
되었고 미국은 자신의 영향력이 큰 유엔으로 한반도 문제를 넘겼다.

그러던 7월 19일, 여운형이 극우파 청년에게 암살당했다. 해방 때부
터 건국동맹으로, 중도 좌파 노선에서 좌우합작을 꾀하는 것으로, 그
와중에 비밀리에 북한에 가서 김일성을 설득하기까지 하며 조국을 위
해 헌신적으로 종횡무진하던 그였다.

해방 정국에 좌우 갈등이 팽배한 와중에 중도 노선을 지킨다는 것은
말처럼 쉬운 일이 아니다. 단적으로 송진우 암살 사건만 봐도 그렇다.
또한 사실 여운형은 이미 예전부터 숱한 테러 위협에 노출돼 있었다.

그래서 그의 죽음은 사실상 좌우가 봉합될 여지가 소실됐다는 상징적 의미이기도 했다.

8월 28일, 미, 소, 영, 중은 4대국 회의를 제안해 한반도 남북 분단의 국제적 수순을 밟았다. 소련은 이에 반대했지만 9월, 한국 문제에 대한 유엔총회 상정안이 가결됐다.

여운형은 사망,
미국과 소련은 그렇게 결별하는데……

6.
5월 10일, 남한만의 총선거

장덕수 암살사건:
김구를 제거하라

11월 14일, 유엔 총회는 남북 총선거 안을 통과시켰다. 유엔한국임시위원단이 구성돼 이들의 감시 아래 선거가 치러질 예정이었다. 김구는 유엔 결의를 지지하는 방향이었으나 이승만은 유엔 감시 아래가 아닌 남한에서 자체적으로 먼저 총선을 치르는 조기 총선론을 주장했다. 김구의 비상국민회의를 중심으로 우파가 단결하면서 둘은 조기 총선론 노선을 타기로 합의를 봤다.

그런데 이 단합은 12월 초, 한민당의 중진 장덕수 암살사건 때문에 무산되고 말았다. 배희범과 박광옥이라는 두 청년의 소행이었는데, 이들은 스스로 자신들이 김구의 추종자라고 밝혔다. 때문에 김구가 이 사건의 배후로 의심될 수밖에 없는 상황이 됐다. 곤경에 처한 김구는 이승만에게 도움을 요청했지만, 이승만은 거절한다.

이후로도 계속 나오지만 이승만은 권력 독점을 좌우명으로 삼은 인물이다. 자신의 추종자는 둬도 2인자는 두지 않았다. 이미 남북 분단이 착착 이루어지고 있었기에 이승만에게 김구의 존재는 불필요할 뿐 아니라 오히려 '잠재적 정적'이기까지 했다. 이참에 김구가 제거되는 편이 그의 입장에서는 이로웠던 것이다.

결국 김구는 장덕수 암살 배후 혐의로 조사를 받다 무혐의로 풀려났다. 이 사건을 계기로 김구는 이승만의 배신에 치를 떨며 그와 결별하기로 마음먹는다.

남한만의 총선거 vs
김구의 반격

1948년 1월, 유엔한국임시위원단
이 구성돼 한국에 파견됐다. 위원단 측은 38선을 인정하지 않는다고 말
하며 한반도 단일국가 수립을 목표로 했다. 그러나 소련군에게 38선
이북 쪽의 입국을 제지당하면서 남한만의 단독선거로 깔때기가 모아
졌다. 한국 문제의 유엔 이관 자체가 소련이 합의하지 않은 부분이었으
니 당연한 결과였다.

한편 김구는 김규식을 찾아간다. 입법의원 의장을 지낸 경력이 있는
중도 우파 성향의 김규식은 남북지도자회의를 소집할 필요가 있다고
말했다. 미국은 2차 미소공위 파행 이후 이 문제를 유엔에 이관했지만
그는 북한과 남한이 자주적으로 이 문제를 풀어가야 한다고 본 것이다.
김구는 김규식과 함께 유엔위원회에 다음과 같은 제안을 한다.

"미, 소 양군을 철군시키고 남북요인회담을 갖는다. 남북 총선을 통
해 통일정부를 수립한다."

이에 당황한 이승만 측은 현실성 없는 주장이라며 비난했다. 여기서
'3천만 동포에게 울며 고함'이라는 유명한 연설이 나온다. 김구의 마지
막 반격이었다.

"…나는 통일된 조국을 건설하려다가 38선을 베고 쓰러질지언정 일
신의 구차한 안일을 취하여 단독정부를 세우는 데는 협력하지 아니하
겠다…"

이승만에게 배반당한 후의 김구의 정치 노선에 대해서는 평이 엇갈

린다. 김구가 자신의 편협한 생각을 뉘우치고 진심으로 국가의 통일을 염원했다고 보는 평가가 있는 반면 단순히 '이승만에 대한 김구의 복수'라고 보는 평가도 있다.

김구를 전형적인 신념 정치가라고 할 수 있을까? 신념 정치가의 특징은 정치를 할 때 자신이 옳다고 믿는 바를 밀고 나가는 대신 그 결과는 책임지지 않는다는 것이다. 막스 베버는 『직업으로서의 정치』라는 책에서 좋은 정치인의 자질로 열정과 책임 의식, 균형 감각을 꼽았다. 모스크바 3상 회의 때부터 제2차 미소공위 파행까지 지속한 반탁 운동과 좌파에 대한 한 치도 물러섬 없는 태도, 임시정부 법통에 대한 집착 등 해방 이후 김구가 한 일은 열정과 신념이 넘치고도 남는다. 다만 정치가에게 요구되는 또 다른 부분, 균형 감각과 책임 의식도 있었는지는 생각해봐야 하지 않을까 싶다. 미국과 소련의 알력 다툼 때문에 나라의 존망이 좌지우지되는 특수한 상황에서는 더더욱 말이다.

앞서 살펴봤듯 김구는 이승만의 정읍발언에 지지 성명을 냈다. 김구 또한 남한 단독정부 수립으로 대세가 흘러가도록 일조한 셈이다. 만약 이승만과 김구가 손잡고 남한정부를 수립했다면 '3천만 동포에게 울며 고함'은 세상에 존재하지 않을 수도 있었다. 혹시 김구는 자신이 이승만계에서 축출된 상태에서 단독정부 수립 이야기가 나오니 강력한 비판 밖에는 선택의 여지가 없었던 것이 아닐까. 책임 의식을 가진 정치가라면 앞으로 수립될 나라 살림 중 스스로 통제 가능한 범위의 일이 무엇인지 먼저 고민했을 것이다(실제로 앞으로 살펴볼 제 1공화국에서 희생을 치르며 자신의 역할을 감당한 인물들도 있다). 남북한의 자주적 통일은 이미 개인의 통제를 벗어난 시국이었지만 말이다.

　여운형의 죽음 이후 중도파 민족주의자들은 민주독립당을 세워 이를 중심으로 민족자주연맹(이하 민련)을 결성하고 남북 정치단체 대표자 회의를 개최한다. 민련은 2월 4일에 김구, 김규식과 북의 김일성, 김두봉의 4김 요인 회담을 결정했다. 그리고 북에 남북지도자회담을 열자는 서신을 보낸다.

　그런데 2월 26일, 유엔소총회에서 남한 단독 총선거안이 확실해졌다. 5.10총선이 결정된 것이다. 김구는 이 남한만의 총선거에 불참하겠다고 고했고, 3월 말이 되어서야 북에서 4.14 연석회의를 하자는 대답이 돌아왔다. 여기에는 남한 단독 총선거 안이 통과된 뒤에 남한 측에서 답을 보내도록 만들어 남한정부의 정통성을 약화시키려는 의도가 숨어있었다. 당시 북은 이미 임시헌법 초안을 의결에 붙이는 등 북한 단독정부 수립 과정을 착실히 밟아 나가는 중이었다.

　결국 김규식과 김구가 북한에 가서 김일성을 대면하기까지 했으나 단독 선거의 판도를 뒤집을 만한 실질적 성과는 없었다. 연석회의는 철저히 북이 짠 계획 속에서 진행되었다. 연석회의가 끝난 후 남북협상을 통해 4월 30일에는 공동성명까지 발표했지만 단독정부 수립을 앞둔 북은 이를 받아들일 마음이 없었고 결국 협상은 결렬되었다. 그래도 남·북한 통일국가 수립을 어떻게 합리적으로 해결할 것인지 그 방법을 구체적으로 제시했다는 점에서 이 과정의 의미를 곱씹을 수는 있겠다.

<4월 30일에 발표한 공동성명서의 주요 내용>

· 외군 즉시 철거. 내전 발생 저지
· 전국 정치회의 소집을 통한 임시정부 수립. 총선으로 입법기관 확정.
  헌법 제정 및 통일정부 수립할 것
· 남조선 및 북조선 단독선거 절대 반대

2장
정치의 귀재,
이승만 정권기

7.
제헌국회, 이승만 정부 등장

5.10 총선 실시!

　　남한의 단독선거는 곧 분단정부 수립이었기에 5.10 총선에 대한 여론은 좋지 못했다. 한민당을 제외한 모든 정당이 거부반응을 보였고, 민중의 반응도 마찬가지로 부정적이었다. 한국여론협회에서 서울 충무로, 종로의 통행인 1262명을 대상으로 5.10총선에 대한 여론을 조사한 결과 26퍼센트는 선거인 등록을 하지 않았으며 선거인 등록을 한 사람 중에서도 등록을 강요당한 사람이 91퍼센트에 달했다. 주로 물리적 폭력은 아니지만, 식량배급 제한과 같은 불이익이 주어질 것이라는 종류의 강요였다. 단독정부 수립에 대한 반대 투쟁이 일기도 했으나 이승만은 여기에 공산주의 프레임을 씌워 비난과 탄압을 가했다.

총선의 결과는 이런 민중의 심리를 반영했다. 전체 의석 198개 석 중 미 군정의 지원을 받던 한민당 측 당선자 의석은 29개 석밖에 되지 않았다.

여기서 의석이 198개인 이유를 잠깐 설명하겠다. 원래 총 의석 수는 300석이다. 그중 100석은 북한 지역 선거구를 남겨둔다는 명목 하에 뺐다. 그리고 나머지 200석 중 두 석은 무효화된 제주도 의석이다. 무효화된 이유는 바로 4.3사건 때문인데, 뒤에서 다룰 것이다.

다시 본론으로 돌아가자. 무소속 의원이 총 의석의 38퍼센트를 차지했는데, 여기에 조소앙, 조봉암 등 이승만 및 한민당에 대한 반발 세력이자 김구-김규식의 남북협상 노선 지지 세력이었던 인사들이 다수 포함되었다. 이는 곧 제헌국회(헌법을 제정한 최초의 국회)에서 여러 가지 논의를 할 가능성이 펼쳐져 있음을 의미하기도 했다.

5월 31일, 제헌국회가 소집됐다. 국회의장에 이승만, 부의장에 신익희, 김동원 등이 임명되었다. 30명의 국회의원으로 구성된 헌법기초위원회는 국호를 대한민국으로 정하고 제헌헌법 초안을 작성했다. 제헌헌법 초안은 내각책임제적 성격을 띠었다. 내각책임제는 의원내각제라고도 하는데, 대통령은 상징적 국가원수의 의미 정도만을 가지고 실권은 거의 국무총리에게 있는 형태다. 이승만은 이미 자신이 대통령이 될 것을 알고 있었기 때문에 이에 반대하며 대통령이 실권을 쥐는 형태로 바꾸도록 했다. 반대로 조봉암은 이 대통령중심제에 강력히 반대한다. 하지만 그의 발언은 받아들여지지 않았고, 대통령중심제에 내각책임제 성격이 가미된 헌법이 통과돼 7월 17일 공포된다.

이렇게 헌법이 제정되고 이승만이 대통령으로 당선됐다. 앞서 말했듯 이승만은 자신에게 권력이 집중되기를 바랐고 2인자는 용납할 수 없었기에 부통령에 생사여부조차 확인할 길 없는 조만식을 추천하거나 국무총리 자리에 이원영 목사 같은 존재감 없는 인물을 추천했다.

결국 부통령은 이시영, 국무총리는 이범석이 지명됐다. 이범석은 남한 최대 규모의 극우 청년단 조선민족청년단을 조직해 이끌던 인물이다. 그가 국무총리에 발탁될 수 있었던 이유는 이승만의 열렬한 추종자였기 때문이다. 이범석을 비롯해 국무위원 자리에도 이승만의 추종 세력들이 잇달아 임명됐다. 이승만을 지원하며 함께 한 한민당은 내각구성에서도 소외되면서 축출된다. 이미 대통령 자리를 꿰찬 이승만에게 한민당은 불필요한 존재였다. 그렇게 이승만과 제1공화국이 출범했다.

8.
흐르는 피와 눈물,
4.3사건과 여순사건

끔찍한 학살의 기억,
제주 4.3사건

'제주 4.3사건'이라는 단어는 단순히 4월 3일에 일어난 어떤 특정 사건을 일컫는 말이 아니다. 1947년 3월 1일부터 1954년 9월 21일까지의 꽤 긴 시간 동안 제주도에서 벌어진 모든 참상을 담은 단어다. 이 참상은 극좌파 남로당의 무장대 세력과 극우파 단체와 미 군정-정부 당국의 경찰 및 경비대 세력 사이 갈등이 주원인이었다. 좌·우 이념 차이 때문에 무고한 사람들이 숱하게 피를 흘리며 쓰러졌다. 아직도 제주도민들에게 4.3사건은 잊을 수 없는 끔찍한 사건이다.

제주 4.3사건의 계기는 1947년으로 거슬러 올라간다. 3.1절 28주년을 맞아 민전은 제주도 곳곳에서 기념시위를 벌이고 있었다. 그러다 시가행진을 벌이던 군중을 구경하던 어린아이가 관덕정 앞 광장에서 기마경찰의 말에 치여 다치는 사고가 발생했다. 기마경찰은 그대로 도주했고, 같이 있던 시민들은 격분하여 쫓아가 그에게 돌을 던졌다. 그런데 이 상황을 보고 시민이 경찰서를 습격한다고 오해한 경찰이 총을 쏴 여섯 명의 무고한 시민이 사망했다.

남로당 제주도 위원회는 경찰에 대한 민중의 반발심을 기회 삼아 조직적인 활동을 전개한다. 3월 10일부터 민·관의 총파업을 주도한 것이다. 제주도의 95퍼센트에 달하는 기관 및 단체가 파업에 동참했다. 사태가 심각해지자 미 군정은 진상조사에 착수했다. 하지만 대응책으로 3.1사건 경찰 발포에 대한 민심 수습이 아닌 좌파세력 척결을 골랐다. 제주도 인구의 70퍼센트가 좌파 단체의 동조자나 다름없다는 미군의 정보 보고서를 토대로 그런 결정을 내린 것이었다.

3월 14일, 미 군정청 경무부장 조병옥은 3.1사건을 폭동으로 규정하며 제주의 치안 유지를 명목으로 경찰의 물리력 동원을 선포했다. 파업 주모자 등 200명이 검거되었다. 이후에도 다음 해 1948년 4.3사건이 터지기 전까지 우도 사건, 중문리 사건, 종달리 사건, 북촌리 사건 등 경찰의 대량검속으로 약 2500명이 추가 구금되었다.

1948년 4월 3일, 350명의 남로당 무장대가 제주도 내 경찰서 12곳을 비롯해 서북청년회 같은 우파 청년 단체의 숙소, 우파 요인들의 자택 등을 습격했다. 경찰의 무자비한 민중 탄압과 남한 단독 선거 반대를 명목으로 벌인 일이었다. 4월 3일 당일에만 약 60명의 사망자가 나왔다. 미 군정은 이 사태를 경찰이 해결해야 할 '치안 문제'로 파악하고 경찰력 강화 및 인원 추가 동원을 통해 무장대 소탕 작전을 개시했다. 물론 무작정 힘으로 누르는 이런 미 군정의 대응 방식은 도민들의 반발을 살 수밖에 없었다.

사태는 점점 악화됐다. 경찰력의 한계를 느낀 미 군정은 경비대 제9연대의 협조를 구했다. 이 과정에서 제9연대장 김익렬과 무장대의 총책임자 김달삼이 협상을 하는 성과가 있을 '뻔'했다. 조기에 갈등을 종식시키고 더 큰 인명피해로 이어지지 않게 말이다.

그러나 5월 1일, 제주읍 오라리 마을에 무장대가 불을 질렀다는 '오라리 방화사건'이 터져 이 협상은 무산되고 말았다. 사실 이는 무장대의 소행이 아닌 서북청년회의 소행이었는데, 미 군정은 이를 조작해 무장대의 잘못으로 덮어씌웠다.

서북청년회에 대해 잠깐 설명하자면 서북 출신, 즉 함경도에서 소련군정의 탄압을 피해 월남한 출신성분을 가진 이들이 모인 단체다. 반공이념으로 무장해 남한에서 각종 폭력, 암살, 테러 등을 자행한 극우 청년 단체인 이들은 민중에게 자신들의 존재감을 강하게 각인시켰으며 제주 4.3사건 당시 많은 제주도민을 무차별 학살하는 잔혹한 짓을 저질렀다.

5월 3일, 미 군정은 경비대의 무장대 총공격을 지시한다. 이 때문에 5.10 남한 총선에서 제주도가 투표수 과반 미달로 무효 처리된 것이다.

총선 이후 이승만 정부가 들어서면서 사태는 최악으로 악화됐다. 이승만은 제주도 문제를 새로 출범한 정권의 정통성에 대한 도전으로 받아들였다. 그리고 초 강경 진압을 통해 찍소리도 못하게 만들겠다고 마음먹었다. 제주도 전역에 계엄령이 선포됐다. 제주 해안선 5킬로미터 이외 지점 및 산악지대의 통행을 금지하고 이를 어길시 무장대로 인지하여 총살한다는 '초토화 작전'이 대대적으로 전개됐다. 앞서 말한 통행금지구역의 범위는 지나치게 넓어 거의 제주도민이 살지 말라는 말에 가까웠다. 이 초토화 작전으로 최소 2만7천 명에 달하는 사망자가 나왔다. 낮에는 경비대에게 무장대에 가담했다거나 그의 가족이라는 이유로 죽었고, 밤에는 산에서 내려온 무장대에게 죽었다.

12월 31일에야 계엄령이 해제됐다. 사실상 다음해 6월, 무장대는 궤멸됐다. 그러나 1950년 6.25전쟁 때도 비극은 계속됐다. 전쟁 중에 4.3사건으로 조사받고 있던 이들을 다시 검속하고 빨갱이 제거 명목으로 죽이기도 했다. 뒤에 나올 국민보도연맹 학살사건과 맥이 같다고 볼 수 있다.

또한 전쟁 당시 한라산에 잔존하고 있던 60명 정도의 무장대 세력이 이따금씩 내려와 마을과 경찰에 적잖은 피해를 입힌 탓에 경찰의 무장대 진압 작전은 1954년까지 지속됐다.

눈물의 제주 4.3사건

여순사건과 국가보안법

여순사건을 일으킨 국군 제14연대
에는 김지회, 홍순석, 지창수 등 좌파 계열 인물들이 포함되어 있었다.
그들을 포함한 상당수 남로당 세력의 존재가 이 사건의 핵심인 만큼,
국군 창설 과정을 되짚어 볼 필요가 있다. 미 군정은 해방 후 정부가 없
는 상태에서 자체적으로 조직한 군사단체들을 불법화했다. 그리고 새
롭게 조선경비대를 창설키로 했는데, 이때 군비 감축을 위해 기존의 일
본군, 일제 괴뢰국의 만주군 출신 대부분을 재고용했다. 광복군 출신은
그 수가 많지 않은 데다 일제의 수족이었던 이들과 함께 복무하기를 꺼
려해 조선경비대에 입대하지 않았다.

조선경비대는 경찰의 보조 조직 정도로 취급되어 보급이나 대우도
열악했다. 당연히 모병이 제대로 이루어질 리 만무했다. 하지만 미 군
정은 인력 충원을 위해 신원 조회를 까다롭게 하지 않고 되도록 많은
숫자가 모이는 데만 집중했다. 이 부분을 노리고 남로당 세력 및 반이
승만계 좌파 성향 인물들이 군 조직에 다수 침투했다.

박헌영이 구상한 본래 계획은 한국 전쟁이 터지는 타이밍에 이렇게
군에 침투해있던 남로당 세력이 남쪽에서 함께 들고 일어나 남한 정부
를 전복시키는 것이었다. 그러나 여순사건은 지창수 개인의 성급한 단
독소행으로 벌어졌다. 지금 보면 남로당의 계획이 여기서 틀어진 것이
결과적으로 다행이라는 생각도 든다.

남로당 세력 말고도 군 조직의 경찰에 대한 부정적 감정 또한 여순
사건 촉발의 배경으로 꼽을 수 있다. 이승만 정부는 경찰 조직을 애용

했으며 이는 자연스럽게 경찰 조직의 비대화를 가져왔다. 반면 군에는 별다른 지원을 하지 않았다. 영암사건은 이러한 정부 당국의 경찰과 군에 대한 차별대우가 물리적 다툼으로 번진 대표적인 사건이다. 심지어 정부는 영암사건 때도 경찰은 놔두고 군인 측만 처벌 및 전출하는 쪽으로 정리했다. 이때 전출된 사관 중 다수가 14연대로 갔는데, 본래 4연대 출신이었던 주모자 지창수도 마찬가지였다. 그는 경찰만 예뻐하는 정부 그리고 그 정부가 지시하는 제주도민 토벌 명령은 동족상잔의 비극을 초래하는 일이라며 선동해 들고 일어났다. 물론 이에 반대하는 이들은 그 자리에서 제거해버렸다.

　여순사건은 표면상 그 발화지점이 제주 4.3사건의 연장선에 있었다. 1948년 10월 19일, 이승만은 국군14연대에 제주도 진압을 명령했다. 14연대는 제주도로 이동하기 위해 여수에 주둔 중이었는데, 지창수 상사를 중심으로 군 내부 좌파 세력이 반란을 일으켰다. 약 1400여 명에 이르는 반란군은 여수경찰서를 습격해 괴멸시켜버렸다. 반란군은 빠른 속도로 여수 시내를 장악하고 다음날 순천까지 점령했다. 지창수와 반란군 세력은 경찰과 우파 인사를 포함한 1000명이 넘는 다수의 시민을 학살했다.

　21일, 여수와 순천 지역에 계엄령이 선포되고 정부는 진압군을 보냈다. 진압군이 여수와 순천을 둘러싸 제주 4.3사건과 비슷한 양상으로 학살이 벌어졌다. 진압군은 23일에는 순천을 진압했고, 27일에는 여수까지 완전히 장악했다. 실패 조짐을 느낀 반란군은 지리산으로 숨어들어 그 유명한 '빨치산'이 됐다. 빨치산은 '파르티잔partisan'에서 비롯된 말로 한국에서는 비정규군으로 산속에 숨어 있다가 배후에서 군을 교란하는 공산 게릴라를 가리키는 의미로 많이 사용된다. 진압군의 철저한 수색으로 반란군 협력자 색출 과정에서 민간인도 다수 포함해 약 5000명이 넘는 사람들이 사망했다.

여순사건은 국민들을 두려움에 떨게 만들었다. 이후의 군사독재정부를 비롯한 대한민국 보수진영의 일명 '국가보안법 정체성'에 입각한 국정운영은 실체 없는 두려움을 이용해 국민들을 조종한 것이지만, 적어도 이때는 그 두려움이 실재했다. 엄청난 숫자의 사람이 죽었다. 이 두려움은 '국가보안법'이라는 한국현대사에 전례 없는 악법을 통과시키에 충분한 것이었다.

11월 20일, 국가보안법이 통과됐다.

국가보안법 제1조
국헌을 위배하여 정부를 참칭하거나 그에 부수하여 국가를 변란할 목적으로 결사 또는 집단을 구성한 자는 처벌한다.

이 법은 일제강점기 때 수많은 사람들을 치를 떨게 만든 치안유지법과 기본 프레임이 동일하다. 치안유지법이 독립 운동가를 처벌했다면 국가보안법은 좌파 세력을 척결하는 데 아주 유용한 법이었다. 국가 운영에 대한 다른 의견을 국가안보를 위협했다는 식으로 몰아 처벌하는 등 다양한 논의의 가능성을 원천 봉쇄할 수 있는 법이었다. 이런 문제 때문에 <조선일보>는 국가보안법에 대해 비판적인 기사를 내 우려의

목소리를 표했다. 그럼에도 불구하고 국가보안법은 통과되었고, 대한

민국이 반공주의 국가로 나아가는 데 박차를 가했다.

9.
토지개혁은
대한민국 경제발전의 첫 단추였다

이승만 정권이 들어선 후 그에게 가장 먼저 요구된 일은 크게 두 가지였다. 첫째는 토지개혁이고, 둘째는 친일파 청산이다. 가장 먼저 요구됐다는 말은 그만큼 이 문제들이 대다수의 민중에게 아주 중요했다는 뜻이다. 결론부터 말하자면 하나는 상당히 성공했고, 다른 하나는 크게 실패했다. 전자는 토지개혁이고, 후자는 친일파 청산이다.

대한민국 현대사,
토지개혁의 중요성

그중 토지개혁에 대해 먼저 이야기해보자. 토지개혁은 왜 중요할까? 질문을 하나 하겠다. '한강의 기적'이라고 불리는 대한민국의 눈부신 경제발전의 비결은 무엇이라고 생각하는가? 운 좋게 카리스마 있는 지도자를 만나 국가 주도적 경제 개발 정책을 일사천리로 진행시켰기 때문이라고 생각하는가? 그렇게 생각하는 사람도 있고, 다르게 생각하는 사람도 있을 것이다. 사실 딱 잘라 이것 때문이라고 말할 수는 없다. 한강의 기적이 만들어진 데는 여러 가지 요소와 논의가 있었을 것이다. 정답은 없다. 다만 여기서는 '대한민국 경제 성장의 열쇠가 토지개혁에 있었다'라는 흥미로운 주장에 잠시 주목해보고 싶다.

기본적으로 경제가 성장해 나라가 잘 살게 되는 데 가장 중요한 요소 중 하나는 경쟁이 가능한 생태계다. 국가 구성원 중 몇몇에게 부가 쏠려있는 상태, 그 부를 자본으로 재화와 서비스를 독점하고 있는 상태는 경쟁이 불가능한 닫힌 구조라고 볼 수 있다. 고인 물은 썩는다고, 닫힌 사회는 보수성을 띠고 변화에 적응하는 속도는 더욱 느려진다. 부가 순환하지 못하고 계속해서 한곳에 집중된다. 빈부격차는 더욱 벌어진다. 서민들은 이런 사회에서 노력해봤자 더 나은 삶을 살 수 있는 가능성이 없다고 생각하게 되고, 실제로 그들이 살아가는 사회가 그런 상태에 놓인다. 사회가 정체된다. 그렇다면 무엇이 이 악순환의 고리를 끊을 수 있을까? 구성원들이 공정한 조건에서 경쟁할 수 있는 생태계가 주어지는 것, 노력하는 만큼 그에 상응하는 결과를 얻는다는 공식이 상식이 되는 사회가 주어지는 것이다. 그럼 어떻게 하면 그런 사회를 만들 수 있을까? 간단하게 말하자면 경쟁의 출발선을 같게 만드는 작업이 필요하다고 할 수 있겠다.

조선 시대부터 일제강점기까지 민중은 크게 두 부류로 나눠진다. 소작인과 지주가 그것이다. 단순하게 농사지을 수 있는 땅이 경제 흐름의 큰 축이라고 이해했을 때 말이다. 해방 직후 인공이 한 일 중 아주 인기 있었던 것이 3.7제였다고 앞서 설명한 바 있다. 3.7제는 소작인이 농작물의 7할, 지주가 3할을 가져가는 제도다. 민중들은 소작인이 대부분이라 농사를 다 지어놓고도 결과물의 5할도 못 가져갔었기 때문에 3.7제를 그토록 반가워했다.

제1공화국의 토지개혁은 여기서 더 나아가 지주들이 꽉 잡고 있는 전국의 토지를 완전 몰수해서 민중에게 분배해주는 것이었다. 말 그대로 개혁이었다. 그 방법에 대해서는 유상이다, 무상이다 말이 많았고 이를 시행한 후에도 좌우 대립이 좁혀지지는 않았지만 말이다. 즉 이때 시행한 토지개혁은 기득권층이 축적한 자본과 권력을 무너뜨리고 경쟁이 가능한 생태계를 만들어주는 것이라고 볼 수 있다. 비단 이렇게 거창한 의미를 부여하지 않더라도 당시 민중에게는 자기 소유 땅을 갖게 된다는 것만으로도 엄청난 사건이었다.

제 1공화국에서 추진한 토지개혁의 골자는 이렇다.

유상몰수 유상분배를 원칙으로 하되, 5년에 걸쳐 연 평균 소출액의 150퍼센트를 농지값으로 상환한다.

먼저 '유상몰수, 유상분배'란 쉽게 말해 정부가 돈을 들여 토지를 매입하고 다시 돈을 받고 민중에게 토지를 나눠준다는 것이다. 정부는 토지를 몰수하고 지주들에게 토지에 대한 보상금을 지가증권과 같은 국채로 발행해줬다. 그리고 민중들은 5년에 걸쳐 분배 받은 토지의 연평균 생산량의 150퍼센트를 상환한다. 즉 1년 총 생산량의 30퍼센트씩을 5년간 땅값으로 내는 것이다. 그렇게 하면 그 땅이 자기 땅이 된다. 앞에서도 말했듯 이전에 소작인들은 소작료를 기본적으로 50퍼센트 이상씩 냈다. 그런데 5년 동안 1년에 30퍼센트씩만 내면 자기 땅이 생긴다니, 적극 지지하지 않을 이유가 없는 것이다.

사실 이런 토지개혁이 통과될 수 있었던 이유는 해방 때부터 줄기차게 모든 민중이 원하던 것이었기 때문이다. 당시 한반도 민중의 70퍼센트 이상은 농업인구였고, 그중 85퍼센트가 소작농이었다. 한마디로 이때만 해도 한국은 소작농의 나라였던 셈이다. 민중은 농사를 지은 사람이 땅을 소유해야 한다는 '경자유전'의 원리를 줄곧 주장해왔다. 그런 가운데 북한에서는 일찍이 토지개혁이 진행됐다. 북한과의 냉전 구도 속에서 민심을 안정시키기 위해서라도 새로 출범한 정권은 서둘러 토지개혁을 실시해야 했다. 북한의 토지개혁이 '무상몰수, 무상분배'를 내세웠으나 실상은 국가에 내는 세금이 40퍼센트에 가까웠다는 점은 아이러니하지만 말이다.

또 다른 이유는 이승만의 한민당 숙청이었다. 한민당 구성원의 대부분은 지주계급이다. 앞서 이야기했듯 이승만은 대통령에 선출되어 제1공화국이 출범하면서 한민당의 손을 놓았다. 그러면서 그들의 자본력을 토지개혁으로 무너뜨리고자 했다. 이승만은 농림부 장관에 조봉암을 기용하고 소신껏 토지개혁안을 짜보라고 권한을 준다. 조봉암은 나중에 이승만의 라이벌로 급부상하는 인물이다. 극심한 극우 반공주의

대한민국에서 진보적 정치 입장을 표방하며 남-북 평화통일론을 제시하는 등 역사적 의의가 큰 인물이기도 하다. 뒤에도 계속 등장하니 기억해두자.

토지개혁이 실시되고 분배가 다 이루어지고 난 무렵 한국 전쟁이 터진다. 전쟁으로 비롯된 극심한 인플레이션 때문에 지주계층에게 주어진 지가증권의 가치가 폭락했다. 사실상 지주계급이 몰락한 것이다. 덕분에 대한민국에 동일한 출발선에서 민중 모두가 자기 땅을 가지고 열심히 살아갈 수 있는 토대가 만들어졌다.

실질적으로 경제지표가 눈에 띄게 성장하기 시작한 때는 산업화 시기인데 농민들이 자기 땅을 갖게 된 것이 산업화와 무슨 상관이냐고 생각하는 사람이 있을 수 있겠다. 일단 봉건 지주계층이 경제를 쥐고 있는 사회에서는 산업화 및 도시화가 이루어지는 것조차 힘들다. 아르헨티나와 같은 남미 국가나 필리핀 등이 이에 속한다. 또한 토지개혁으로 생긴 수많은 자영농들은 자기 땅으로 축적한 자본을 가지고 도시로 진출했고, 자식을 교육시켰다. 산업화를 이룬 노동력의 근간이 만들어진 것이다.

<2003년 세계은행 정책 연구 보고서>의 '초기 토지 분배 상태와 경제성장의 관계'에 관한 연구에 따르면 1960년의 토지 분배 상태가 평등할수록 그 이후 40년간의 경제성장률이 높아진다고 한다. 토지개혁이 한국의 놀라운 경제발전에 적잖이 이바지했음을 다시 한 번 알 수 있는 대목이다.

10.
이승만의 정치공작과 민중의 심판

친일파 청산 실패?
친일세력의 반민특위 역청산

　　　　　　　　　　토지개혁에 이어 민중이 가장 중요
하게 여긴 친일파 청산 문제를 보자. 불행하게도, 해방이 되고 3년이라
는 시간이 흐르는 동안 친일파는 여전히 미 군정의 적극적인 지원을 토
대로 기세를 펴고 군림했다. 특히 친일경찰은 10월 항쟁이나 4.3사건,
여순사건 등 굵직한 사건의 원인 제공을 하기도 했다. 민중의 반발은
날로 심해졌고 앞의 여러 사건으로 불만이 계속해서 터져 나왔다. 국민
여론은 친일파 청산을 강력하게 요구했다. 이승만과 제1공화국은 이
문제를 어떻게 풀어갔을까.

　　제헌국회는 출범한 해 9월 반민족행위처벌법을 국회에 상정하고 통

과시켰다. 곧이어 친일파 잡는 반민족행위 특별 조사 위원회(이하 반민특위)가 구성됐다. 이와 함께 특별경찰, 특별검찰, 특별재판소가 설치돼 친일파 청산에 만전을 기했다. 청산 대상은 일제강점기 당시 경찰 및 행정기관의 고위간부, 일왕과 조선총독부를 예찬한 문인과 지식인, 일제 침략을 지원한 기업인 등이었다. 반민특위는 친일파로 지목된 682명을 조사했고 이 중 559명을 특별검찰에 넘겼다. 친일계 거부 박흥식, 문인 최남선, 이광수, 친일경찰이자 고문기술자였던 노덕술 등이 특별검찰에 넘겨진 대표적인 인물이다.

그런데 이승만은 초반부터 반민특위 활동을 탐탁지 않게 여기고 비판하는 담화를 공개하더니 더 나아가 적극적으로 방해하기에 이른다. 이승만이 민중의 요구를 등지면서까지 친일파 청산을 반대한 이유는 경찰력을 바탕으로 한 체제 유지 때문이었다. 특히 두 번이나 반민특위에 석방을 요구할 정도로 친일경찰 노덕술에게 강한 집착을 보였다. 이승만에게 노덕술은 독립운동가를 잡아 고문한 악랄한 친일파가 아닌 좌파 빨갱이 전문 해결사이자 반공투사였다.

나라 팔아먹은 친일파 당사자들의 반민특위에 대한 반응도 흥미롭다. 그중에는 최린과 같이 자신의 죄를 통감하는 자도 있었지만 대부분이 어쩔 수 없었다는 식으로 자기 입장을 변호했다. 이런 반응마저도 양반이다. 노덕술을 비롯한 몇몇 친일파가 반민특위 요인들을 암살할 계획을 세웠다가 수포로 돌아간 해프닝도 있었다.

1949년 4월 말부터 5월 사이에 반민특위 활동의 최전선에 있던 소장파 의원 세 명이 체포됐다. 이를 일명 '국회 프락치 사건'이라고 하는

데, '그들은 국회에 들어와 국론을 분열시키고 국가의 존망을 위협하는 남로당 프락치였다'라며 국가보안법 위반 혐의로 체포한 것이었다. 웃긴 점은 이것이 반민특위에게 친일파로 지목된 경찰들이 내놓은 수사 결과였다는 것이다. 이에 국회는 구속된 국회의원 세 명을 석방하라는 결의안을 의결했다. 반대로 국회 밖에서는 국회 내 빨갱이를 추방하라는 등 거센 관제데모가 열리고 있었다.

결의안은 88 대 95로 부결됐고, 찬성한 의원 88명에게는 공산주의자 프레임을 씌워 공격했다. 6월 6일에는 이런 분위기를 타고 경찰이 반민특위 청사를 뚫고 들어가 위원들을 폭행으로 무장해제시킨 '반민특위 습격사건'이 벌어졌다. 이것도 모자라 경찰 측은 집단 사표를 내면서 경찰력을 해치는 반민특위의 해체를 요구했다. 사태가 완전히 뒤집어진 것이다.

이후 이승만은 자신이 반민특위 청사 습격을 지시했다는 담화문을 대놓고 발표했다. 특위 활동이 민심을 해친다며 경찰의 이런 행동을 정당화한 것이다. 민심 좋아하신다. 정부 권력이 이용하는 '민심'이라는 편리한 단어의 아이러니란.

애초에 반민특위는 해방부터 줄곧 논의되어 온 친일파 청산 문제를 제헌국회에 상정해 통과시킨 법안의 결과물이자 민심의 결과물이었다. 이런 반민특위를 압박하고 물리력으로 강제 해산시키는 처사야 말로 삼권분립 원칙에 위배되는 행정권 남용이며, 의회정치의 근간을 흔들어 민주주의를 짓밟는 행위였다. 국회는 이에 저항하려 내각 총사퇴 등으로 대응했지만 곧 굴복할 수밖에 없었다. 결국 국회는 반민법 공소시효를 단축했고 반민특위 인사는 친정부 세력으로 대거 교체됐다. 반민법은 다음 해 폐지됐고, 처벌받은 친일파는 단 한 명도 없었다.

국회 프락치 사건에서 국가보안법 위반 혐의를 받은 의원들은 모진 고문으로 어쩔 수 없이 허위자백을 했다. 피고 의원들은 법정에서 이런 사실을 밝히며 공소를 부인했지만, 재판부는 허위자백과 함께 검찰 측의 '음부문건의 여인'이라는 매우 의혹이 다분한 증인을 유력 증거로 채택했다. 정재한이라는 이름의 이 여인은 월북하려던 남로당의 특수 공작원인데, 그 여인의 음부에서 나온 비밀문서에 국회 프락치의 인적 사항이 기록되어 있었다는 것이다. 피고 의원들이 정재한을 증인으로 신청했으나 허위 증언이 우려된다며 기각했고, 이 여인은 끝내 법정에 모습을 드러내지 않은 채 사형선고를 받아 '서둘러' 처형된다. 유력 증거로 제시된 증인이 사라져버림과 동시에 피고 의원들에 대한 무죄 입증의 길도 막혀버렸다. 핵심 증인 정재한의 존재 유무 자체가 의심되는데도 법원은 피고인들에게 징역 8~10년의 중형을 선고했다.

얼마 후 한국 전쟁이 터지자 수감되어 있던 의원들은 월북한다. 정부는 이 결과를 그들이 프락치가 맞다는 주장의 근거로 삼았다. 하지만 한국 전쟁은 좌파 탄압을 더욱 극심하게 무르익게 만들었고, 그전에도 문건 증거를 조작해 아무렇지도 않게 체포, 구속하던 정부인데 그 밑에서 자신들이 또 어떤 일을 당할지 두려울 수밖에 없었을 것이다. 결국 별다른 선택의 여지가 없었던 것으로 보인다.

김구 암살 의혹

6월 26일에는 정계은퇴를 선언한 김구가 암살됐다. 육군 포병소위 안두희라는 작자의 소행이었다. 그는 한독당의 일원이기도 해서 별다른 의심을 사지 않고 김구에게 접근할 수 있었고, 네 발의 총탄이 김구를 꿰뚫었다.

군 당국 및 정부는 한독당이 내란 및 정부 전복을 계획 중이었고, 이에 안두희가 의거를 한 것처럼 발표했다. 김구 사망 이후에는 한독당 주요 간부들이 뒤를 이어 내란 음모 혐의로 구속됐다. 재판부는 안두희의 소행을 '한독당 내부 분열에 따른 안두희 단독 범행'이라고 규정짓고 사건을 종결시켰다.

안두희는 종신형을 선고받았지만 이후 점점 형이 감형되더니 군으로 편입됐다. 그는 줄곧 은닉 생활을 하다가 90년대 중반 들어서 버스 기사에게 맞아죽는다.

그의 배후는 정확히 밝혀지지 않았지만 김구의 죽음이 이승만에게 매우 유리하게 작용한 것은 명백한 사실이었다. 정계를 은퇴했는데도 10일간 치러진 김구의 국민장에 200만 명의 조문객이 다녀갔다는 사실만 보아도 그의 영향력이 실로 굉장했다는 사실을 알 수 있다. 바로 다음 해(1950년)에는 국회의원 총선이 예정되어 있었고, 만일 그가 정계 복귀를 한다거나 하면 이승만 입장에서는 매우 골치 아픈 일이 생기는 것이었다. 암살된 김구와 한독당에 정부 전복 세력이라는 프레임을 씌우고 안두희는 두둔한 정부의 일련의 조치가 의심스럽게 느껴진다면 지나친 반응일까?

　　　　　　　　　　1950년 5월 30일에는 국회의원 총
선거가 예정되어 있었다. 앞서 이승만은 토지개혁으로 지지율을 수습
하려 했지만 반민특위와 김구암살 사건은 비난 여론을 불러일으켰고
이승만으로 하여금 총선에 대한 부담을 잔뜩 갖게 만들었다. 이승만을
견제하는 세력은 크게 두 계파로 나눠졌다. 하나는 그에게 숙청당한 한
민당 세력, 다른 하나는 김구의 죽음을 계기로 뭉친 민족진영 강화위원
회와 이를 지지하던 무소속 민족주의자 세력이었다.

　한민당은 친일 이미지에 물을 타고자 민주국민당(이하 민국당)으로
당명을 바꾼다. 위원장으로는 신익희가 추대되었다. 한편 무소속 민족
주의자 세력은 민족주의 대동단결 및 대화를 통한 남북통일 등을 주장
하며 무시 못할 지지를 받고 있었다. 이승만은 특히 이 무소속 민족주
의자 세력을 성가시게 여기고 선거 방해 작업을 감행했다.

　이승만은 무소속 중도파 후보들을 두고 '사실 그들은 공산주의자이
며 남로당과 내통한 프락치다'라는 내용의 담화문을 반복적으로 발표
했다. 나아가 이를 전국 방방곡곡으로 순회하며 알리고 그들을 뽑지 말
라고 당부, 또 당부했다. 선거 일주일 전에는 높은 지지율을 자랑하던
무소속 중도파 후보 장건상이 국가보안법 혐의로 구속되는 일까지 벌
어졌다.

　그럼에도 불구하고 결과적으로 제2대 총선은 이승만 노선에 비판적
이던 무소속 민족주의자들이 대거 당선, 전체 의석 210석 중 126석을

차지했다. 이승만의 횡포에 대한 국민의 엄중한 심판이었다. 앞서 국가보안법 혐의로 구속된 장건상도 전국 득표율 2위를 기록하며 당선됐다. 당선된 국회 내 이승만 세력 의석은 많이 쳐줘도 57석에 불과했다.

1948년의 5.10총선과 1950년의 5.30총선은 비교적 투명하게 진행된 선거다. 그리고 이 당시 이승만의 중도파 민족주의자 선거운동에 대한 탄압은 사실 애교 수준이다(마산시위와 4.19혁명을 촉발케 한 1960년 3.15부정 선거의 내막을 보면 경악을 금치 못할 것이다). 이때 이승만은 개인당이 없었고, 총선은 아직 유엔위원단의 감시 아래 진행되고 있었다. 시민들의 높은 정치의식 또한 이런 선거 결과를 빚어낸 중요한 요소였다. 이처럼 전체적으로 5.30총선은 민주주의의 가능성이 보인 총선이었다는 평가를 받는다.

11.
1950.6.25.
'한국 전쟁'

6.25 전쟁은
남침인가 북침인가?

　　　　　　　　　　　　'한국 전쟁이 남침이냐 북침이냐'
라는 논란은 전쟁이 끝나고 나서도 90년대까지 한동안 여러 가지 설이
있었다. 당시 남한 정부에서는 사악한 북한이 선제 침략으로 전쟁을 일
으켰다는 단순한 인식을 국론으로 밀고 있었다. 반대로 북한은 한국 전
쟁은 남한의 북침이고, 북한은 그에 합당한 반격을 가한 것이라고 이야
기했다. 그 가운데 미국의 역사가 브루스 커밍스는 한국 전쟁 이전부터
38선 근처의 군사분계선 오해 때문에 일어나던 크고 작은 전투가 전쟁
으로 확대된 것이라는 이야기를 하기도 했다. 이 교전 확대설은 90년대
냉전 종식 전까지 가장 타당한 설로 여겨졌다.

그러나 냉전체제가 종식되고 소련의 기밀문서를 통해 전쟁 발발 이전부터 김일성이 소련의 스탈린에게 남침을 요청하는 등 전쟁 준비를 적극적으로 했다는 사실이 밝혀졌다. 스탈린이 이를 승인해 북한의 남침으로 전쟁이 발발했다는 것이다.

　　전쟁 직전까지의 남과 북의 각기 다른 전쟁 준비 방식과 이를 둘러싼 세계 정세를 보면 비극의 한국 전쟁이 어떻게 전개되었는지를 이해하는 데 도움이 될 것이다.

　　먼저 남과 북은 각자 나름의 군 조직을 갖추고 있었다. 남한의 조선경비대, 북한의 보안대가 그것이다. 그리고 38선 근처에서 크고 작은 전투가 수백 차례 있었다. 이는 미 군정과 소련 군정이 각각 제공한 지도에 군사분계선 위치가 다르게 표시되어 있어 오해 때문에 발생한 것이었다. 이유는 사소했지만 남과 북은 서로를 정통성 없는 국가로 규정하며 반감을 키워왔기 때문에 전투가 격렬해질 조짐이 보였다. 즉 남과 북의 대립이 미국과 소련의 3차 세계대전으로 격화될 수 있었다. 미국과 소련은 이를 경계했다.

　　당시 남한에서는 미군 철수와 김구의 죽음 및 통일주의자 세력에 대한 거세 등을 배경으로 이승만이 북진통일론을 외치고 있었다. 전쟁을 일으켜 북을 점령하고 통일을 이룩하자는 것이었다. 하지만 이승만이 전쟁 선포를 한 이유는 반공의식을 고취하면서 정권 안정화를 꾀하기 위함이었다. 정말로 전쟁을 일으켜 북한이라는 '빼앗긴 땅'을 되찾아오기 위함이었는지는 미지수다. 남한의 실질적인 전쟁 준비 노력은 없었다는 평이 일반적이기 때문이다. 게다가 미국이 남한에 군사적 지원을 일절 하지 않았으므로 이승만의 이런 호전적 발언은 허세에 불과했다. 오히려 미국은 남한에 무기를 제공하고 군사적 원조를 할 경우 정말 전쟁이 터질 수도 있겠다는 우려 때문에 관련 지원을 하지 않았다. 이 때문에 말로만 전쟁을 운운하던 남한 측은 결과적으로 군사력이 약화되어 전쟁을 먼저 주도할 여력은 없었던 것으로 보인다.

미국에게 남한과 이승만이 자신의 통제를 벗어날 위험이 있는 무언가였던 반면 소련은 북한을 꽉 쥐고 있었다. 북한 역시 무력통일을 원했다. 김일성은 전쟁을 일으켜 자신의 영향력을 확대하려 했다. 월북한 박헌영 또한 그의 주 무대가 남한이었고 최종 목표가 남한의 공산화였기 때문에 전쟁을 적극 지지했다.

한편 남한에서는 여순사건 등을 계기로 군 내부 좌파 세력에 대한 숙청작업을 완료해나가던 차였다. 박헌영은 이런 사실을 알고 있었지만 "전쟁을 개시하면 남한 내 20만 남로당원이 들고 일어날 것"이라면서 전쟁을 일으켜야 한다고 김일성을 부추겼다. 이러나저러나 남한에서 쫓기듯 월북한 박헌영의 입장에서는 전쟁이 불가피한 선택이자 자신의 정치 인생의 결실을, 혹은 종지부를 찍는 일이었다.

1949년 3월, 김일성은 소련에게 남침과 군사 지원을 승인해줄 것을 요청한다. 소련은 이를 거절하지만, 조건을 걸었다. 남한군의 선 침략에 반격할 수 있도록 군사력 확충에 만전을 기하라는 것. 지금 상황에서 선제공격은 불가하지만, '상황이 맞아떨어지면' 효과적인 전투를 치를 수 있도록 준비하라는 말이었다.

이윽고 '상황이 맞아떨어지기' 시작했다. 첫째로 중국의 국공내전이 공산권이 유리한 쪽으로 종식됐다. 마오쩌둥과 공산당은 장제스와 국민당을 대만으로 몰아내고 승리했다. 둘째로 소련이 핵실험에 성공했다. 미국의 핵 무기에 대응할 수 있게 된 것이다. 이에 스탈린은 김일성의 남침 요청을 두고 중국 공산당의 마오쩌둥이 동의한다면 전쟁을 허용하겠다고 말했다. 마오쩌둥은 동의했고, 이렇게 공산권 국가들은 북한이 남한을 선제공격하는 것에 대해 합의를 보았다.

전쟁은 정부가 일으키고
피는 국민이 흘린다

한국 전쟁은 6.25전쟁이라고도 익히 알려져 있다. 왜 하필 6월 25일이 d-day가 됐을까? 먼저 북한과 소련, 중국 공산권 측 또한 이 전쟁에 미국이 개입해 확전될 경우를 부담스럽게 생각했다. 그래서 이들은 가능한 한 신속하게 전쟁을 마무리 짓는 방향을 골라야 했다.

앞에서도 말했듯 이승만은 전쟁이 터지기 1년 전부터 북진통일을 외치면서 군을 긴장하게 했다. 특히 1950년 4월 말부터 6월 20일까지는 5.30총선 한 달 전후여서 비상경계령까지 내렸다. 이렇게 일찍부터 군을 바짝 달궈놨기 때문에 병사들의 피로도는 누적되고 정부는 군량 소모를 감당하기 어려워졌다. 대대적인 군사들의 휴가가 불가피하게 된 것이다.

6월은 농번기이기도 해서 병사들이 농사 지원 차원에서 순차적으로 휴가를 갔다. 이런 첩보를 입수한 북한은 급히 긴급회의를 소집하고 선제공격 일시를 6월 25일로 잡았다. 북한은 이미 만반의 준비가 되어있는 상태였기 때문에 적절한 시기만 잡으면 되는 상황이었다. 게다가 이승만은 군 수뇌부 인사 문제에 있어서도 실질적인 효율을 낼 수 있게 처신하지 못했다. 국방부 장관 신성모와 육군참모총장 채병덕 등은 이미 그들의 경력만 보아도 군 지휘에 대한 이해 부족이 예상되었다. 이들은 이승만의 측근으로, 이승만 체제를 유지하는 데 공을 세워 그 자리에 오를 수 있었다.

마침내 6월 25일 새벽, 도둑처럼 북한 인민군의 습격이 시작되었다. 소련과 북의 치밀한 준비 때문에 병력 차이도 컸지만 앞에서 봤듯 남한의 전쟁 준비 태세는 불안하기 그지없었다. 그 탓에 속수무책으로 패전을 거듭해 당일 경기도 포천이 제압됐고, 그 다음날에는 북한군이 의정부까지 진격했다. 의정부가 인민군 손아귀에 들어가고 난 후 국회는 수도를 이전하는 안을 두고 격렬한 논의를 거쳐 의결했다. 회의 결과를 가지고 대통령을 찾아 경무대를 방문했으나, 이승만은 이미 야반도주하고 없었다.

국민에게 보낸 정부의 공식 입장은 '국군이 인민군을 무찌르고 있고, 국민들은 안전할 것이니 피난 갈 필요가 없다'는 것이었다. 정부는 계속적으로 실제 상황을 허위로 보도하고 있었다. 이윽고 포격 소리가 들렸다. 방송은 끊겼고, 이상한 낌새를 눈치 챈 서울 시민들은 피난 채비를 하고 하나둘 밖으로 나왔다.

그 당시 서울은 지금의 한강 이남 지역을 제외한 한강 위쪽을 가리켰다. 그래서 밑으로 피난을 가려면 맨 먼저 한강을 건너야 했다. 서울을 벗어나려고 하나뿐인 다리인 한강인도교를 건너던 시민들은 대뜸 영문 모를 폭음과 함께 다리에서 죽음을 맞이했다. 국군이 인민군 남하를 지연시키느라 한강인도교를 폭파한 것이다. 이때 최소 600명가량의 사망자가 발생했다.

6월 28일, 전쟁이 터진 지 사흘 후에는 서울도 함락되고 말았다. 시민 대부분이 정부의 공식 입장을 믿고 서울에서 빠져나가지 못해 인민군에게 학살당하거나 북한에 복종할 수밖에 없었다. 비극적인 예로 서울대학병원 학살사건이 있다. 서울대학병원에서 치료 중이던 군 부상자들과 일반 환자 및 의료진을 포함한 사람들 대부분이 인민군의 손에 무참히 죽었다. 이들의 시체는 창경궁 앞에서 모두 불태워져 신원 확인조차 되지 않았다. 지금도 서울대학병원 뒷마당에는 '이름 모를 자유전사의 비'라는 이름의 현충탑이 있다. 다음은 그 비에 적혀있는 원문이다.

 1950년 6월 28일
 여기 자유서울로 들어오는 이 언덕에
 붉은 군대들이 침공해오던 날
 이름도 모를 부상병 참혹히 학살돼
 마지막 조국을 부르는 소리 남겼노라
 그들의 넋을 부를 길이 없으나
 길게 빛나고 불멸의 숲속에 편히 쉬어야 하리
 겨레여 다시는 이 땅에 그 슬픈 역사를 되풀이 하지 말게 하라.

   통수권을 쥐고 있는 대통령은 말 한마디로 수백, 수천의 생명을 좌지우지한다. 제대로 된 군사 대응책이 한국 전쟁의 초장에 마련되어 있었다면 이런 무자비한 학살은 막을 수 있었을지도 모른다. 그럼에도 이승만은 자신의 실언으로 벌어진 이 사단에 책임감을 추호도 느끼지 못했을 것이다. 그리고 정부 당국의 방송을 듣고 서울에 남은 시민들은 선택의 여지 없이 북한군의 수하에서 벌벌 떨 수밖에 없었다. 상식적으로 이는 정부의 허위 보도에 책임이 있지 않은가? 사과는 바라지도 않지만, 이승만 정부는 그저 정부를 믿은 죄밖에 없는 시민에게 인민군에게 부역했다는 혐의를 씌워 빨갱이 처단하듯이 처형했다.

서울이 지옥이 되는 동안 국가와 국민을 수호해야 할 대통령은 그 시간에 너무 멀리 도망쳐 대구까지 내려갔다가 다시 대전으로 올라가 있었다.

미군 투입,
시간을 끌어라!

북한은 처음부터 이 전쟁을 오래 끌 생각이 없었다. 그래서 미군이 개입하기 전에 빠르게 남한을 진주해 내려가는 것이 관건이었다. 그런데 두 가지 모두 북한의 예상과 반대로 흘러갔다.

첫째로 북한의 선제공격이 시작되자마자 미국은 즉각 반응했다. 김일성은 2차 세계대전 때 전쟁을 방관하던 미국의 모습을 근거로 미국이 한국 전쟁에 직접 참전하는 일은 없을 것이라 점쳤다. 하지만 미국의 트루먼은 반대로 2차 대전의 뼈아픈 실책을 토대로 재빠르게 반응했다. 미국을 포함한 1차 대전의 승전국들이 2차 대전 발발 이전 독일의 세력 확장을 대수롭게 여기지 않은 탓에 초기 진화 작업이 늦어져 큰 전쟁을 치렀기 때문이다. 트루먼은 북한의 공습에서 독일의 모습을 본 듯하다.

전쟁이 터진 6월 25일, 트루먼은 회의 끝에 일본의 극동사령부에 한국 전쟁 참전을 지시한다. 극동사령부의 수장 더글라스 맥아더는 곧바로 한반도를 시찰한 뒤 미8군을 투입하기로 했다.

둘째로 북한군의 전략인 별동대의 후방 타격이 실패했다. 북한은 중부전선에서 주 전력으로 남한군을 밀어낸 뒤 춘천 쪽으로 진출시킨 별동대로 후퇴하는 남한군을 격퇴할 계획이었다. 그런데 김종오 대령과 6사단이 춘천에서 방어전을 구사해 별동대를 막아내 계획에 차질이 생겼다. 결국 전선은 퇴각했지만, 중부전선의 인민군들은 춘천의 별동대를 기다리는 데 사흘 정도를 소모했다. 김홍일 소장은 그 시간 동안 패잔병을 비롯한 군사를 재편성해 본격적으로 지연작전을 실시했다. 미군이 참전할 때까지 시간을 끌려는 것이었다. 그는 한강방어선을 구축해 상당한 시간 동안 인민군의 진주를 지연시키는 데 성공했다.

지연작전의 기운을 이어받아 미군이 투입되었다. 그러나 맥아더는 초기에 그 특유의 오만함 때문에 시행착오를 겪는다. 그는 인민군을 너무 우습게 보고 미8군의 24사단 소속 21연대의 1대대, 스미스부대를 투입했다. 장비도 제대로 챙기지 못한 채 투입된 스미스부대는 그대로 박살이 났고, 뒤이어 24사단을 모두 투입했지만 그마저도 패퇴했다. 결국 대전까지 인민군에게 내주고 말았다.

전쟁의 판도를 뒤집어야 한다:
낙동강 전선, 인천상륙작전

인민군에게 전주와 광주, 여수까지 점령당했다. 남한은 낙동강 전선이라는 최후의 방어선만 남겨두고 있는 상태였다. 남한의 행정부는 부산을 임시수도로 꾸렸다. 하지만 이승만은 여기저기 도망치기 바빴다. 자연히 대통령의 부재로 정부의 기능은 정지되고 있었다.

이때 미국은 한반도를 포기하는 안까지 구상하고 있었는데, 미8군 사령관 월튼 워커 중장이 낙동강 전선의 사수를 강력히 주장했다. 사실 워커 중장이 "사수 또는 죽음 뿐"이라는 말을 할 정도로 한반도 사수에 혈안이 되어있던 이유는 순수하게 한국을 사랑해서라고 보기는 어렵다. 자서전도 남기지 않아 명확히 알 수 없지만 이유야 어찌됐든, 그와 함께 싸운 국군의 피와 땀이 어린 낙동강 전선은 그야말로 치열함 그 자체였다. 그를 기리고자 워커힐이라는 지명이 생긴 것을 보면 물론 그의 공도 적지 않지만, 나는 그와 함께 낙동강 전선을 사수하느라 피 흘린 수많은 이들을 기리기 위해 이런 이름이 붙은 것이라고 생각한다.

인민군은 낙동강을 뚫으려 총공세를 가했다. 하지만 이렇게 하면서도 사실 인민군은 한계에 다다른 상태였다. 전선이 길어진 만큼 보급 문제도 열악했다. 이런 상황에서 유엔군 병력의 보충으로 방어선은 두터워지고 있었다.

낙동강에서 양쪽이 대치하며 치열한 사수전을 벌이는 동안 맥아더는 그 유명한 인천상륙작전으로 전쟁의 판도를 뒤집을 구상을 하고 있었다. 사실 인천은 조수간만의 차가 커서 상륙작전을 하기에 그리 좋은 조건을 가진 지역은 아니었다. 그럼에도 불구하고 인천만큼 전략적으로 사태를 역전시킬 만한 지형도 없었다. 인민군의 후방 보급로를 끊고, 퇴로를 차단해 끝장낼 수 있기 때문이었다. 유엔군 측은 본격적으로 인천상륙작전을 하기에 앞서 인천이 아닌 다른 곳에 위장상륙작전을 개시하고 삼척과 남포에 폭격을 가하는 등 연막을 쳤다. 인천의 지리적 특성상 작전 위치가 들통날 경우 인민군에게 절대적으로 유리하기 때문이었다. 다행히 김일성의 안테나는 이를 감지하지 못했다. 그는 후방에 신경 쓰지 못한 채 낙동강 전선 돌파에만 치중하고 있었다.

인천상륙작전은 대성공이었다. 순차적으로 월미도를 점령한 후 인천을 장악하기에 이르렀다. 김일성과 인민군은 후방보급로가 차단되고도 낙동강 전선을 버리지 못하는 미련함을 보였다. 유엔군은 서울을 탈환했고, 전세가 뒤집혔다. 인민군 병력은 심각한 타격을 입었다. 그중 일부는 지리산으로 후퇴해 빨치산이 됐다.

전세 역전, 인천상륙 펀치!

인천상륙작전이 성공을 거둔 후 국군과 유엔군은 파죽지세로 38선을 넘어 북진을 감행했다. 10월 중순이 넘어가면서 평양이 제압됐고, 김일성과 인민군은 난관에 봉착했다. 소련에게 도움을 요청했으나 소련은 이를 거절했다. 소련이 직접 참전해 발을 들이는 순간 3차 세계대전 발발이 불 보듯 뻔했기 때문이다. 당시 소련은 동아시아의 남·북한 문제보다도 유럽 공산화에 치중하는 경향이 있었다.

다만 북한과 국경을 맞대고 있는 중국은 이야기가 달랐다. 인민군의 패퇴와 유엔군의 북진은 공산 중국에게 부담이 됐다. 턱밑까지 올라온 유엔군에게 중국은 대외적으로 참전 가능성을 밝히며 더 이상 올라오지 말라고 경고했다. 중국 내부에서는 상황을 지켜보자는 입장과 한반도에 중공군을 파병해 유엔군의 진격을 저지하자는 입장 간의 논의가 있었고, 결국 중국은 중공군을 파병하기로 결정했다.

하지만 맥아더는 자신만만한 태도로 중공군의 개입 가능성은 적으며, 만일 그들이 참전하더라도 전쟁은 곧 유엔군의 승리로 돌아갈 것이라 말했다. 군대를 진두지휘하는 맥아더가 이런 입장을 취하니 그를 따르는 유엔군 병력 또한 무분별하게 진격을 감행했다.

중공군은 이렇게 기세등등하던 유엔군을 상대로 1차 공세를 펼쳤다. 게릴라전의 속성을 띠고 접근했다가 빠르게 후퇴를 반복하는 전술이었는데, 유엔군은 이들의 장단에 놀아나는 줄도 모르고 자기들이 전세를 주도한 줄로 착각했다. 그 사이 중공군은 적의 전술을 모두 파악해 반격을 준비했다. 중공군의 2차 공세가 이어졌다. 빠른 기동력을 바탕으로 산간지형을 활용한 매복과 포위망을 구성해 적군을 섬멸하는 전략이었다. 이런 전술에 유엔군은 완전히 휘말렸다. 그도 그럴 것이, 맥아더는 전쟁을 빨리 끝내고 싶어 했기 때문에 전선 유지와 보급 체계를 등한시하면서까지 무리하게 진격했다. 그의 행동은 결과적으로 전선에 큰 구멍을 만들었고, 유엔군은 정신없이 패퇴를 거듭한다.

이러한 전선의 균열과 보급 체계 문제로 큰 희생을 치른 전투가 바로 장진호 전투다. 체감온도 영하 50도, 살을 애는 추위 속에서 병사들은 절망했다. 중공군은 12월 초 평양 탈환을 시작으로 3차 공세를 가했다. 전선이 톱질하듯이 올라갔다가 다시 한 번 내려왔다.

맥아더의 실책을 추궁하며 미8군 사령관으로 리지웨이가 투입됐다. 38선 이남으로 중공군이 덮쳐 내려오는 통에 리지웨이는 전략상 서울을 포기하고 군에 퇴각명령을 내렸다. 이를 1.4후퇴라고 하며, 그 결과 중공군이 다시 서울을 점령한다. 중국의 이런 결정은 중공군 스스로가 한국 전쟁의 참전 명목을 무너뜨리는 것이었으나 마오쩌둥은 여세를 몰아 유엔군을 한반도에서 완전히 축출하려 했다. 그러나 전선이 길어지면서 말단 중공군 병사들의 보급 체계가 매우 열악해질 수밖에 없었기에 중국 통수권자 마음대로 상황이 돌아가지 않았다. 리지웨이는 성급한 진격을 피해 전선을 유지하면서 다시 38선 부근까지 진격하는 데 성공한다.

휴전 이야기가 나오기 시작했다. 전쟁은 수많은 피를 흘리고 다시

원점으로 돌아왔다. 더이상 전쟁을 이어나가는 것이 무의미했다. 양 진영은 전쟁 흐름 속 기회를 활용해 상대의 완전 축출을 목표로 진격하는 등의 시도를 했지만 모두 수포로 돌아갔다. 그런 와중에 양측의 인명피해와 주요 도시 시설 붕괴 등은 그 피해 규모가 말할 수 없이 컸다. 하지만 김일성은 자국의 피해보다 무력통일에 무게를 두며 고집을 피웠고 이승만도 마찬가지였다.

한국 전쟁의 주체인 남북의 정치 수반의 고집과 무관하게 그를 둘러싼 미국과 중국은 하루빨리 전쟁을 마무리 짓고 싶어 했다. 소련은 휴전협정의 중재자로 나섰지만 사실 전쟁이 더 오래 지속되어 미국의 출혈이 더 커지기를 내심 기대하고 있었다. 마오쩌둥 측에게는 서울을 탈환하고 휴전협정하라는 말을 하기도 했다. 공산진영과 자본주의 진영 사이 냉전구도에서 다들 조금이라도 유리한 위치를 점하느라 휴전협정이 지연되면서 38선 주위 고지 탈환전이 계속됐다. 이 과정에서 적잖은 사상자가 나왔다. 이때의 전투를 다룬 영화가 <고지전>이다.

1951년 7월에 이미 휴전협정 이야기가 나왔지만 약 2년간 별다른 결과를 도출하지 못한 채 전선에서는 계속 포격 소리가 울려 퍼지고 있었다. 다른 문제는 어느 정도 합의를 보았지만 포로 석방 문제가 걸림돌이었다. 무력으로는 서로를 굴복시킬 수 없는 상황에서 남북의 냉전은 자본주의와 공산주의라는 각자의 이념의 우수성을 증명해 보이는 승부로 넘어간다.

당시 공산주의에 반대하는 포로가 상당수 있었기에 포로 석방 방식을 자유 송환 방식으로 채택하면 미국과 자본주의 진영이 우세한 위치를 점할 수 있었다. 반면 공산주의 국가 측은 포로의 일괄 송환을 주장했다.

이런 상황에서 이승만은 반공포로를 석방하는 데 반대했다. 그는 포로 문제보다도 휴전하기 전에 한미상호방위조약을 체결하는 데 혈안이 되어있었고, 반공포로를 방위조약 체결을 위한 히든카드로 쥐고 있었다.

그러다 미국이 자기 뜻대로 움직이지 않자 이승만은 독단적으로 반공포로를 석방해버렸고, 미국은 이런 이승만의 돌발행동에 패닉에 빠졌다. 협박에 가까운 이승만의 입장 표명과 처사는 국제적으로도 위험천만한 것이었다. 하지만 그의 행동은 아이러니하게도 군사 안보 문제 지원과 물자 원조 등 남한에 상당한 이익을 가져다주는 협약을 맺게 해주었다.

12.
전쟁 속의 비극

한국 전쟁의 추산 인명피해 규모는 사망자, 실종자, 부상자 등을 포함해 약 300만 명에 이른다. 당시 한반도 인구의 10분의 1에 해당하는 숫자다. 전쟁 당시 죽은 남한의 민간인 숫자는 200만 명을 훌쩍 넘는다. 그중 적지 않은 숫자의 사람들이 전쟁 중 인민군의 손이 아닌 이념공세 때문에, 정치비리 때문에 비참한 죽음을 맞이했다. 과거사 진상규명을 통해 몇몇 사건들이 밝혀졌고, 또 밝혀지는 중에 있다. 하지만 아직도 수많은 억울한 죽음이 곳곳에 묻혀있으며 유가족들이 제대로 된 피해 보상을 받지 못한 사례도 숱하다. 전쟁을 틈타 벌어진 민간인 학살, 그 면면을 한 번 살펴보자.

국민보도연맹 학살사건

먼저 전쟁 초기에 벌어진 국민보도연맹 학살사건이 있다. 전쟁이 일어나기 전, 정부는 국민보호선도연맹(이하 보도연맹)이라는 단체를 설치했다. 반공이 국시인 남한에서 좌익 사상을 가진 자를 전향시켜 국민으로 받아들이겠다는 것이 단체 설립의 이유였다.

그런데 이 보도연맹에 좌파 이념과 상관없는 사람도 다수 가입했다. 진짜 좌파들은 오히려 지하에 숨어들었다. 배급과 비료 등 각종 혜택을 받을 수 있다는 사실에 혹해 가입한 사람부터 자기도 모르게 가입이 된 경우, 강제로 가입된 경우까지 다양한 경우가 있었다. 보도연맹원 가입자가 많으면 곧 정부에 대한 충성도가 높다는 무언의 척도가 형성돼 각 지역에서 경쟁적으로 사람들을 보도연맹에 가입시킬 정도였다. 상황이 이렇다 보니 유명한 문인이나 시인 등을 가입시켜 사람들로 하여금 보도연맹에 가입하는 것이 대세에 따르는 것이라는 느낌을 주기도 했다.

이렇게 약 30만 명이 보도연맹에 가입했다. 문제는 전쟁이 터지면서부터였다. 서울이 함락된 후 피난가지 못한 서울의 보도연맹 가입자들이 북한군에 협력했다는 소식이 들리자 이승만은 대대적인 좌파 숙청 명령을 내렸다. 최후방인 경상도 지역을 비롯, 대구, 마산, 경산, 통영 등 여러 지역에서 수십만 명이 학살됐다.

아무리 이념전쟁이라는 특수한 상황에서 벌어진 일이어도 좌파를 보호하고 전향시키겠다는 명목하에 단체를 설립해 사람들을 가입시켜놓고 상황이 여의치 않자 다 죽여 버리다니? '그것이 최선이었다'라는 말로는 설명이 충분치 않은 무고한 죽음이었다. 국민을 대하는 이 정부의 방식은 늘 이런 식이었다.

국민방위군 사건

중공군이 가세해 전쟁의 판도가 다시 뒤집어질 때 즈음의 일이다. 유엔군의 북진으로 서울에 올라온 남한 정부는 다시 부산으로 내려가야 했다. 이때 인민군이 서울을 점령하면 남자들이 의용군으로 강제징집될 우려가 있었다. 따라서 이들을 예비군 개념의 병력으로 편입하는 국민방위군 특별 법안이 국회에서 통과됐다. 17~40세의 장정 중 지원한 자에 한해 국민방위군 소속으로 후방에서 훈련을 받고 전쟁에 투입되는 방식이었다.

50만 명의 지원자가 몰렸다. 문제는 이들을 후방으로 이송할 운송수단이 전무했다는 것과 열악한 보급 문제였다. 군은 대책 없이 50만에 이르는 국민방위군을 후방으로 걸어서 이동하라고 명했다. 설상가상으로 한겨울이었기 때문에 매서운 추위가 이들을 덮쳤다. 기본적인 군복조차 지급되지 않은 채로 긴 행렬을 따라 이동하던 중 5만 명에서 10만 명가량의 장정이 추위와 배고픔으로 사망했다. 사람들은 이들의 모습을 보고 마치 '해골들의 행진' 같다고 표현하기도 했다.

게다가 국민방위군이 겨우 후방의 훈련소에 도착하면 훈련소 간부들은 수용할 공간이 없다며 이들을 다른 곳으로 돌려보냈다. 그래놓고 이들이 훈련소에 등록된 것처럼 서류를 조작해 예산을 착복했다. 약 30억 원에 해당되는 돈이 이런 식으로 부당하게 빼돌려졌다. 국민방위군 사령관 김윤근과 부사령관 윤익헌이 비리의 중심에 있었다. 야당 의원 이철승이 비리를 추궁하며 관련자 처벌을 요구하자 국방부 장관 신성모는 이를 은폐하려 했다. 하지만 내무부 장관 조병옥과 이승만의 측근 윤보선까지 관련자 처벌을 요구하면서 들고 일어나자 이 사건을 은폐하는 것이 불가능해졌다. 일각에서는 횡령한 돈이 정치자금으로 흘러들어갔을 것이라는 이야기도 나왔지만 즉각 관련자를 처형해 사건을 마무리 지었기 때문에 별다른 사실이 밝혀지지는 못했다.

수많은 동사자와 아사자들은 전력에 보탬에 되고자 방위군에 지원했다가 예산착복의 도구로 전락하고 말았다. 군 간부들의 탐욕 때문에 속절없이 차가운 땅바닥에 쓰러져간 것이다.

*국민방위군 50만 명 중 5~10만 명이 행군 중 추위, 배고픔으로 사망

거창 양민학살사건

유엔군의 인천상륙으로 보급로가 끊긴 남한의 인민군들은 지리산 일대로 후퇴해 들어가 빨치산이 됐다. 기본적으로 빨치산이 구사하는 전략은 야간에 기습공격을 감행한 뒤 신속하게 산속으로 후퇴하는 것이었다. 이런 전략 탓에 이들을 상대하기가 상당히 까다로웠는데, 여기에 중공군이 가세해 내려와 사태는 더욱 어려운 국면으로 접어들었다. 특히 산악지역 근처 마을에 사는 주민들은 빨치산과 국군 모두의 비위를 맞출 수밖에 없었다. 제주 4.3사건이 전개된 양상을 생각해보면 이해가 잘 될 것이다.

그런 와중에 국군은 초토화 작전을 지시한다. 빨치산 토벌 임무가 최덕신과 국군11사단에게 주어지다시피 했는데, 그가 내린 작전이었다.

작전 수행 중 거창군 신원면에서 대대적인 학살이 일어난다. 거듭된 빨치산의 기습에 화가 난 최덕신은 빨치산과 내통한 부역자를 처단한다는 명목하에 인근 주민을 모두 신원국민학교로 집결시켰다. 주민의 반 이상이 노약자, 부녀자, 아이들이었다. 군은 이들을 차례차례 산골로 끌고 가 집단 총살시켰다. 그리고 시체를 불살라버린 뒤 살아남은 주민들에게 단단히 입단속을 시켜 사건을 은폐하려 했다.

이 또한 신중목 의원이 진상조사의 필요성을 이야기하며 의혹이 불거져 나왔고, 곧 합동조사단이 학살 현장을 찾았다. 그러나 이들은 조사를 미처 다 하지 못하고 철수할 수밖에 없었다. 신원면 입구에 무장공비가 매복해 총격을 가했기 때문이었다. 그런데 알고 보니 이 총격을 가한 무장공비들은 계엄사령부 김종원 대령의 지시로 조사를 방해하기 위해 파견된 국군 3대대의 병사들이었다. 정부와 국군이 사건을 은폐하고 위장공비를 투입하는 노력까지 한 것이다.

이승만은 거창사건을 '공비 협력자 187명을 군법회의에 넘겨 처형한 사건'이라고 규정하는 담화문을 발표했다. 하지만 사실은 이와 달랐다. 확인된 바 719명의 학살 피해자가 발생했고 이 중 어린이는 359명, 총 인원의 절반이었다. 열네 살도 안 된 어린아이들이 알면 뭘 안다고 공비협력 혐의를 뒤집어 씌워 죽일 필요가 있었을까.

아무리 전쟁 통이어도 경우를 따져가며 처리해야 할 일인데, 이승만 정부는 귀찮으면 일단 싹 죽여버렸다. 그리고 의혹이 불거져 해명하지 않으면 안 되는 상황이 와야 거짓말로 일관하다가 관련자 처벌로 일단락해버리곤 했다. 게다가 거창 양민학살사건의 경우 관련자 처벌마저 미약하게 이루어졌다. 이승만의 특별사면으로 관련자들은 모두 석방됐다. 거창뿐만 아니라 함양, 산청, 문경, 함평에서도, 전남, 전북, 경남에서도 민간인학살이 자행된 것으로 밝혀졌다. 이러한 학살사건은 이데올로기와 무관한 많은 사람의 삶의 기회를 앗아가고 유족들에게는 씻을 수 없는 상처를 남겼다. 가슴 아픈 일이다.

13.
전쟁 속 권력전쟁의 결과물

부산 정치 파동 및
발췌개헌 통과

전쟁이 한창 진행되는 동안 임시
수도 부산에서는 정치 알력 다툼에 한껏 물이 오르고 있었다. 이승만은
전쟁 도중 각종 비리와 민간인 학살사건 등으로 국회의 많은 비난을 샀
다. 문제는 다가올 대통령 선거가 자신에게 등 돌린 국회에서 실시된다
는 것이었다. 국회에서 대통령이 선출될 경우 자신이 재선될 가능성이
없었기에 대통령직선제 개헌이 필수적이었다.

국회 내 정당이 국민당 하나인 상태에서 세 개의 신당이 창당됐다.
하나는 조봉암의 농민회의다. 조봉암은 앞서 토지개혁을 시행한 바 있
어 이를 바탕으로 진보 계열 중 농민조직과 연계된 정당을 창당하려 했

다. 이승만은 조봉암과 농민회의 관계자를 국가보안법 위반 혐의로 체포해 압력을 가했다. 무죄 판결이 나왔으나 농민회의 창당은 무산되고 말았다.

또 다른 하나는 전쟁 직전 5.30총선에서 다수를 차지한 무소속 자유주의자 세력이 만든 정당이다. 전쟁통에 김규식, 조소앙, 안재홍 등 이승만 세력을 견제할 수 있는 중도파 세력의 거두들이 납북되는 일이 일어났다. 그럼에도 불구하고 아직 이승만의 견제세력으로서 이들의 존재를 무시할 수는 없었다. 자유당을 창당했기 때문이다. 그런데 뒤이어 나오는 이승만과 그의 추종세력도 자유당이라는 이름을 신당명에 쓰려 했다. 따라서 당시 국회 다수를 차지하고 있던 중도파 세력은 원내자유당으로, 이승만 추종세력이 창당한 당은 원외자유당으로 불렸다.

마지막 신당인 원외자유당은 조선민족청년단(이하 족청)이라는 우익 청년단의 수장이자 이승만 추종세력인 이범석이 창당했다. 정당에 소속된 현직 국회의원이 한 명밖에 없어 원외자유당으로 구분했다.

기존 정당

국민당
(전신: 한민당)

신당 3개 창당

| 조봉암의 농민회의 | 무소속 중도파의 원내 자유당 | 이승만 추종세력의 원외 자유당 |

이렇게 새로운 정당 세력들이 포진한 가운데 이승만은 대통령직선제 개헌을 국회에 요구했다. 당연히 결과는 부결이었다. 이 정도는 가볍게 예상하고 있던 이승만은 다음으로 관제민의를 동원했다. '국회는 부결했지만 민심은 개헌을 요구한다'는 논리를 들이댄 것이다. 이승만이 원하는 대로 부릴 수 있는 휘하 어용단체 백골단, 땃벌떼 등이 들고 일어나 시위했다. 사실 그들은 시위뿐만 아니라 테러도 일삼는 과격한 깡패집단이었다. 이승만은 더 나아가 지방자치법 또한 실시해 지방자치선거를 집행했고, 이승만의 원외자유당이 압승을 거뒀다.

물론 이런 결과가 나올 수 있었던 것은 선거에 관권이 개입해 부정히 치러졌기 때문이다. 이승만은 지방의원들을 이용해 여론을 선동했고, 이렇게 밑밥을 깔고 난 뒤 1952년 5월 말, 계엄령을 선포했다. 그리고 인민군 공작부대가 부산에 침투했다는 옹색한 이유를 대면서 헌병대와 크레인을 동원해 국회의원 통근버스를 견인해갔다. 의원 중 몇 명은 공비와 내통하고 있다는 혐의를 씌워 체포했다. 전쟁통에 벌어지는 한 편의 정치 전쟁이었다.

더 실감나게 전시 위기상황을 조성하고 싶었던 이승만은 원래 육군까지 동원하려 했으나 군 중립을 주장하는 이종찬 참모총장의 의지에 부딪혔다. 이것이 헌병대만으로 계엄사령부를 구성해 국회를 압박한 이유다.

결국 이승만이 원하는 대통령직선제 개헌안과 국회다수파가 원하는 국무원 불신임제 개헌안을 하나씩 발췌해 개헌하는 이른바 발췌개헌이 국회에 상정됐다. 국무원 불신임제란 대통령이 지명하는 국무위원으로 구성된 내각을 국회에서 불신임할 수 있는, 즉 견제할 수 있는 제도를 말한다. 이승만은 국회 정족수를 채우려고 체포한 의원들을 다시 풀어주고 기립표결 방식으로 개헌안을 통과시켰다. 대한민국 헌법 역사상 첫 개헌이었다. 의원을 체포했다가 풀어줬다가 하고 비밀이 보장되지 않은 채로 기립표결을 하게 하는 등 이승만의 무력정치는 국회를 쥐고 흔들었다.

이승만의 권력 장악 체제 확립

8월 5일, 제 2대 정·부통령 선거가 직선제로 치러졌다. 대통령에는 이승만이 당선됐다. 그 당시 제헌헌법 상으로는 대통령이 1회에 한해 재선할 수 있었다. 부통령에는 함태영이 당선됐다. 사실 함태영의 존재감은 미미했지만 이승만이 경찰력을 동원해 당선되도록 '만들었다'. 이승만에게 충성을 다하던 족청의 이범석에게는 날벼락 같은 일이었다. 이에 반발한 이범석과 자유당 족청계 세력은 감히 이승만에게 대들지는 못하고 국무총리 장택상에게 선거법 위반 혐의를 대며 공세를 가했다. 결국 장택상은 자리에서 물러났지만, 이를 시작으로 이승만은 원외자유당에서 족청계를 아예 제거해버린다.

먼저 그는 당수제를 폐지하고 총재제를 시행했다. 이승만 자신이 총재 자리에 올랐고, 자연히 자유당 부당수 이범석은 평당원으로 강등돼 해외로 출장'당했다'. 이승만은 대신 자신의 비서 출신인 이기붕을 후계자로 밀어주기 시작했다. 그리고 이참에 자기 측근 세력도 싹 물갈이했다. 공천제를 실시해 국회의원 선거 후보자를 추천하도록 했는데, 여기에 자유당의 공천을 받으려면 이승만 당총재의 지시에 완전 복종해야 한다는 조건을 달았다.

이렇게 자유당을 장악한 이승만은 제3대 총선을 준비하기 시작했다. 자유당에는 친일파들이 들끓고 있었기 때문에 대중에게 일제강점기 때는 친일파였어도 반공을 기치로 지금 해야 할 일을 충실히 할 수 있는 사람을 뽑아야 한다며 물타기를 시도했다. 또한 완전한 자유당

독주체제를 이루고자 제3대 총선에서 경찰력을 있는 힘껏 동원했다. 선거운동 방해는 기본이었고 조봉암의 경우 후보 등록 자체를 못하게 만들었다. 경찰력을 마구 휘둘러 곤봉 선거라고도 불리는 이 선거에서 자유당은 114석의 의석을 확보했다. 이승만의 '원외'자유당은 곧 '원내'자유당이 되고 말았다.

14.
이승만 vs 조봉암

사사오입 개헌

      대한민국 1,2,3대 대통령은 누구인가? 이승만이다. 제헌헌법은 본래 대통령의 중임을 2회까지 허용했고, 발췌개헌을 통한 대통령직선제로 이승만은 2대 대통령을 역임한 상태였다. 세 번째로 대통령에 당선이 되려면 또다시 개헌이 필요했다. 2019년 현재 대한민국의 대통령 문재인은 19대 대통령이다. 하지만 대한민국의 대통령은 19명이 아니다.

대한민국 역대 대통령 연역을 보면 알 수 있듯, 몇몇 대통령은 좀 오래 해먹었다. 실제 집권한 대통령의 수는 12명이다. 1987년 마지막 개헌을 기준으로 한 현재 대한민국 헌법에 명시되어 있는 대통령의 임기는 5년단임제다. 즉 한 명당 대통령 선거에서 한 번만 당선이 가능한 것인데, 격변의 한국현대사 속에서는 권력을 자신에게 집중하기 위한 개헌으로 같은 사람이 여러 번 당선될 수 있었다. 이승만도 그런 케이스다.

여하튼 이승만은 초대 대통령에 한해 중임 제한을 두지 말자는, 본인의 영구집권을 위한 개헌을 준비했다. 그는 이를 위해 뉴델리 밀회사건을 터뜨렸다. 뉴델리 밀회사건이란 민국당의 신익희가 1953년 5월 영국 엘리자베스 2세의 대관식에 참석했다가 돌아오는 도중 인도의 뉴델리를 경유했는데, 여기서 한국 전쟁 당시 납북된 조소앙과 밀회를 가졌다는 사건이다. 밀회의 내용은 '국가를 전복할 제3 세력을 꾸려 남북통일을 이루자'는 것이었다. 이 사건을 통해 이승만은 영구집권에 반발하는 중도파를 견제하고 국가 안보에 대한 불안감을 증폭시켜 개헌 가능한 환경을 만들려 했다.

물론 확실한 증거는 없었고 신익희는 강하게 부인했다. 그러나 진실은 중요하지 않았다. '민국당은 역적 세력'이라는 프레임이 씌워지고 관련 벽보가 곳곳에 도배됐다. 서울 운동장에 10만 중고등학생이 모여 주권수호 총궐기대회를 열었다. 물론 자발적인 움직임은 아니었고, 자유당의 지시로 일어난 데모였다. 이러한 관제데모들이 일어날 수 있었던 배경에는 이승만이 축적한 정치자금이 있었다.

잠시 이승만의 정치자금에 대해 이야기해보자. 한국 전쟁이 끝난 후 국내 경제 상황은 최악이었다. 산업시설은 파괴되었고 악성 인플레이션이 발생했다. 물가가 폭등해 민중이 비참한 민생고를 겪는 동안 힘겹게 복구사업이 진전되어 가고 있었다.

냉전체제에 들어가면서 미국은 한국을 잘 살게 만들 필요가 있었다. 그래서 한미상호방위조약을 통해 1945년부터 1961년까지 한국에 약 31억 원에 달하는 지원을 했다. 원조의 종류는 군사와 식료품 및 소비재, 잉여농산물 등 다양했다. 당시 정부 재정의 미국 원조 비중이 50퍼센트가 넘을 정도로 정부는 미국의 원조에 크게 의존했다.

문제는 미국의 원조가 국내 경제를 고루 회생시키는 방향으로 쓰였다는 데 있다. 미국은 경제원조와 함께 경제고문들도 파견했다. 한국 주변 국가들이 공산화되는 것을 본 미국은 한국이 일본과의 국교를 정상화해 수출주도형 국가로 부상하도록 구도를 잡고 있었다. 그러나 이승만은 이런 경제고문들의 의견을 받아들이지 않는다. 물론 일제침략 문제가 있었기에 국민의 감정 또한 한일 국교 정상화를 받아들이기는 쉽지 않았다. 하지만 이승만은 일본과의 관계는 철저히 배격하면서 수출주도형 경제에 대해서도 회의적이었다. 그는 저환율 정책을 고집했고, 특혜를 누리는 수입업자들은 이승만에게 정치자금을 제공했다.

이처럼 이승만은 자신의 정치체제를 안정적으로 만드는 데는 심혈을 기울였으나 경제정책에는 무관심했다. 그래서 인플레이션의 부담은 고스란히 농민과 국민이 져야 했다. 특히 농가의 타격은 심각했다. 잉여생산물 원조지원[PL480] 때문에 농산물 가격이 폭락했다. 임시토지수

득세라는 농산물로 조세를 대신 내게 하는 법이 있었는데, 이는 인플레이션의 부담을 농가에 전이시키는 것이었다. 여기에 더불어 무상으로 지원받은 비료를 정부와 결탁한 업자에게 싼값에 팔아넘기고 이를 다시 농민들에게 비싸게 되파는 작업을 하기도 했다.

이렇게 민중의 등골을 뽑아서 축적한 정치자금은 정권안정을 위한 정치 깡패 육성과 치적 홍보 사업 등에 쓰였다. 미국 또한 이런 이승만의 정책방향에 회의감을 가지기는 했지만 그가 반공의 아이콘이었기에 크게 아쉬운 소리를 하지 못한 것으로 보인다.

관제데모가 판치는 혼란 상황을 틈타 이승만은 무제한 중임 개헌안을 상정했다. 이승만의 자유당은 소속의원을 114명 확보해두고 있었지만 전체 의원 203명 중 3분의 2 이상이 동의해야만 개헌이 통과될 수 있었다. 203의 3분의 2는 135.333…이다. 즉 136명 이상이 동의해야 하는 것이다. 그런데 개표결과 동의 표가 135표 나왔다. 한 표가 모자라 개헌안이 부결된 것이다.

그러나 이승만은 여기서 사사오입四捨五入 논리를 들이댄다. 사사오입이란 넷 이하는 버리고 다섯 이상은 반올림하는 수학법칙이다. 즉 135.333…은 소수점 이하를 버리고 135로 보아야 한다는 말이다. 135명이 동의했으므로 개헌안은 부결이 아니라 가결이라고 이승만과 자유당은 주장했다. 민국당을 비롯한 야당 정치 인사들과 서울시민 모두가 이 장면을 목격하고 경악을 금치 못했다. 여론의 균열이 시작된 것이다.

3선을 향한 이승만의 강력한 의지 시리즈

국가를 전복할 밀회를 잘도 조소앙과…!

이승만

욱… 아니라고…

신익희

조금 더… 포르테!

이승마에스트로

우어

우어어어

관제데모

이승만♡

우웃빛주룩

뉴델리 밀회 사건 논란

정치자금으로 꾸린 관제 데모 오케스트라

수리영역 일타강사
이등만 쌤

$$203 \times \frac{2}{3}$$
$$= 135.333\ldots$$
$$= 135명 \rightarrow 사사오입$$

수학의 신 이승만
8년연속
1인자

그러니까 무제한 중임 개헌안은 통과된 거라고. OK?

'사사오입' 개헌

1956.5.15. 정·부통령 선거
이승만 vs 조봉암

사사오입 개헌으로 이승만에 염증을 느낀 정치세력들이 결집해 호헌동지회라는 집단을 구성했다. 호헌동지회는 장택상, 유진산, 조병옥 등 민국당 세력을 기반으로 출범했는데, 여기에 김영삼을 비롯한 자유당 탈당 세력이 합세했다. 이들은 이승만과 자유당에 대적할 거대 단일 야당의 구성을 꾀했다.

순조로울 것 같던 야당 연대는 조봉암이라는 벽에 부딪친다. 앞에서도 말했듯 조봉암은 토지개혁을 주도했으며 이승만 최대의 라이벌이라는 수식어가 붙을 만큼 대중이 지지하는 인물이었다. 호헌동지회는 조봉암을 구성원으로 인정할지 말지를 가지고 자유민주파와 민주대동파로 갈린다.

조봉암을 영입하지 말자는 쪽의 자유민주파는 민국당 의원들이 대부분이었는데, 이들은 전신인 한민당 때 토지개혁으로 재정기반을 파괴당해 조봉암과는 악연이었다. 자유민주파 측 인사에는 조병옥, 장면, 신익희 등이 있다.

결국 이들은 민주당을 창당했다. 그리고 민주당 안에서 또다시 두 개의 파벌이 생겨났다. 한민당 – 민국당 계열로 이어지는 구파와 무소속 그룹 – 원내자유당 계열과 사사오입 개헌사건을 계기로 자유당을 탈당한 인사들이 모인 신파가 그것이다. 출신성분에서도 알 수 있듯 구파는 극우, 신파는 중도였다.

한편 민주대동파는 진보당을 창당하려 했다. 그러나 진보당도 잔존

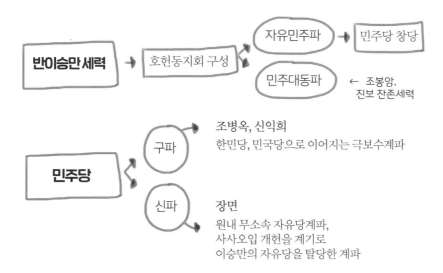

진보세력의 결집체였기 때문에 내부분열이 없을 수 없었다. 조봉암은 일단 창당 작업을 우선하고 그 다음 서서히 갈등을 조율하자는 의견을 냈지만 쉽지 않았다. 창당 작업은 미뤄지고 있었다.

그러는 중 제3대 정·부통령 선거가 코앞으로 다가왔다. 각 당의 내부분열은 봉합되지 않았고 진보당은 창당 작업도 채 마무리되지 않았지만 일단 대선후보를 정해야 했다. 이승만의 제3대 대통령 집권을 막는 것이 서로 다른 두 당의 동일한 궁극적 목표였기 때문이다.

민주당은 대통령에 신익희, 부통령에 장면을 후보로 선정했다. 진보당의 조봉암이 대권 후보에 나서면 표가 분산될 것이 불 보듯 뻔했다. 이런 예상을 하고 조봉암은 민주당에 후보 단일화 제안을 했다. 민주당에 대통령 후보 자리를 양보할 테니 부통령 후보 자리를 달라는 것이었다. 그러나 민주당의 신익희와 장면은 정확히 구파와 신파로 계파가 나뉘어 이 사안에 대해 의견을 좁힐 수가 없었다. 그리고 장면은 부통령 후보를 포기할 의사가 없었다. 단일화는 무산되었고, 조봉암은 대권에 출마한다.

자유당은 대통령에 이승만, 부통령에 이기붕을 후보로 선정했다. 이승만은 불출마 선언을 했으나 대한노총의 지시에 따라 우마차조합원들이 우의마의 소동을 일으켰다. 우마차 800대를 동원해 '소와 말도 이승만 대통령의 출마를 간절히 원한다'라는 기치를 걸고 시위를 벌인 것이다. 앞에서 잠깐 이야기했듯 대한노총은 이승만과 자유당의 하수인이었고, 당연히 이는 이승만이 벌인 '자작 쇼'나 다름없었다. 이후 그는 불출마 선언을 철회하고 다시 출마한다.

자유당은 이미 선거유세 기간 이전에 이승만 탄생 경축식과 같은 행사를 열며 유세에 들어갔고, 민주당 또한 선거운동을 시작했다. 민주당의 구호 '못 살겠다 갈아보자'는 이승만 정권의 경제적 무능 및 비열한 정치태세를 저격하며 민중에게 큰 호응을 이끌어냈다. 조봉암은 평화통일론을 주장하고 이승만의 북진통일론을 사정없이 비판했다. 이에 이승만은 각 후보를 친일분자, 용공분자 등으로 음해하고 선거벽보를 찢는 등의 방해를 기본적으로 일삼았다.

그런데 웬걸, 희한한 일이 벌어졌다. 선거 열흘 전, 민주당의 대통령 후보 신익희가 호남으로 선거유세를 하러 탄 열차 안에서 뇌일혈로 갑자기 사망했다. 조봉암은 원래 대선 전에 사퇴하고 신익희를 단일후보로 올릴 생각이었는데, 일이 공교롭게 됐다. 민주당은 조봉암을 찍느니 이승만을 찍겠다는 입장이었고, 결과적으로는 이승만도 조봉암도 아닌 신익희 추모 표를 던지라고 권한다.

선거 결과 이승만은 약 500만 표를 얻어 대한민국의 세 번째 대통령이 됐다. 주목할 것은 조봉암은 약 200만 표를 받았고, 신익희 추모 표는 약 180만 표가 나왔다는 점이다. 투개표 부정이 심각했기에 신익희가 급사하지 않았다면 이승만의 3선은 성공하지 못했을 수도 있었다.

동시에 자유당에게 충격적인 소식이 하나 있었다. 이기붕이 부통령 자리를 민주당의 장면에게 내주고 만 것이다. 이승만은 당시 81세의 노인이었다. 언제 목숨이 위태로워질지 모르는 상황에서 후계자인 이기붕을 당선시키는 데 실패했다. 게다가 북진통일론의 허구성을 폭로하며 일약 스타로 거듭난 조봉암은 216만 표를 받으며 이승만의 턱밑까지 추격해오고 있었다. 이런 위기요소들은 사법살인 진보당 사건과 최악의 부정선거를 일으킬 정도로 이승만에게 초조함과 절박함을 심어주었다.

진보당 사건

1956년 말, 조봉암은 진보당 창당 작업을 완수했다. 진보당의 기본 이념은 프랑크푸르트 선언에 기초한 사회민주주의(이하 사민주의)였다. 프랑크푸르트 선언은 1951년 7월 독일의 프랑크푸르트에서 사회민주주의 정당들이 모여 국제적 조직체로 결성한 사회주의 인터내셔널^{Socialist International}에서 선언한 것이다. 선언문 내용은 다음과 같다.

자본주의는 거대한 생산의 힘을 지녔지만, 정작 생산력을 발생시키는 주체인 노동자와 무산계급은 경제상으로 언제나 빈곤해야 했다. 이에 사회에 관계된 권한이 없는 노동착취와 임금삭감을 반대하고 노동착취에 맞서는 노동자들을 돕고 사회에서 일어나는 빈부격차를 축소하고자 헌신하겠으며, 자본주의가 야만스러운 제국주의의 발생을 또다시 돕지 않게끔 막겠다. 공산주의를 표방하는 국가들은 권위주의 체제를 동반하고 있지만, 자유와 민주 없이 사회주의의 원류는 실현될 수 없다. 사회주의는 민주주의를 기반으로 하고, 민주주의는 사회주의에 따라 발전된다.

정리해보자. 자본주의의 문제점은 자본축적을 통한 거대한 생산력이 경제적으로 늘 빈곤할 수밖에 없는 무산계급, 노동자들을 만들어내고 그들을 착취하는 데 있다. 소유의 권리를 인간으로서의 권리보다 우위에 놓은 것이다. 이는 결국 계급갈등을 낳을 수밖에 없고, 이런 흐름에 대한 반작용으로 사회주의가 대두된다. 사회주의는 생산수단을 소

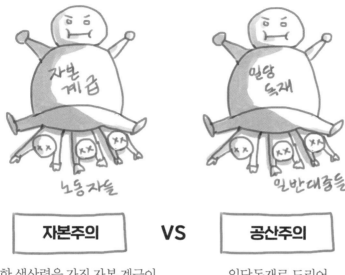

| 자본주의 | **VS** | 공산주의 |

거대한 생산력을 가진 자본 계급이
노동자 계급을 착취, 언제나 빈곤

일당독재로 도리어
계급갈등을 격화

⇒ 사회민주주의

· 생산수단을 소유, 관리하는 소수자에게 대중이 의존하는
상태에서 해방되는 것이 목표
· 자본주의 체제 내에서 민주적 방법을 통한 점진적 개량

유, 관리하는 소수자에게 대중이 의존하고 있는 상태에서 해방하는 것을 목표로 한다. 경제 권력을 국민 전체의 손에 쥐어주고 평등하게 일하는 사회를 구현하려고 한 이념이다. 프랑크푸르트 선언에서는 공산주의는 사회주의를 왜곡되게 계승하고 있다고 주장한다. 또한 공산주의 국가는 일당독재를 하면서 오히려 계급갈등을 격화시킨다고 보고 진정한 사회주의는 민주주의를 기반으로 한다고 이야기했다. 즉 사회민주주의는 사회주의와 민주주의를 따로 떼 놓을 수 없는 상호보완적인 관계라고 보는 것이다.

진보당과 조봉암의 사민주의는 쉽게 말해 '자본주의 체제 내에서의 민주적 방법을 통한 점진적인 개량'을 추구했다. 실제로 진보당이 제시한 평화통일론은 친 미국도 친 소련도 아닌 통일문제의 자주적 해결을 특징으로 한다는 점에서 유럽의 사민주의와 차이점을 보인다.

이런 조봉암의 파격적 행보에 1957년 9월부터 민주당과 자유당은 함께 진보당 죽이기 작업에 착수했다. 그 다음 해인 1958년에 예정된 제4대 총선에 진보당이 참여하는 것을 방해하고자 선거법 개정에 나선 것이다. 여기서 자유당과 야합한 민주당은 정확히는 민주당 구파세력이다. 장면과 민주당의 신파계층은 개정에 반대했다. 그럼에도 불구하고 선거 후보등록에 50만 환이라는 높은 금액을 기탁금으로 내야 한다는 개정안이 통과됐다. 정치자금이 부족한 군소정당인 진보당으로서는 치명적이었다.

1958년 1월 12일, 박기출, 윤길중, 조규희 등 진보당의 주요간부들이 줄줄이 구속됐다. 다음날 검찰은 조봉암과 진보당이 남파간첩과 밀회를 가지고 그들과 야합할 목적으로 평화통일을 추진했다는 혐의로 구속된 것이라고 발표했다. '평화통일론'이라는 조봉암의 슬로건 자체가 국가보안법에 위반된다는 검찰의 주장은 지나치다는 의견이 파다했다. 구속된 진보당 피의자 측 변호인단은 이에 구속적부심사를 청구했다. 그들은 '집권당이 북진통일정책을 내걸었다고 그것이 국시가 아니듯, 반대 당이 평화통일정책을 슬로건으로 삼았다고 이것이 국시에 반한다고 볼 수는 없다'라고 주장했다. 실제 한미상호방위조약 제1조는 '당국(남한)은 어떠한 국제적 분쟁이라도 국제적 평화와 안전과 정의를 위태롭게 하지 않는 방법으로' 해결해나가야 한다고 밝히고 있었고, 유엔 또한 남북의 평화적 통일을 강조하는 입장을 취했다.

그러나 구속적부심사는 재판부에 의해 기각된다. 검찰은 부족한 증거를 메우려 애썼다. 진보당 관련자들을 고문수사 해 허위자백을 강요했다. 조봉암이 공산당이라고 자백하면 풀어주겠다는 회유와 함께 물고문, 몽둥이 구타를 가했고, 잠을 안 재우기도 했다. 그중 결정타는 '양명산'이라는 북괴간첩을 만든 것이었다. 그는 6.25 이후 북의 지령을 받고 수십 차례 왕래하며 대남공작금을 진보당에게 정치자금으로 제공하는 등의 일을 했다고 소개됐다. 조봉암은 극구부인하며 '자금을 지원 받긴 했으나 그가 북괴간첩이었다거나 하는 일은 몰랐던 사실'이라고 밝혔다.

알고 보니 그의 정체는 남파간첩이 아니라 대북공작원이었다. 1심에서 유병진 부장판사에 의해 조봉암의 간첩행위나 평화통일론의 국시위반 등의 혐의는 인정되지 않고, 공작금 수수와 불법무기 소지 혐의에 대해서만 처벌받게끔(조봉암과 양명산 함께 징역5년) 판결이 선고됐다. 나머지 피고인들은 모두 석방됐다. 그런데 사흘 뒤, 반공청년 200여 명이 법원에 난입해 "용공판사 유병진을 타도하라!"라는 구호를 외치는 등 데모를 벌였다. 전형적인 관제데모였다.

두 달 후, 항소심 공판이 열렸다. 2심에서 양명산은 진술을 번복했다. 자신은 특무대에서 시키는 대로 거짓말을 했고, 조봉암은 아무 잘못이 없다는 것이었다. 변호인단은 이 자백에 힘입어 증인을 신청했지만 재판부는 이를 묵살했다. 2심 결과 평화통일론이 국가보안법에 위반된다는 논리와 함께 조봉암과 양명산은 사형을 언도받았다. 나머지 피고인들에게도 유죄가 선고됐다. 다시 항소해 대법원까지 갔지만, 결과는 동일하게 '사형'이었다. 이에 변호인단은 재심을 청구했지만 그마저도 기각됐다. 재심이 기각된 지 18시간 만에 사형은 초고속으로 집행되었고, 조봉암은 형장의 이슬로 사라졌다.

2004년, 진실, 화해를 위한 과거사 정리위원회(진실화해위원회)가 설치되고 진보당 사건에 대한 진상규명이 이뤄졌다. 진상규명 결과 진보당 사건은 '정권에 위협이 되는 야당 정치인을 제거하기 위해 표적 수사해 사형에 이르게 한 인권유린 및 정치탄압행위'로 규정됐다. 2008년도에는 조봉암의 후손들이 재심을 청구했고 결국 무죄를 선고받았다. 1958년부터 2008년, 무죄를 받기까지 흐른 50년의 세월이 유족들에게는 '통한의 세월'이었을 것이다.

15.
이승만을 꺾을 수 있었던 시민의식의 비결

제주4.3사건, 여순사건, 양민 학살사건, 진보당 사건…… 이승만 정권
은 정권유지를 하느라 너무도 많은 피를 흘렸다. 그럼에도 민생경제를
살리는 데는 관심이 없었다. 틈만 나면 민주주의라며 헌법을 짓밟고 권
력을 독점했다. 조봉암까지 제거됐으니 이승만은 완전히 승리를 이뤘
다고 생각했겠지만 시민들은 날이 갈수록 분이 쌓여가고 있었다. 결과
론적으로 이야기하면 이승만 체제가 막을 내리게 만든 데는 시민들의
역할이 매우 컸다. 그리고 대통령을 끌어내리린 놀라운 그 시민의식은
거저 얻어진 것이 아니었다. 그 밑바탕에는 교육과 언론이 있었다.

국민을 성장시킨
교육의 힘

해방 당시 한국의 교육상황을 보자. 일제강점기 당시 황국신민교육을 통해 한국 사람들에게 뿌리 깊게 식민잔재가 스며들었다. 한국말을 못 쓰게 하고 황국신민서사를 외우게 하는 등 민족의식을 말살하고 일본인의 정체성을 각인시키는 교육을 어른부터 아이까지 모두 받게끔 했기 때문이다. 미 군정기에 이르러서 이런 한국의 교육 실태를 본 미 군정의 교육고문은 식민잔재를 제거하는 일을 급선무로 삼았다.

미 군정은 나름대로의 교육체계를 한국에 이식하려고 했다. 그래서 이 시기 국민학교 진학률이 30퍼센트 가량 증가하고 학교 수가 대폭 늘어나는 등 교육기회의 확대가 이뤄졌다. 이는 여러 이점이 있었으나 문제 또한 있었다. 미 군정기 교육정책으로 국가재정낭비 절감과 교육효율의 극대화를 명분으로 시행한 국립서울종합대학안은 엄청난 반발에 부딪친 바 있다. 학교 고유성을 훼손하고 이사회 이사진들이 모두 국가 관료여서 중앙집권적으로 통제, 운용될 것이라는 우려에서였다. 대학생들은 국대안에 반발해 학교 등록거부 및 동맹휴학을 했고, 교수진은 429명 중 311명이 사임했다. 하지만 반대투쟁은 이윽고 힘을 잃었고, 국대안 파동은 서울대학교를 필두로 다른 대학교들도 이 전철을 밟아 종합대학으로 설립된 탓에 한국에 전문성을 살린 대학이 드물어지는 문제를 야기했다.

이후 토지개혁과 한국 전쟁으로 지주계급이 완전한 몰락해 사회적 평준화가 이루어졌다. 사람들은 이 평등하게 가난한 한국 사회에서 저마다 잘 살고 싶다는 욕망을 가지고 뛰기 시작했다. 이는 곧 엄청난 교육열을 몰고 왔다. 심지어 전쟁 중에도 임시 수도 부산에서 천막을 치고 수업이 계속됐다. 전쟁 후에는 수용공간이 부족해 2부제, 3부제 수업을 이어나가는 일도 드물지 않았다. 한 반에 70~80명은 기본이었고 100명이 넘는 경우도 있었다고 하니, 생각만 해도 불쾌지수가 오르는 듯하다. 이렇게 과도한 교육열이 사회 전반적인 분위기가 된 이유는 교육을 계급 상승의 핵심 열쇠로 여겼기 때문이었다.

이승만 정권기 아래 교육의 특징은 학도호국단과 반공교육으로 설명할 수 있을 것이다. 북진통일을 외치는 국가원수 밑에서 국민들은 자연히 반공이념을 체화해갔다. 학도호국단은 쉽게 말해 학생들이 학교 내에서 군사훈련을 받은 것이다. 반공 웅변대회, 반공 글짓기 대회 같은 행사는 학생들에게 반공사상을 반복적으로 주입시켰다. 하지만 이와 동시에 대한민국은 민주주의 국가이기 때문에 모든 교육과정에서 자유와 민주주의에 대한 교육도 함께 이루어졌다. 특히 대학교는 자유로운 토론을 통해 다양한 이념과 지식을 풍부하게 배울 수 있는 환경이었다. 이러한 연유로 국민에게 '교육받은 민주주의'와 '현실의 왜곡된 민주주의'를 구분하는 일은 그리 어렵지 않았다.

이승만의 언론장악:
국가보안법 개정안 날치기 통과, <경향신문> 폐간 사건

정부권력을 감시하는 언론의 역할은 정치가 올바른 방향으로 나아가는 데 매우 중요하다. 괜히 제4권력이라고 불리는 것이 아니다. 이승만은 오랜 기간 미국에서 활동했고 기본적으로 친미성향이었기 때문에 언론의 자유를 매우 중요하게 생각하는 미국의 입장을 따랐다. 실제로 이승만 정권 초기에는 한국 언론의 60퍼센트 가까이가 현 정부에 비판적인 기사를 여과 없이 담아냈고, 이승만도 딱히 이를 압박하지 않았다. 그중에서도 <동아일보>와 <경향신문>이 정권 견제 역할을 두드러지게 수행했다는 평가를 받았다.

그런데 1955년부터 이야기가 조금 달라진다. 이승만과 자유당 정권은 언론을 정권유지의 방해물로 인식하기 시작했다.

8월, <대구매일신문> 테러 사건이 일어난다. 사건은 유엔결의로 휴전협정이 잘 지켜지고 있는지 감시하고자 중립국감시위원단이 한국에 파견되면서 시작된다. 이 위원단에는 공산권 국가인 폴란드와 체코슬로바키아의 위원단도 포함되어 있었다. 이에 '반공'이승만 선생이 가만히 있을 리 만무했다. 전국의 학생을 동원한 관제데모로 "어떻게 중립국에 공산국가 위원단이 올 수 있냐"며 여론을 선동했다. 관제데모로 동원된 학생들은 무더운 여름날 네 시간 가까이 길바닥에 서 있는 고통을 겪었다.

이를 본 <대구매일신문>의 최석채 편집부장은 '학생을 도구로 이용하지 말라'는, 관제데모에 학생을 동원하는 일을 비판하는 사설을 실었다. 이에 자유당 경북도당 당원들은 격분해 '관제데모를 반대하는 일은 용공행위'라는 논리를 들이대며 최석채 처단을 요구했다. 정치깡패 20여 명이 신문사를 습격해 인쇄기를 부수고 직원들에게 폭행을 가했다. 국회 진상조사단이 꾸려져 이에 반발했으나 깡패들은 전혀 처벌받지 않았다. 오히려 최석채는 국가보안법 위반 혐의로 구속되기에 이른다. 이와 비슷한 연유로 <동아일보>에 연재 중이던 시사만화 '고바우 영감'의 김성환 화백이 구속됐다. 이승만 정권을 희화화한 내용의 연재분이 문제가 된 것이다.

이때 이승만은 아예 언론에 재갈을 물리는 법적 차원의 통제를 구상한다. 그것은 바로 국가보안법에 '언론에 민심을 혼란케 하는 허위, 왜곡 사실을 유포하는 행위를 5년 이하의 징역으로 처벌할 수 있다'라는 언론 조항을 추가하는 것이었다. 당연히 언론계는 반발했고, 자유당과 야합했던 민주당마저도 반대했다. 하지만 언론 조항을 삽입한 '신'국가보안법은 민주당 의원들이 점심식사를 하러 자리를 비운 사이 날치기 통과되고 만다.

신국가보안법을 통과시킨 뒤 이승만은 대통령 선거를 위해 민주당 장면과 긴밀한 관계에 있는 <경향신문>을 제거하려 했다. <경향신문>의 '여적'이라는 익명 칼럼란에 '다수결의 원칙과 윤리'라는 제목의 글이 실렸는데, 한국의 부정한 선거실태에 대해 경고하는 과감한 논조의 글이었다. 정부는 이를 트집 잡아 편집국장을 강제연행하고 신문사를 압수수색했다. 이윽고 <경향신문>은 폐간 처분이 났는데, 그 근거법령이 군정법령 제88호였다. 이는 공산당의 선전 언론을 막기 위해 제1공화국 이전에 제정된 미 군정의 법령이다. 한마디로 꼼수를 쓴 것이다.

<경향신문> 측은 국회에서 입법과정을 거쳐 통과된 법률이 아닌 군정법령을 근거로 언론자유를 탄압하는 것은 부당하다며 취소 청구소송을 냈다. 법원이 이를 가처분신청하면서 <경향신문>은 잠시 소생하는 듯했으나, 정부는 폐간이 아닌 정간 처분으로 다시 공세를 이어나갔다. 이에 <경향신문> 측은 군정법령 88호에 대해 헌법위원회에 위헌심사를 제청했지만 법원은 이를 거절했다. 군정법령이 정식법률이 아니기 때문에 위헌제청 신청대상이 아니라는 논리였다. 이는 곧 정식법률이 아닌 군정법령을 근거로 한 <경향신문> 폐간 조치도 무효라는 말과 다를 바 없었으므로 언론계와 법조계는 안도했다. 그러나 법원은 군정법령이 위헌이 아니고 정간 조치 또한 위법이 아니라는 모순된 논리를 들이댔다.

결국 <경향신문>은 정간 처분을 받는다. 그리고 1년 후, 4.19혁명으로 이승만이 하야하고 나서야 법원은 부랴부랴 정간을 풀어주었다. 사법부가 국민의 권리를 지키지 못하자 국민 스스로 사법부를 바로세우는 역설적인 일이 일어난 것이다.

이승만 정권의 언론장악은 이런 식으로 이루어졌다. 그러나 그전까지 언론을 경험해온 시민들은 의식수준이 매우 높았고, 더 이상 이승만의 폭정을 좌시하지 않는 무드를 취하기 시작했다.

16.
끝없는 이승만의 야욕과 부정선거

미국의 입장 변화와
민중의 의구심

냉전체제에서 미국과 소련은 남한과 북한을 두고 보이지 않는 싸움을 하고 있었다. 그전까지 미국은 이승만이 원조경제 재원을 가지고 수입업자들을 우대해 부정축재하게 하고 이들을 통해 정치자금을 마련하는 일을 묵과했다. 경제보다 안보를 중요시했기 때문이었다. 또한 미국은 파견한 경제고문의 의견도 듣지 않고 수출경제와 민생에도 관심이 없는 이승만을 붙들고 '울며 겨자 먹기'식으로 체제를 지원해왔다. 이때 북한은 남한보다 안정적으로 경제발전을 이룩하고 있었다.

1956년 미국 국가안전보장회의는 북한의 2차 남침 가능성이 희박하다는 결론을 내렸다. 그리고 만일 북한이 공격해오더라도 충분히 반격이 가능한 안보 수준이라고도 했다. 이 말인즉슨 한국을 대하는 미국의 입장이 '안보우위'에서 경제우위'로 변한다는 것이었다.

전쟁이 다시 벌어질 가능성은 희박하니 이제 문제는 경제발전을 통한 체제 우위 증명이었다. 미국은 형국이 달라지면서 걸림돌이 되던 이승만을 두둔할 필요가 없어졌다. 그래서 먼저 무상 원조를 차관의 형태로 바꾸었다. 하지만 워낙 한국경제의 원조 의존성이 높았기에 작은 흔들림에도 타격이 컸다. 급격히 치솟은 실업률, 특히 고학력 실업자의 속출은 국민들이 정권에 불만을 갖는 계기가 되었다.

사실 이승만은 정권을 잡은 이후부터 계속 화려한 수법으로 체제를 유지하려고 안간힘을 썼지만, 큰 흐름에서 볼 때 언제나 정권의 기틀을 유지할 수 있게 해주는 것은 '먹고사니즘'이다. 9월 총파업과 10월 항쟁이 일어난 것도, 이승만 체제에 균열이 간 것도, 나중에 나오겠지만 박정희의 유신이 무너진 것도 결국은 도저히 견딜 수 없는 민생고에서 비롯됐다.

아직도 많은 이들에게 박정희는 '경제발전의 화신'이라 기억된다. 그것이 진실이든 아니든, 그가 무너지는 데는 그가 가장 잘했다고 칭송받던 그 경제 문제에 구멍이 난 것이 적잖이 영향을 미쳤다. 하물며 이승만은 어떻겠는가.

지리멸렬한 이승만의 몸부림,
3.15 부정 선거

이승만과 자유당 정권의 지지율은 땅바닥을 기며 흙냄새를 맡고 있었다. 하지만 그들은 자신들의 과오를 반성하고 민심을 되찾고자 정치개혁을 이룰 정도로 자아성찰능력이 좋지 못했다. 1960년에 예정되어 있는 제4대 정·부통령 선거에서의 승리, 오로지 그것만 생각했다. 더군다나 이승만의 나이는 85세였다. 자연히 후계자의 권력 계승문제가 중요했다. 부통령 후보 이기붕 역시 65세로 적지 않은 나이였지만, 민주당의 장면에게 권력이 넘어가는 날에는 큰일이었다.

진정한 선수는 링 위에서 도박을 하지 않는다고 했던가, 이승만은 법망에 저촉되는 모든 수단을 동원해 부정선거를 치를 만반의 준비를 하고 있었다. 내무부 장관 최인규가 아주 중요한 카드였다. 최인규는 3.15선거를 준비하며 1959년 11월 말부터 3개월간 매일 전국의 시장, 군수 및 경찰간부들을 내무부로 불러들여 부정 선거 계획에 대한 행동지침 등을 교육했다. "어떤 비합법적인 수단을 동원해서라도 이승만을 당선시킬 것, 모든 일은 자기가 책임질 터이니 걱정 말라"는 말을 하기도 했다.

1959년 6월, 선거를 1년이나 앞둔 시점에서 자유당 전당대회가 열려 정·부통령 후보가 정해졌다. 이렇게 이른 타이밍에 후보를 선출하니 모두가 의아해했다. 12월이 되자 이승만은 선거를 3월에 치르겠다는 담화를 발표했다. 이런 담화를 발표한 이유는 당시 민주당의 내부분열이 심각했기 때문이었다. 우여곡절 끝에 민주당에서는 구파 측의 조병옥이 대통령 후보로 지명됐다. 그런데 제3대 대통령 선거 때와 비슷하게 조병옥이 병으로 사망했다. 그밖에 민주사회당, 반독재민주연맹 등의 정·부통령 후보 등록은 서류미비로 취소되거나 깡패들에게 탈취당했다. 이로써 대통령 후보에는 이승만이 단독으로 출마하게 됐다.

본격적인 선거유세 시기가 되었다. 이때를 그냥 지나칠 이승만이 아니었다. 전국 주요 도시에 붙은 민주당 부통령 후보 장면의 선거 포스터가 사라지고 찢기고 바꿔치기 당했다. 실제 이 벽보훼손 사진자료를 보면 굉장히 유치하기 짝이 없다. 민주당이 선거유세장으로 정한 인천 공원은 대뜸 토목공사를 시작해 출입금지 조치가 취해지기도 했다. 유세장에 깡패들이 난입해 난동을 피우는 것은 예사였다. 그중 주목해야 할 사건이 있는데, 바로 2.28 대구 학생시위다.

이승만은 대구에서 자유당의 유세가 있는 2월 27일에 이발소, 목욕탕, 음식점 등 당국에 영업허가를 받아야 하는 업체 모두에 휴업령을 내렸다. 유세에 인파를 끌어 모으기 위함이었다. 경쟁당인 민주당에게는 반대로 했다. 이튿날인 28일 일요일에는 장면이 유세할 예정이었는데, 이승만은 이날 학생들에게 '강제 등교령'을 내렸다. 선거유세에 참여하지 못하게 하려 한다는 것을 눈치 챈 학생들은 들고 일어났다. 경북고등학교 학생 800여 명이 "학교를 정치도구화 하지 말라"라는 구호와 함께 도청을 행진했다. 이 과정에서 주변 다른 학교 학생들도 고무돼 합류했고, 1200명이 넘는 학생들이 시위에 참여했다. 그 전까지는 이승만의 관제데모에 동원되던 학생들이 최초로 자발적 시위를 일으킨 것이다. 혁명의 열기가 올라오기 시작했다.

3.15선거가 시작됐다. 사실 선거라기보다 거의 장난질 수준이었다. 부정선거 전략에는 4할 사전투표, 3인조·5인조·9인조 공개투표 등이 있었다. 4할 사전투표는 무효표, 기권자, 전출자 등을 전 유권자의 4할로 보고 그 비율만큼 자유당 지지표를 무더기로 투표 전에 넣어놓는 전략이었다. 3, 5, 9인조씩 조를 이루고 투표소에 들어가 서로를 감시하는 가운데 투표하는 공개투표도 이루어졌다. 이때 각 조마다 자유당 당원, 경찰관, 공무원 등이 조장으로 배정돼 국민을 감시했다. 그리고 야당 투개표 참관인들은 투표소에서 쫓겨났다.

개표 결과 이승만과 이기붕이 얻은 표수가 유권자 수를 능가하는 황당한 일이 벌어졌다. 전국 개표소에 득표율을 하향 조정하라는 명이 하달됐고, 정부 당국은 이승만이 88.7퍼센트, 이기붕이 79퍼센트로 각각 정·부통령에 당선됐다고 발표했다.

17.
4.19혁명, 제1공화국의 종결

"부정선거 다시하라!"
마산시위 격화

마산에서 시위가 벌어졌다. 3월 15일 오전 열 시 30분, 마산시 민주당 간부들은 4할 사전투표 및 공개투표 등 부정선거로 얼룩진 현장을 포착한 뒤 격분하여 선거를 보이콧하고 시위에 돌입했다. 민주당 의원 정남규를 중심으로 한 당 간부와 마산시민, 학생들이 뒤따르며 시위에 불을 지폈다. 저녁 즈음 시위대는 수천 명에서 수만 명으로 규모가 확장돼 있었다.

경찰은 "부정선거 다시하라!"라는 구호를 외치는 시위대에게 발포로 응수했다. 더욱 분노한 시민들은 경찰 총격에 쫓기면서도 마산일대의 파출소와 자유당 당사를 습격했다. 이 과정에서 80명이 다치고 여덟 명이 사망했다. 경찰의 발포 때문에 파문이 일자 국회진상조사단이 꾸려지고 기자회견이 열렸다. 경찰의 강경대응에 대한 생각을 묻자 이기붕은 "총은 쏘라고 준 것 아닙니까?"라고 대답해 공분을 샀다. 국내언론 및 외신의 압박으로 그냥 넘어갈 수 없게 되자 이승만은 내무부 장관 최인규를 해임하고 홍진기를 앉히는 조치를 취했다.

이승만을 무너뜨린 4.19혁명의 직접적인 도화선, 제2차 마산시위는 김주열의 시신이 발견된 후 불거졌다. 마산에서 한 아주머니가 애타게 자기 아들을 찾고 있었는데, 마산시민 모두가 이를 알 정도였다. 4월 11일, 아주머니가 찾던 아들은 변사체로 마산 앞바다에 떠올랐다. 왼쪽 눈에 최루탄이 박혀있는 끔찍한 모습이었다. 이 변사체로 발견된 소년이 바로 김주열 군이다. 그는 마산상고에 입학시험을 치르러 왔다가 시위에 참여해 이런 변을 당한 것이었다. 시신을 본 마산 시민들은 참을 수 없는 분노와 슬픔을 느꼈다. 무리 중에는 김주열 또래의 자식을 둔 중년 여성도 많았기 때문에 더욱 그 아픔에 공명했다.

2차 마산항쟁이 터졌다. 시위는 시신이 발견된 당일 밤부터 13일까지 3일 동안 이어졌고, 낮에는 제일여고, 마산여고, 성지여고, 마산상고, 마산공고, 창신고, 마산고 등 주로 학생들이 들고 일어났다. 1차 마산항쟁 때보다 훨씬 더 많은 사람이 시위에 참가했다. 여기서도 경찰은 거듭 총격을 가했다. 또한 밝혀진 바에 의하면 이때부터 일반 시민의 입에서 "이승만 정권은 퇴진하라"는 구호가 나왔다고 한다. 그 이전인 4월 6일, 야당인 민주당의 주도로 열린 서울의 부정선거 항의 집회에서도 "이승만 정권 물러가라"라는 구호가 나오긴 했으나 민주당 간부가 구호가 너무 과격하다며 자제시켰었다. 또한 이날의 시위는 대체적으로 부정선거를 지탄하는 데 초점이 가 있었지, 이승만 정권 퇴진을 요구하는 것까지는 아니었다.

마산항쟁의 이런 열기에 방관하고 있던 미국도 심각성을 깨달았다. 그래서 4월 15일에는 미 국무부가 한국정부에 정치적으로 개선해야 할 부분을 권고하는 초안을 작성해 보내기도 했다.

2차 마산시위는 <부산일보>, <동아일보> 등의 언론을 통해 전국으로 뻗어나갔다. 전국적으로 김주열 군을 추모하는 분위기가 형성됐고, 이 소식을 접한 서울시내 대학생들은 4월 19일에 연합시위를 계획했다.

연합시위 전날인 4월 18일, 고려대 학생 3000여 명이 광화문 국회의 사당 앞에 나가 부정선거 규탄 시위를 벌였다. 시위는 고려대 총장의 권유로 비교적 평화롭게 진행됐다. 그런데 웬걸, 학생들은 시위를 마치고 귀가하는 길에 정치깡패들에게 습격을 받는다. 자유당의 짓이었다. 다음날 <동아일보>는 고려대생 피습사건을 대대적으로 보도했다.

대망의 4월 19일 아침, 우리가 잘 아는 4.19혁명의 방아쇠가 당겨졌다. 사실 이때 이승만 정권이 물러날 것이라고 예상한 학생 및 시민은 아무도 없었을 것이다. 우리는 다 지난 과거를 되짚어보고 있으니 결과를 알고 사건을 마주하지만, 당시를 살던 사람들은 아니었다.

당연한 이야기다 싶은가? 4.19혁명을 단편적인 역사의 한 장면으로 볼 때 우리는 '시민들의 항쟁이 결국 독재를 물리치고 민주주의를 쟁취했구나'라고 쉽게 생각할 수 있다. 그러나 실제 역사는 매우 복잡하고 다양한 변수가 얽혀있다. '이승만 정권 퇴진하라!'고 외치던 학생들은 마음속에 이 정권이 퇴진할 것이라는 확신을 가지고 있었을까? 아닐 것이다. 그럼에도 불구하고 학생들은 자기 목숨을 담보로 내놓고 거리로 나왔다. 이 혁명이 성공할지, 실패할지는 둘째 문제고 폭주하는 정권이 자행하는 인권유린을 멈추기 위해 죽음을 각오하고 용기를 낸 것이다. 한성여중 2학년 진영숙이 시위에 나가기 전 어머니께 남긴 마지막 편지에 그 각오가 또렷하게 남아있다. 진영숙은 실제로 이날 시위에 나가 목숨을 잃는다. 어린 학생들이 무얼 알겠냐마는, 적어도 4.19는 학생들 스스로가 진짜 자기 목숨을 건 사투였다.

4월 19일 아침 여덟 시 30분, 대광고 학생들이 제일 먼저 시위를 벌였다. 4,19혁명에서는 또래 김주열의 죽음으로 분노한 중고등학생들의 시위 참여가 상당히 눈에 띈다. 뒤이어 서울대 문리대학생들을 비롯한 대학생들도 시위에 참여한다. 국회의사당이 있는 광화문 태평로 일대가 이들에게 점거됐다. 동국대 학생 2000여 명이 효자동 쪽으로 진출했고, 성균관대 학생 3000여 명은 창경궁 쪽, 정오에 수백 명 규모의 연세대생들 또한 시위에 참여하여 신촌로터리를 지날 때 즈음에는 3000여 명 규모로 불어있었다. 그밖에 서울 소재 모든 대학의 학생들이 시위에 참가, 이승만의 경무대를 향해 진출했다. 시위대는 "이승만은 물러가라!"라는 구호를 부르짖었다.

경무대 경호책임자 곽영주는 세종로 앞 중앙청을 마지노선으로 시위대에 맞섰다. 선두에 있던 학생들에게 사격 명령을 내려 21명이 사망하고 172명이 부상당했다.

정부는 서울, 부산, 대전, 대구, 광주 등 주요 5대 도시에 계엄령을 선포했다. 계엄군은 시위 진압을 위해 투입된 만큼 임무수행을 하긴 했으나 총을 발포하는 등 폭력 진압을 일삼던 경찰과는 달랐다. 언제나 군의 정치적 중립을 유지하려 한 이종찬 전 계엄사령관의 훈령을 따라 군은 선을 지켜 행동했다. 무단 발포, 민가 침입, 음식 수수 등을 금지하는 명령이었다. 앞에서도 살펴보았듯이 군대가 이승만 정권과 경찰 측에 상당한 불만을 가지고 있었던 점 또한 군이 이렇게 행동한 이유 중 하나라고 할 수 있겠다. 이러한 군의 중립성은 4.19혁명이 이승만 하야를 종용하는 데 적잖이 기여한 바 있다.

그럼에도 불구하고 4월 19일 당일에만 100여 명이 넘는 사람이 사망했다. 4월 19일이 '피의 화요일'이라고 불리는 이유다.

시간이 없는 관계로
어머님을 뵙지 못하고 떠납니다.

어머님, 데모에 나간 저를
책하지 마시옵소서……

저는 생명을 바쳐 싸우려고 합니다.
데모하다 죽어도 원이 없습니다.

거듭 말씀드리지만 저의 목숨은
이미 바치려고 결심하였습니다.

-한성여중, 진영숙

4.26 승리의 화요일,
이승만 하야

　　　　　　　　　　　　4월 19일에 일어난 전국적 시위를 겪고 나서 이승만이 발표한 담화문을 보면 아직도 분위기 파악을 한참 못하고 있다는 생각이 절로 든다. 그는 "쓰라린 경험을 교훈 삼아 일치 단결하자"라는 애매모호한 말로 국민의 분노를 퉁치고 넘어가려 했다. 사태가 이렇게까지 번지게 된 근본적인 원인인 부정선거와 경찰의 발포 및 과잉 진압에 대해서는 언급조차 없었다. 매카나기 주한 미국대사가 경무대를 방문해 "시위대와 민중의 불만은 합당하며 이에 적절한 조치가 필요하다"는 이야기를 전했다. 국무위원들이 일괄 사표를 냈고, 23일에는 장면이 부통령 사임서를 제출했다. 이기붕도 부통령 사퇴를 고려 중이라고 밝혔는데, 이승만은 자유당 총재직 사퇴를 발표했다. 자유당 총재직이 아니라 대통령직을 내려놓는다고 해야 하는데 여전히 고집을 부리고 있었다.

　4월 25일에는 258명의 대학교수가 모여 대학교수단을 이루고 데모에 참가했다. 플래카드에는 '학생들의 피에 보답하라'라고 적혀있었다. 죽은 제자들에 대한 책임감을 느끼고 있었던 것이다.

　여기서 4월 혁명의 특징이 일면 드러나는데, 남성보다 여성이, 의원보다 일반 시민이, 엘리트 계층보다 소외되고 약소한 계층이 더 두드러지게 활동했으며 정부를 비판하는 메시지도 더 직설적으로 외쳤다. 시위대 사진을 보면 여학생이 선두에 서 있는 모습을 종종 찾아볼 수 있다. 경찰이 진압할 때 선두에 있는 여학생을 쉽사리 공격하지 못할 것이라는 전략적인 측면도 있었지만, 여학생을 선두에 세우자는 시위대의 내부 결정이 강제로 이루어진 것이 아니라면 적잖은 용기를 요구한 부분이라고 볼 수 있다.

또한 4월 25일에 지식인 계층인 대학교수들이 내세운 플래카드에는 규탄 대상이 표면적으로 드러나 있지는 않다. 모호하게 '학생들의 피에 보답하라'라고만 되어 있다. 오히려 시위에 참가한 노년층의 플래카드에는 '이승만'과 '물러나라'라는 말이 명확히 명시되어 있었다.

마지막으로 학생, 노동자, 그 외 하층민과 다양한 직업군으로 구성된 시위대는 길거리에서 가두시위를 벌이며 총탄을 맞는 희생을 감수한 반면, 엘리트 계층이자 정치적 책임을 져야 할 야당 의원들은 기여한 바가 전무했다. 이는 곧 이승만 하야 이후에 새롭게 구성될 정부의 한계를 의미하는 것이기도 하다.

어쨌든 대학교수들의 가두시위에 힘입어 1만 명이 넘는 사람들이 시위대를 이루었다. 대학교수단은 시국선언문을 낭독했다. '부정부패를 일삼고 민족적 참극을 초래한 대통령과 이를 묵과하며 지원한 의원들 및 대법관 등이 책임지고 자리에서 물러나야 한다'는 내용이었다. 이날 파고다 공원에 있던 이승만 동상이 강제 철거됐다.

다음날 오전 일곱 시, 3만 명의 군중이 모여 이승만 하야를 종용하는데 계엄군이 출동했다. 하지만 계엄군은 시위대를 진압하지 않았고, 시위하던 사람들은 탱크 위에 올라 군과 함께 환호했다. 이승만의 하야만이 남은 상황이었다.

길고 긴 싸움 끝에 이승만은 결국 하야 성명문을 발표했다. 성명문에는 국민의 뜻에 따라 자신은 물러나지만 북괴 공산당이 호시탐탐 대한민국을 노리고 있으니 조심하라는 내용이 담겨있었다. 하야하는 순간까지 그는 자신의 과오를 '국민을 위한 대통령'이라는 얄팍한 포장 속에 묻고 반공 이데올로기를 힘차게 어필했다. 그마저도 이제는 생명을 다했지만 말이다. 이기붕 일가는 집단 자살했고 부정선거의 총책임자 최인규와 자유당 간부들은 줄줄이 구속됐다. 이승만은 하와이 망명길에 올랐다. 그리고 남은 여생 동안 한국 땅을 밟지 못했다.

동시다발적 시위의 열기, 군의 중립 그리고 미국의 호응 등이 어우러져 4.19혁명은 4.26 승리의 화요일로 마지막을 장식할 수 있었다. 이것으로 드디어 지리멸렬한 독재 정치에 종언을 고했다. 잠시 동안은 모든 것이 제자리를 찾아 완전히 해결되는 것'처럼' 보였다.

3장
철권통치,
박정희 정권기

18.
허정 과도정부와 장면 정권

불필요했던 3개월?

허정 과도정부

        4월 27일, 이승만의 국회에 제출된 대통령 사임서가 받아들여지고 외무장관 허정이 대통령 대행을 맡아 과도정부의 수반 자리를 꿰찼다. 4월 28일, 허정은 매카나기 미국대사와 만남을 가진 후 내각 명단을 발표했다. 과도정부가 미국의 지지를 받고 있는 정부임을 어필하기 위함이었다. 이어 허정은 과도정부 집권 기간을 석 달로 잡고 '혁명을 비 혁명적인 방법으로'라는 방향성을 내걸었다. 바꿔 말하면, 4.19 민중의 뜻을 온전하게 반영하지 않고 굴절시킨 정권의 집권이었다고 볼 수 있다.

자유당의 깨진 파편에 불과한 허정의 과도정부는 이승만 세력의 연장이자 불필요한 시간낭비였다는 평가를 받는다. 이는 곧 당시 부통령인 민주당 장면에 대한 책임추궁이기도 하다. 장면이 부통령에서 사임해 허정에게 권력이 옮겨 갔기 때문이다. 장면 부통령은 회고록에서 나름의 사임 이유를 밝혔지만 당시를 돌아보면 당 내부 구파들과의 상의도 없이 사임 성명을 냈다. 실제로 구파는 신파의 장면이 대통령직을 계승해 사태수습에 기했으면 좋았을 것이라고 이야기했다.

사실 이전 정권 이승만의 독재에 대한 뼈아픈 경험을 토대로 대통령 실권을 대폭 줄이는 내각책임제 개헌이 진행될 것이 뻔했다. 그렇다면 개헌 후 대통령이 쥐던 실권은 국무총리에게 넘어간다. 장면이 사임하지 않고 대통령직을 계승했다고 치자. 그러면 개헌 직후 새 정부에서 정치 실권을 쥐는 국무총리직을 현직 대통령인 상태에서 넘겨받기가 어려워진다. 구파는 이런 이유로 장면이 전략적으로 사임했다고 보았다. 아무튼 이것으로 민주당의 신파와 구파는 또 한 번 격렬한 분쟁의 소지가 생겼다.

허정은 성명서를 통해 내각책임제 개헌, 3.15부정 선거 책임자 처벌, 경찰 중립화 등을 주요 실시 정책으로 내놓았다. 먼저 부정 선거 책임자 처벌은 현행 체제 안에서 해결할 것을 표방했다. 가재는 게 편이라고, 처벌이 제대로 이루어질 리 만무했다. 이승만이 정권을 꾸준히 유지할 수 있도록 정치자금을 제공하고 막대한 이득을 본 관치경제의 수혜자들, 부정 축재자 문제도 허정은 제대로 처리하지 못했다. 사실 이 문제의 뒷배경에는 미국의 특별한 부정 축재자 비호가 있었다. 매카나기는 미국의 원조가 실상 한국 경제의 동맥과 같은 역할을 하고 있다고 이야기하면서 부정 축재자에 대한 과격한 처벌을 금할 것을 신신당부했다. 6월 19일 아이젠하워 대통령의 내한 당시 100만 서울시민이 환호하며 그를 맞은 이유는 미국이 4.19혁명과 독재자 이승만의 하야에 지대한 영향을 끼친 은인으로 격상되어 있기 때문이었는데, 그 미국이 부정 축재자 처벌을 금했다는 사실은 참으로 아이러니하다. 이승만 정권의 하수인 역할을 톡톡히 한 경찰의 중립화 건 역시 마찬가지였다. 허정이 각부 장관급들과 인사한 후 발표한 각부 차관급과 지방장관, 경찰국장 등의 명단을 보면 이승만에 충성했던 사람들이 대부분 다시 발탁됐다. 검찰 역시 앞에서 보았듯 국회 프락치 사건 및 진보당 사법 살인 사건에도 개입한 바 있어 시급하게 개혁할 필요가 있었으나 대체로 현상 유지되었다. 이런 식의 대처에 여론이 반발하면 그때마다 부패 책임자 임명을 취소했다가 다시 재임용하는 등 눈속임을 하기도 했다.

다음으로 내각책임제 개헌 건을 보자. 문제의 자유당이 개헌을 추진하는 데 여론이 부정적 견해를 내비쳤음에도 불구하고 6월 15일 개헌은 출석 의원 211명 중 찬성 208표로 가결이 확정되었다. 사실 자유당은 이미 6월 1일에 소속 의원 138명 중 105명이 탈당한 바지사장 여당이었고 개헌을 추진한 데는 민주당의 입김이 컸다. 국회는 민의원과 참의원으로 구성된 양원제의 모습을 띠었다. 원래 이 국회 양원제는 1952년 당시 발췌개헌안에도 포함되어 있었지만 자유당 집권 기간 동안 참의원 구성이 유보되고 있었다.

군주제, 연방제, 단일제 등 국가의 형태에 따라 정부가 양원제 국회를 채택하는 이유는 다양하다. 단일제 국가인 한국이 양원제를 채택하는 이유는 간단하게 말하자면 '부정부패 방지'라고 볼 수 있겠다. 기존 방식과 같은 방법으로 총선을 치러 뽑는 민의원과 달리 참의원은 서울특별시와 각 도를 선거구로 해 58명을 뽑았다. 사실 이렇게 자세히 설명하기 무색하게 양원제 국회는 박정희의 쿠데타로 1년 만에 무산된다.

앞에서도 말했지만 내각책임제 개헌의 핵심은 이전과 같은 막대한 대통령의 권한을 대폭 축소하고 국무총리에게 실권을 옮겨오는 것이다. 국무총리가 직접 국무위원을 임명할 수 있는 권한을 가진 반면 대통령은 국무총리 지명권, 계엄 선포 거부권, 정부의 정당소추에 대한 동의권 등 제한적인 권한만 주어질 뿐이었다.

허정의 개혁은 미비한 부분이 많았지만 의미 없는 개혁은 아니었다. 과거 이승만의 지시에 진보당이 해산된 적이 있었는데, 허정 정부에서 정당에 대한 국가의 보호 조항이 신설됐다. 사법부에 대한 이승만의 압력 또한 거셌는데, 허정 정부에서는 법관 선임 제도를 민주적으로 개편했다. 또한 국민 기본권이 향상되었고 언론, 출판, 집회, 결사의 사전허가 및 검열제도가 철폐되었으며 이승만 정권이 칼을 빼들고 마구 휘젓던 권력의 정점에서 통과된 신국가보안법, 즉 언론에 대한 압제조항이 사라졌다. 신문 및 정당의 등록 관련 법률도 간단하게 등록이 가능하도록 개정됐는데, 이는 신문의 폭발적 증가를 몰고 왔다. 이전에 비해 거의 열 배 가까이 늘어났다. 박정희의 정보 정치에 비하면 이승만의 언론탄압은 그리 철두철미하지는 않았으나, 그래도 압제에서 풀려난 언론들은 누가 더 정권 비판을 신랄하게 하는지 내기라도 하는 듯 날아다

녔다. 그에 따른 통렬한 비판과 비난은 허정 정부의 몫이었다. 안 그래
도 민주당의 내분이 잦아 트집잡힐 거리는 많았다.

장면 정부 발족과
민주당의 분열

통과된 내각책임제 개헌이 실현 될 총선은 7월 29일에 예정되어 있었다. 민의원 233석과 참의원 58석 등 총 291석을 뽑았다. 예상대로 이 총선에서는 민주당이 압승을 거뒀다. 민주당 인사들은 민의원 175석, 참의원 31석을 차지했다. 자유당은 민의원과 참의원을 통틀어 6석 밖에 획득하지 못했다. 혁신정당도 마찬가지로 참패했다. 무소속 의원의 경우 민의원에 49석을 배석받는 등 적지 않은 숫자가 나왔으나 이들 중 다수는 민주당에 편입된다. 문제는 민주당 내부 분열이 심각했다는 것이다. 전국 81개의 선거구에서 민주당 내 신·구파의 후보 조정이 이루어지지 않아 각 파 후보가 동시에 출마하는 상황이 벌어질 정도였다.

민·참의원 합동회의가 구성되고 대통령에 윤보선이, 국무총리에 장면이 선출됐다. 윤보선은 막강한 집안 배경에 독립운동 경력도 있고 영어까지 능통한 전형적인 엘리트 계층이었다. 권위주의적이고 타협을 모르는 인물이었다는 평가를 받는다. 반면 장면은 독실한 천주교신자였고 전반적으로 우유부단했다는 평이다.

사실 장면은 원래 정치에 뜻을 두지 않았다. 본래 교편을 잡고 있다 해방 후 하지 사령관이 천주교의 의견을 듣고자 노기남 주교를 불렀을 때 통역을 했는데, 이것을 계기로 나중에 천주교 대표로 미 군정 자문기관 '민주의원'에 참여하게 된다. 1948년에는 유엔총회 한국 대표로도 선발됐다. 영어를 잘한다는 것이 이유라고 하긴 했지만, 이승만은 정치적 기반이 없어 견제할 필요가 없는 장면을 추대한다. 2년 뒤에는 국무총리로 지명되는 등 여러 가지 운이 기가 막히게 작용해 지금의 자리까지 온 것이다. 전반적으로 큰 굴곡 없이 성장했다는 배경은 장면을 온유한 성격의 소유자로 만들었다.

앞에서도 말했듯이 제1공화국이 무너진 후의 혼란스러운 상황과 정국을 이끌어 나가야 할 민주당은 내부에서 타협을 모르고 계속 서로 부딪혔다. 정치 수반으로서의 장면은 이런 상황을 단번에 휘어잡을 카리스마 있는 지도력을 가진 인물은 아니었던 것 같다. 그 정도까지는 바라지 않았더라도 신파 내부 의견 조율에조차 영향을 전혀 미치지 못하는 수준의 장악력을 가지고 있던 것은 아쉬울 따름이다.

국회의장 곽상훈의 주선으로 장면, 윤보선, 유진산 등이 참석한 4자회동에서 구파는 13명 중 최소 다섯 명의 인사를 내각 구성에 임명해달라고 장면에게 당부했다. 그러나 장면은 이 약속을 지키지 못했다. 구파와 동등하게 내각을 구성하는 것을 반대하는 몇몇 신파 인사들의 목소리 때문이었다.

장면은 새 내각에 신파 10명, 구파 한 명, 국회 밖 인원 두 명을 임명했다. 장면은 이 내각이 잠정적인 것이고 언제든지 중립내각을 다시 구성할 생각이라면서 수습하려 했지만 구파는 그의 말을 받아들이지 않았다. 그리고 장면 내각에 유일하게 포함된 구파 인사 교통장관 정헌주는 배신자로 낙인 찍혔다. 급기야 이 때문에 국회 본회의장에서 난투극이 벌어지기까지 했다.

결국 구파는 구파동지회라는 원내교섭단체를 등록하기에 이른다.

사실상 신파와의 결별 선언이었다. 이후 공식적인 분당 작업에 착수해 10월 13일에는 신민당 발족을 선언했다. 그 후 1961년 2월 20일에야 신민당은 정식으로 출범했다.

'경제 제일주의'가
부정을 덮으리니

장면 정부는 경제 제일주의를 내세
웠다. 60년 11월 28일, 장면은 댐과 발전소, 도로 및 교량건설, 관개 사
업 등 공공부분 개발에 힘쓰는 국토건설사업을 추진하겠다고 발표했
다. 연 예산 400억 환에 달하는 큰 규모의 사업이었다. 여기에 투입되는
인력은 공채로 뽑았다. 사무직 1614명, 기술직 452명 등 대한민국 공무
원 공채 1기였다. 이전에는 알다시피 미 군정이 일제시대 관료를 그대
로 등용했고, 그 명맥이 이어져오면서 그들의 연줄이 닿는 인력들이 공
직에 들어왔었다.

또 장면은 5개년 경제 개발 계획안을 작성했다. 사실 1957년도에 이
미 경제부 장관들이 이승만에게 경제 개발 계획의 필요성을 제기했지
만 그는 경제를 '계획'한다는 말이 공산권 느낌이 나기 때문에 단칼에
안 된다고 했다. 과연 뼛속까지 '반공맨'이다. 우리 대부분은 1960년대
부터 시작된 산업화의 골격이 된 경제 개발 계획안이 박정희의 전유물
로 알고 있으나 사실은 그렇지 않다. 장면 정부는 완성된 경제 개발 계
획안을 가지고 있었다. 다만 발표 전에 쿠데타 세력에게 정권을 내주고
말았을 뿐이다. 박정희와 5.16 쿠데타 세력들은 자신들의 부족한 정치
집권의 명분을 메우기 위해서라도 이전 장면 정부를 무능하고 부패한
정권이라며 비판해야 했다. 그러니 쿠데타 세력이 "경제 개발 계획안의
기초 골격은 장면 정부가 제공했고, 일부 수치만 바꾸어 우리가 이어받
았으므로 이 공로를 장면 정부에게 돌린다."라며 멍청하고 정직한 이

실직고를 할 필요는 없었다.

　장면 정부는 중소기업 부문에도 이전 정부 예산의 두 배 가까이 되는 286억 환을 배정해 지원하고, 중소기업협동조합법을 제정해 제도적 기반 구축에도 힘썼다. 또 당시 정부 예산의 40퍼센트가량을 차지하던 국방비를 축소하고자 10만 감군 정책을 추진하기도 했다. 한국군 및 미국과의 상의나 조율 없이 발표한 것이라 곧 국군과 미국의 반발에 부딪쳐 폐기되었지만, 장면이 정권을 잡으면서 특히 경제 개발 부문에 힘썼다는 사실을 여실히 알 수 있는 구절이다.

　여기까지는 좋다. 문제는 허정 과도정부에서 제대로 처리하지 못한 부정 선거 원흉 처리 문제와 부정 축재자 처리 건을 어떻게 해결하느냐였다. 결론부터 말하면 '흐지부지'였다. 1960년 10월 8일, 서울지방법원은 4.19 발포자, 3.15부정 선거 사범 및 정치 깡패들에게 1심 형량을 선고했다. 발포 책임자 서울시 경국장 유충렬에게만 사형이 언도되었고, 내무부 장관 홍진기에게는 징역 9개월, 대통령 경호 책임자 곽영주에게는 징역 3년을 구형했다. 심지어 기타 피고인들에게는 무죄가 선고되는 등 법원 판결이 미약하다는 여론이 일었다. 전국에서 재판부 규탄 데모시위가 일어났고, <한국일보>, <경향신문>, <동아일보> 등 신문들은 이를 비판하는 기사를 실었다.

　시위의 격렬함은 급기야 4.19 당시 부상학생들의 의사당 난입으로까지 이어졌다. "하루빨리 혁명 입법을 완성하라", "너희들은 다 나가라! 우리가 정치를 하겠다!" 등 의원들을 향해 거세게 외치며 나오는 부상학생들을 그 자리에서 아무도 제지하지 못했다. 자신들이 입은 부상이 의원들에게 정권을 부여해주었으니 이러한 요구는 매우 정당한 것이라는 논리였다. 혁명에 무임승차한 의원들은 자연 눈치를 볼 수밖에 없었다.

하지만 이 문제가 그리 간단한 것만은 아니었다. 부정 선거 관련자 처벌 건의 경우 처벌에 가장 중요한 근거가 되는 것이 정·부통령 선거법 위반이었는데, 허정 정부 당시 내각책임제 개헌으로 정·부통령 선거법이 폐지되었다. 이에 따라 피고인들은 면소 판결이 되어야 한다는 해석이 등장해 재판이 난관을 겪고 있었다. 그래서 허정 정부에서 장면 정부로 처벌 문제가 이관된 후 앞서 봤듯이 재판부가 문제를 일괄처리했다. 하지만 형량이 너무 가벼워 특별법을 제정해 재처벌해야 한다는 요구가 등장했다. 이미 처벌한 범죄를 재차 처벌하는 것은 소급법을 금지하는 당시 헌법 23조를 개정해야 가능한 일이었다. 즉 개헌을 강행해야 했다.

곧 소급입법 개헌 절차가 진행되었고 11월 29일에 공포되었다. 이것으로 부정 선거 관련자 처벌법, 반민주행위자 공민권 제한법, 부정 축재자 특별 처리법, 특별 재판부 및 특별 검찰부 설치법 등 네 개의 특별법이 제정가능하게 되었다. 이 중 피고인의 선거권 및 피선거권, 공직 취임권을 정지시키는 공민권 제한을 담은 법안을 두고 부작용이 예상된다며 미국이 반대했고, 결국 대폭 완화되어 통과되었다. 특별 검찰부는 1961년 1월이 되어서야 본격적으로 활동에 들어갔는데, 2월 28일 공소시효 종료 시까지 기소한 250건의 기소건 중 기소중지가 180여 건이었다. 소급입법 개헌까지 단행했지만 정부나 특검 모두 부정 선거 관

자, 여러분 집에 있는 냉장고를 한 번 열어볼까요?

아이고 이런, 다 썩었네요.

부정 축재자
3.15 부정선거 책임자

경제개발 5개년 계획

자, 이렇게 하면 감쪽같죠?

응?

다 필요 없으니까 나가. 우리가 정치할 거야.

네…? 그러실래요?

련자 처벌에 의욕이 없었다. 장경근 등 일부 석방됐던 피고인들은 그새 특검을 피해 잠적하기도 했다. 한마디로 또 '흐지부지'였다.

부정 축재자 문제는 더 어려운 문제였다. 국민은 이들을 엄벌하라며 들끓었다. 하지만 민주당 내부 인사 대부분이 부정 축재 혐의를 받고 있는 피고인들과 이미 자금줄로 이어져있어 부정 축재자 처벌이 힘들었다. 게다가 민주당은 내부분열이 심했고, 이들은 곧 서로에 대한 비리 폭로까지 불사했다.

이래저래 장면 정부는 이미지에 큰 타격을 입고 국민으로부터 신뢰를 잃었다. 그러면서도 국민 여론에 떠밀려 부정 축재자 심판의 검을 들 수밖에 없었다. 부정 축재자 특검조사의 시기적 범위는 이승만이 하야한 1960년 4월 26일을 기준으로 5~8년 전까지였고, 처벌 대상은 부정한 방법으로 관권과 결탁하여 부를 쌓은 자, 부정 선거 정치자금 제공자(1천만 환 이상), 탈세자(1천만 환 이상), 뇌물 수수 공무원(600만 환 이상) 등이었다. 법안에 따르면 5만7천여 명이 처벌 대상자에 포함되었다.

이에 경제계는 뜻을 모아 법안에 대한 반대 입장을 밝혔다. 1961년 2월 15일, 78명의 기업인이 모여 구성한 한국경제협의회는 "법안이 통과되면 사회 일대 혼란을 초래하고 기업인들의 손발을 묶어 민족 자본을 붕괴시킬 것"이라는 성명을 밝혔고, "남한 경제 번영을 싫어하는 북괴가 이 법안의 통과를 진심으로 환영할 것, 남한 공산화의 길을 닦아주는 것"이라며 색깔론 공격을 펼쳤다. 국회의 민의원들은 이런 색깔 공격에 반발하는 반응을 보였다. 이렇게 겉으로는 경제계와 정부가 심한 갈등을 빚는 것처럼 보이기도 했으나, 사실 이는 국민 여론을 호도하는 정계와 경제계의 사전 합의된 전략이었다. 그냥 '쇼'였던 것이다.

정계는 부정 축재자 처벌이 사회·경제적 혼란을 초래할 것을 염려하고 있었다. 국회는 부정 축재자 처리 법안의 제2조 부정축재의 정의 부분에 '자진하여'라는 문구를 삽입해 법안을 수정했다. 정치자금을 '자진하여' 제공한 자를 대상으로 처벌한다는 것인데, 이 수정만으로 5만7천여 명에 달하던 피의자가 600여 명으로 대폭 축소되었다. 5월 4일부터 부정 축재 처리 위원회가 가동됐고, 5월 16일까지 '자진신고'하라고 했다. "아, 제가 사실 자진해서 부정한 자금을 제공했습니다. 양심에 찔려서 잠이 안 오더랍니다. 어서 날 구속하쇼"라고 말하며 찾아오는 부정 축재자가 있기를 기대한 것일까? 참으로 의미 없는 짓이었다.

정작 장면 총리 본인은 청렴했다는 평을 듣지만, 민주당 내부의 부패상은 문제가 컸다. 이승만 정권 때부터 군과 정부 간 부정부패가 매우 심했는데, 민주당이 정권을 잡자 이 부패를 답습한 것이다. 국가예산의 40퍼센트가량을 국방예산이 차지하고 있었으므로 군에는 돈이 있었다. 군납업체에서 나오는 돈은 정부 권력층에 정치자금으로 흘러들어갔고, 군 고위층은 정부에게 주요 요직 기용 및 인맥 배치 등을 보장받으며 긴밀한 관계를 형성했다. 한마디로 고인 물이 된 것이다. 부정 축재 심판권을 쥔 민주당이 부정 축재를 하고 있었으니 어떻게 의욕적으로 나올 수 있겠는가. 그리고 자진신고 마감기한인 1961년 5월 16일은 우리도 잘 아는 쿠데타가 일어난 날이다. 결국 이 문제도 미처 매듭지어지지 못한 채 다음 정부로 넘어간다.

유일하게 장면 정부가 적극적으로 단행한 것은 '경찰 숙청'이었다. 장면은 정부가 출범하자마자 3개월 안에 부정 선거에 개입한 경찰 4500명을 해고했다. 그리고 전체 경찰관의 80퍼센트를 다른 지위로 보내거나 다른 지방으로 전임시켰다. 이승만은 경찰을 필두로 정권 안정을 꾀했는데, 장면은 정권 안보를 무시하다시피 하면서 과감한 경찰 숙청을 단행했다. 문제는 업무를 볼 사람이 모자랄 정도로 숙청해 심각한 정보 부족으로 공공질서 및 치안 유지, 범죄 수사에 타격이 올 정도였고, 잦은 내무장관의 교체로 제대로 된 업무 파악마저 힘들었다.

억눌렸던 민중의 한이 뿜어져 나오다:
학원 민주화, 교원 노조, 2대 악법 투쟁, 통일운동

　　　　　　　　　　　이승만 정부의 몰락은 독재에 억눌
려 얼어붙어있던 사회 분위기의 반전과 대폭발을 가져왔다. 짓밟힌 민
주주의를 재건하려는 움직임이 일었다. 학생들은 3.15부정 선거에 가
담한 대학총장과 지도자층을 어용지식인으로 규정짓고 이들의 퇴진
을 요구했다. 학도호국단의 해체와 함께 만들어진 자율적 학생회는 학
원행정의 민주화를 요구하기도 했다. 이런 학원 민주화 운동은 4.19 직
후 4월 말부터 5월까지 이어졌다.

　6월부터는 이 운동이 '이제부터는 대중과 유리된 존재의 상아탑에
머무르는 게 아닌, 국가의 감시자로 민중의 선봉으로 나설 것'라는 표
어를 내걸며 국민계몽, 신생활운동 등 다양한 방식으로 발전했다. 양담
배 및 커피 등을 소비하지 않는 외래상품 배격활동, 관용차량(중앙부처
에서 공무원 등에게 제공하는 차량)의 부정사용을 단속하는 일, 불의하거나
정직한 정치인을 구분하는 선거 계몽운동 등을 펼쳤다. 안타깝게도 시
도는 좋았으나, 학생들이 꿈꾸는 이상이 현실에 적용되는 데는 시행착
오가 뒤따랐다.

　노동조합계에서도 바람이 불었다. 노동쟁의가 1959년에 비해 두 배
가까이 급증했다. 어용노조인 대한노총에 대한 반대급부로 전국노동
조합협의회가 1959년에 생긴다. 전국노동조합협의회는 60년 말 대한
노총과 협의를 통해 한국노총으로 통합한다.

　노조운동 중 교원노조 운동이 특히 활발하게 일어났는데, 민주화 시

위에 참가한 초·중·고등학생의 희생에 대한 교사들의 반성에서 비롯된 것이었다. 이것이 대한민국 교원노조의 시발이다. 교원노조가 생기기 이전에는 교장의 권유로 교사를 자유당 비밀당원으로 입당시키거나 정·부통령 사진을 학급에 걸어놓고 글짓기 등으로 학생들에게 찬양하도록 시키고 이를 바탕으로 교사 근무성적을 평가하는 등의 일이 횡행했다. 4월 29일, 대구 경북여고에서 중고등학교 교사 60여 명이 모여 '학원자유화 및 교사 권익보호'를 위한 교원노조를 결성한 것을 시작으로 7월에는 '한국교원 노동조합 총연합회'라는 전국적 통일조직을 갖추었다. 노조 참여 인원은 비공개 인원까지 합해 거진 4만 명 정도였다. 이는 당시 전체 교사 수의 40퍼센트에 이르는 숫자다.

장면 정부는 노동조합법을 개정해 이들의 활동을 불법화하려 했다. 그러자 9월 말, 경북교원노조 1500명이 5일간 단식농성에 들어갔고, 단식과 수업을 병행하면서 야위어가는 교사들을 지켜보던 학생들 다수도 농성에 합류했다. 서울에서도 농성시위가 잇따라 노동조합법 개정은 폐지됐다.

해를 넘겨 1961년 2월 8일, 한미경제협정이 체결되었다. 협정은 한국 경제에 대한 미국의 감독권 강화, 환율 인상 등 미국에 대해 한국이 일방적으로 의무를 이행해야 하는 성격이 강했다. 그러자 학생들은 2월 14일에 전국학생 한미경제협정 반대 투쟁위원회를 결성해 미국의 이런 처사에 강력하게 반대하며 일어났다. 장면 정부는 이런 움직임의 배후가 북괴라는 등의 주장을 펼쳤으나 근거 없는 주장이라 다시 언론의 도마 위에 올랐다. 이런 일련의 반대에도 불구하고 협정은 통과됐다.

장면은 대중의 정치세력화를 견제해야 할 필요성을 느끼고 데모규제법과 반공특별법 제정을 추진했다. 전국적으로 찬반 시위가 격돌했다. 민주당의 대변인 김대중은 "이 법의 취지가 언론이나 혁신세력의 탄압에 있는 것이 아니다"라는 성명을 냈으나 학생운동은 야당과 손을 잡고 반대 시위에 더욱 불을 지폈다. 흡사 해방 이후의 좌우 대결구도를 보는 듯했다. 야당인 신민당으로서는 법도 법이지만 현 정부를 강렬하게 비판해 갈등을 고조시키는 것이 능사였던 듯싶다.

3월 22일에는 서울시청에서 혁신계 정당, 사회단체, 학생 단체 등이 연합해 3만여 명이 모여 2대 악법 반대 데모를 벌였다. 투석과 최루탄이 난무하는 거친 현장이었다. '반공보다 빵을 달라'는 플래카드를 들고 장면 총리의 사택으로 행진이 이어졌고, 반대 진영은 "반공법 없는 나라로 가라"며 반격했다. 다음날 청와대에서는 이를 수습하고자 대통령과 총리를 포함한 요인회담을 개최했으나 갈등은 봉합되기는커녕 격화되기만 했다. 결국 2대 악법은 통과하지 못했다.

반공 이데올로기에 억눌려있던 민중은 분단의 아픔을 일깨워 통일운동의 문을 열었다. 7.29총선 때까지만 해도 혁신세력이 총선에서 참패하는 등 레드 콤플렉스(공산주의에 대한 과민공포)가 작용해 통일 논의의 장은 얼어있었다. 그러다 언론인 김삼규가 중립화통일론을 제기한 것이 소개되면서 통일운동의 불씨가 차츰 살아나기 시작했다. 이 무렵의 통일론은 종류를 크게 두 가지로 나눌 수 있는데, 국제회의를 통해 국제적 합의를 바탕으로 통일을 이룩하자는 중립화통일론과 외세를 배격하고 남북이 민족 자주적으로 협상해 통일하자는 남북협상론이

여러분은 지금 매우 혼란스러운 '장면'을 목격 중이십니다.

그것이다.

8월에는 북한의 김일성이 남북연방제를 제안했다. 서로의 독자적인 정부와 정치제도를 유지하면서 최고민족회의기구를 조직해 경제·문화적 발전을 꾀하자는 말이었다. 물론 장면 정부 측은 북한괴뢰정권을 그대로 유지한 채로 국제적 승인을 얻는 그런 연방제는 있을 수 없고, 남한 사회를 분열, 반목하게 하는 의도의 제안일 뿐이라며 냉담하게 반응했다. 자국에서 학생과 혁신세력을 중심으로 일어나고 있는 통일운동에도 위기감을 느끼고 있던 장면 정부로서는 당연한 반응이었다.

9월, 혁신정치세력은 장면의 선건설 후통일론에 반대하며 민족자주통일중앙협의회(이하 민자통) 준비위원회를 조직하고 다음 해 2월 말 민자통을 결성한다. 학생들은 11월에 민족통일연맹(이하 민통련)을 결성한다. 혁신세력과 학생운동세력은 앞에서 언급한 한미경제협정 반대운동과 2대 악법 반대투쟁을 통해 서로 호응하며 몸집을 키운다. 4월 19일 혁명 1주년에 학생들은 침묵시위를 했다. 그 자리에서 서울대학생들은 다음과 같은 선언문을 발표한다.

우리는 그 싸움으로써 특권과 단독정부의 사욕 위에 세워진 이승만 체제가 무너지라고 육박했다. 그러나 안팎으로 뿌리 깊게 박혀진 이승만적 반민족체제는 모습을 달리했을 뿐 본질에 있어서는 그대로 지속되고 또는 더욱더 나빠지기만 할 뿐이다…… (중략) ……하나에도 열에도 통분이 아닐 수 없으며 거기서 지내온 이 1년간의 정치기간은 치욕과 울분밖에 가져다 준 것이 없다.

4.19 1주년 시위가 있고난 5월, 민통련은 북에 남북학생회담을 제의한다. 북은 적극 환영하며 남북학생회담을 서울과 평양에서 개최하자는 공식성명을 냈다. 5월 13일에는 서울운동장에서 민자통의 주최로 남북학생회담 환영 통일촉진궐기대회가 열렸다. "가자 북으로, 오라 남으로"라는 구호와 함께.

1960년은 시대적으로 냉전이 최고조에 달한 때였다. 게다가 김일성 체제가 더욱 강고해지던 시기였기에 남북학생의 회담을 통해 통일을 자주적으로 이룩한다는 것은 현실과는 거리가 멀었다. 역사적 관점에서 쿠데타 세력이 정권 탈취의 명분으로 삼으려고 혁신세력과 학생운동을 폄하하고 그들에게 왜곡적인 시각을 부여한 것은 사실이다. 다만 그것과 별개로 학생들과 혁신세력의 주장은 관념적이었고, 시대나 민중과 함께 공감하지 못했다는 평 또한 사실이다. 낭만적이고 관념적인 열정의 폭발 내지는 질주라고 할 수 있겠다.

앞에서 보았듯이 장면 정부의 과거청산은 흐지부지되었으며 민주당이 서로 분열하고 반목하는 모습은 학생을 포함한 민중에게 환멸감을 주었다. 그리고 '데모로 해가 뜨고 데모로 해가 진다'라는 말이 있을 정도로 거리에는 데모시위가 활발했다. 장면이 학생과 시민들의 움직임을 억압하지 않겠다는 것을 기본 방침으로 두면서 데모는 더욱 날개를 달았다. 이런 점을 들어 장면이 시대를 앞서간 선진적 정치인이었다는 평가도 있으나, 글쎄, 시대와 어울리지 못한 리더십이었다는 건 분명한 것 같다.

19.
5.16 쿠데타 발발

이런 혼란스러운 시대에 5월 16일, 군사 쿠데타가 일어난다. 이후 18년 간 군부철권 통치가 지속된다. 이 쿠데타의 주역 박정희는 누구며, 어떻게 이런 일이 가능했을까? 먼저 그가 살아온 인생을 한 번 되짚어보도록 하겠다.

쿠데타의 주역,
박정희의 역사

박정희는 권력에 굶주린 인간이라는 평가를 받는다. 권력을 차지하고픈 그의 욕망은 마음속 깊이 자리 잡고 있는 피해의식과 열등감에서 기인한다. 경북 구미에서 빈농 부부 사이의 5남 2녀 중 막내로 태어난 박정희는 어머니가 원치 않은 늦둥이 자식이었다. 그의 어머니는 그를 낙태하려고 온갖 민간요법을 동원했으나 결국 박정희는 태어났다. 가난한 살림에 입을 하나라도 줄이려 그랬을 테지만, 이런 출생비화는 왜소한 키와 더불어 그에게 적잖은 콤플렉스가 되었을 것이다.

그는 어릴 적부터 공부를 잘해 학급장을 했다. 학급장의 권위를 쥔 키 작은 아이에게 뺨을 맞아보지 않은 반 친구가 드물다는 증언이 있었다. 박정희에게 권력의 맛을 즐기는 성격이 자리 잡은 것이 이때부터였을까. 박정희는 나폴레옹을 우상으로 삼고 남자다움을 동경하기도 했다.

대구사범학교를 졸업한 그의 첫 직업은 교사였다. 그러나 그는 교사직은 더 이상 못 해먹겠다며 때려치우고 만주군관학교에 입학한다. 군인이 그의 천직이기도 했고, 때는 아직 1940년, 해방 이전이었기 때문에 한국에 대한 일본의 입김이 컸다.

'박정희'라는 인물을 잘 설명하는 키워드 중 하나는 '기회주의'다. 그것도 그냥 기회주의가 아니다. 그는 소용돌이치는 현대사의 격변 속에서 늘 대세의 중심부를 꿰찼으며 위기의 순간마다 변신에 변신을 거듭했다. 조금 더 읽어보면 무슨 말인지 이해가 될 것이다. 박정희는 만주군관학교를 최우등으로 졸업하고 일본 육군사관학교까지 들어갔다. 창씨개명한 박정희의 일본 이름이 '다카키 마사오'라는 것은 일반 사람들에게도 어느 정도는 알려진 사실이다. 사실 그는 여기서 한 발 더 들어가 아예 조선인의 흔적을 제거해버린 '오카모토 미노루'라는 이름으로 다시 개명했다. 이처럼 황국신민 교육과 군국주의 교육은 그의 골

수 깊이 박혀있었고, 이 정신은 이후 그의 국정 운영 스타일에도 크게 영향을 미친다. 박정희가 친일파라는 주장의 근거가 되는 사실이라고 볼 수 있겠다.

그가 만주군 소위로 부임한 지 1년 후, 불행하게도(?) 한국은 해방된다. 졸지에 패잔병 신세가 되어버린 그는 절망 속에서 세상을 저주하다 46년에 다시 조선경비사관학교 제2기생으로 입학한다. 앞서 살펴봤듯 해방 이후 한동안은 좌파 세력이 우세했다. 그래서 박정희는 좌파의 핵심 세력으로 들어간다. 남로당의 우두머리가 된 것이다.

그런데 여순사건 이후 숙군 작업에서 덜미가 잡혔다. 사형 위기에 처한 박정희는 숙군 수사에 적극 동조해 자신과 함께하던 남로당 동료 명단을 모조리 넘겨준다. 또 한 번의 절체절명의 순간을 헤엄쳐 나오기 위해 그는 물불을 가리지 않았다. 물론 백선엽을 비롯해 연줄이 닿아 있던 만주군 출신 선배들과 장도영 대령의 도움이 컸지만, 박정희의 생존 본능은 가히 초인적이었다.

직제에도 없는 군 내부 문건 대필 아르바이트를 하면서 연명하던 박정희는 한국 전쟁이 터지자 다시 한 번 장도영을 찾아가 애걸복걸해 겨우 육군소령으로 복직했다. 그 무렵 육영수와 결혼했고, 다음 해에는 대령으로 승진했다. 이후 박정희는 계속해서 쿠데타를 일으켜 권력을 움켜쥘 생각만 했다. 1960년에는 3.15부정 선거 직후 쿠데타를 일으키려 모의하다 4.19가 터져 포기했고, 4.19 이후에는 부패한 군을 바로잡자는 정군운동을 빌미로 쿠데타 동조세력의 결집을 꾀했다. 그러다 군 진급 적체 문제의 최대 피해자인 김종필을 비롯해 육사 8기생들과 함께 군 여론몰이를 하려다가 발각돼 좌천되고 만다.

　이러한 우여곡절 속에서도 박정희의 쿠데타 의지는 꺾이지 않았다. 9월 10일, 그는 충무장이라는 이름의 중국음식점에서 육사 8기 멤버들과 타도 민주당 정권 쿠데타를 결의한다. 이렇게 충무장 결의가 이루어졌다. 충무장 결의를 굳이 언급하는 이유는 이때 모인 멤버들이 쿠데타의 주역이자 권력을 쟁탈한 이들이기 때문이다.

　하지만 이후 김종필과 육사 8기 쿠데타 멤버들은 충무장 결의의 존재를 부정했다. 장면 내각은 7.29총선 이후 8월 23일에야 정식으로 출범했는데, 18일 만에 장면 정권의 무능을 단정 짓고 쿠데타를 결의했다는 말이 상식적으로 납득하기 어렵기 때문이었을 것이다. 하지만 장면 정권의 무능과 부패를 거사의 이유로 들은 이상 장면 정부가 무슨 짓을 하든 쿠데타를 일으킬 생각이었다는 것을 충무장 결의 사건을 통해 그들 스스로 입증한 셈이다. 쉽게 말해 어떤 정당한 명분을 만들기 전에 박정희는 그토록 원하던 쿠데타와 권력을 끝내 쟁취한 것이다.

쿠데타는 어떻게 가능했나

박정희라는 인물을 조금 알아봤으니 이번에는 5.16쿠데타가 어떻게 가능했는지 그 배경과 과정을 살펴보자. 쿠데타가 가능할 수 있었던 배경에는 여러 요소가 맞물려 있다.

쿠데타를 강행한 군부는 당시 한국의 초 엘리트집단이었다. 교육 수준만 봐도 한국 사회의 일반적인 집단에 비해 해외 유학 경험자 수가 월등히 많았고, 자체 교육기관 규모도 방대했다. 게다가 집단의 응집력은 다른 집단과 비할 바가 없었고, 미국과도 관계가 가까웠다. 거기다 무장력까지 갖추고 있으니 군이 권력을 잡으려고 마음만 먹으면 얼마든지 가능했을 것이라는 평도 있을 정도였다.

군 병력은 1950년 10만 명 수준에서 1953년 60만 명 이상으로 3년만에 대폭 증가했다. 한국 전쟁이 군을 과대 팽창시켰다. 덕분에 전쟁을 버틸 수 있었지만 문제점도 많았다. 급격하게 인원이 늘어난 탓에 인사 구조가 기형적으로 변질될 수밖에 없었다. 쉽게 말해 누군가는 20대 후반이나 30대에 별을 다는 등 초고속 진급을 하는데 누군가는 진급이 계속 지연되는 상황이 벌어진 것이다. 육군사관학교 1~7기까지는 진급이 매우 빨랐으나 8기부터 진급이 지연되어 대령 이상으로 진급이 되지 않는 적체 구조가 만들어졌다. 그렇다. 진급이 늦어지기 시작한 바로 그 육사 8기가 쿠데타의 주역이다. 이에 더해 군 고위직의 부패는 정계와 이어져 있었고, 일반 장교들은 생계가 어려워 부패를 저질러야 하는 상황이었다. 이런 다양한 불만이 강하게 작용해 박정희와 소장파 장교들은 정군운동을 제시하면서 쿠데타를 시도했다.

쿠데타 수 개월 전에 육군참모총장직에 장도영이 인사된 것 또한 쿠데타의 결정적 요인 중 하나였다. 장면은 쿠데타 관련 정보에 대해 장도영에게 거듭 확인을 요구했지만 장도영은 집권당과 쿠데타 세력 사이에 양다리를 걸치고 있었다. 그는 정에 약하고 박정희에게 우호적인 인물이었지만 한편으로는 기회주의적 면모를 보이며 쿠데타를 방조하는 데 일조했다. 이 때문에 5.16쿠데타는 여러 연막 공작에도 불구하고 대놓고 진행된 엉터리 쿠데타라는 평을 받는다.

장도영도 장도영이지만 장면 총리의 대처도 안일했다. '미국이 있는데 어떻게 감히 쿠데타를 일으키겠나'라는 미국에 대한 무한 신뢰를 바탕으로 구체적인 쿠데타 정보가 귀에 들어올 때마다 미국 타령만 했다.

5월 16일 새벽, 박정희와 3600명가량의 쿠데타 병력이 본격적인 행동을 개시했다. 장도영은 해병대 1개 대대가 한강다리를 진격 중이라는 보고를 듣고 헌병대에 다리 사수 명령을 내렸다. 그러나 차 한 대가 통과할 수 있는 공간을 확보하라고 하거나 카빈총만 소지하라고 명령해 무장력을 떨어뜨리는 등 쿠데타를 저지하는 입장을 취해야 할 사람의 지시로는 보기 힘든 애매한 지시를 내렸다.

이윽고 총격전이 일어났고, 쿠데타 세력은 한강 저지선을 뚫었다. 서울시내에 진입한 쿠데타군은 각자 맡은 위치로 흩어졌다. 제6군단 포병단은 삼각지에 있는 육군본부를 점령했고 해병대는 치안국과 시청으로 갔다. 쿠데타의 주력부대들은 KBS로 쳐들어갔다. 방송국을 통해 '혁명공약'이 울려 퍼졌다.

"친애하는 애국동포 여러분! 군부는 드디어 일제히 행동을 개시하여 국가의 행정·입법·사법의 3권을 완전히 장악하고 이어 군사혁명위원회를 조직했습니다. 군부가 궐기한 것은 부패하고 무능한 현 정권과 기성 정치인들에게 더 이상 국가와 민족의 운명을 맡겨둘 수 없다고 단정하고 조국의 위기를 극복하기 위한 것입니다.

군사혁명위원회는

1. 반공을 국시의 제일의로 삼고 지금까지 형식적이고 구호에만 그친 반공체제를 재정비 강화할 것입니다.

2. 유엔헌장을 준수하고 국제협약을 충실히 이행할 것이며 미국을 위시한 자유우방과의 유대를 더욱 공고히 할 것입니다.

3. 이 나라 사회의 모든 부패와 구악을 일소하고 퇴폐한 국민도의와 민족정기를 다시 바로잡기 위해 청신한 기풍을 진작할 것입니다.

4. 절망과 기아선상에서 허덕이는 민생고를 시급히 해결하고 국가의 자주경제 재건에 전력을 집중할 것입니다.

5. 민족적 숙원인 국토통일을 위해 공산주의와 대결할 수 있는 실력의 배양에 전력을 집중할 것입니다.

6. 이와 같은 우리의 과업이 성취되면 참신하고도 양심적인 정치인들에게 언제든지 정권을 이양하고 우리들 본연의 임무에 복귀할 준비를 갖추겠습니다.

군사혁명위원회 의장 육군 중장 장도영."

물론 박정희는 사전승인을 받지 않고 혁명공약에 장도영의 이름을 가져다 썼다. 하지만 쿠데타를 방조하며 어떠한 확실한 입장도 내놓지 채 박정희에게 휘둘리던 장도영이 억울하다고 할 수는 없을 것이다.

이 무렵 장면 총리는 총성을 듣고 혜화의 한 수녀원에 아무도 모르게 꼭꼭 숨어 기도를 하고 있었다. 대통령 윤보선은 "올 것이 왔다"라고 이야기하며 박정희 일행을 맞이했다. 그는 쿠데타를 지지해달라는 박정희의 요청을 거부했으나 군끼리 유혈사태가 일어나지 않도록 잘 정리하라는 말만 하고 별다른 대책을 세우지 못했다.

오전 10시경, 미국 측은 '장면 총리와 합헌정부를 지지한다'는 입장을 밝혔다. 급기야 미국대사가 윤보선을 찾아와 쿠데타군을 진압할 테니 국군 동원을 승인하라고까지 했다. 그러나 윤보선은 국군끼리 전투하다가 혼란을 틈타 북한이 쳐들어올지 모른다고 하더니 나중에는 자기에게 군통수권이 없는 것 같다며 책임을 회피했다.

사실 윤보선은 쿠데타 진압보다도 장면 정부의 몰락에 더 관심을 두고 있었다. 이런 계산 때문에 쿠데타를 도왔다는 의견이 일반적이다. 그들이 무슨 생각을 했든 장면과 윤보선의 이런 책임 회피적 대응 또한 쿠데타의 성공에 한몫했다고 봐야 할 것이다.

앞서 말했듯이 미국의 입장은 쿠데타군 진압 및 장면 합헌정부 지지였으나 미국 또한 사태 수습에 그다지 적극적이지는 않았다. 결국 장면이 잠적 55시간만에 모습을 드러내고 내각 총사퇴를 발표했다. 이렇게 장면 내각이 몰락하고 군사혁명위원회를 개칭한 국가 재건최고회의가 국회에 설치되었다. 의장은 장도영, 부의장에는 박정희가 임명되었다.

이처럼 아무리 여러 요소가 겹쳤다 해도 쿠데타가 성공하는 데는 상당한 운이 따랐다고 보는 시각이 일반적이다. 당시 한국의 총 병력은 국군 60만 명에 주한미군 5만 명이었는데 고작 3600명이 일으킨 쿠데타로 하루아침에 권력 이동이 이루어졌으니 말이다.

독재정권의 몰락으로 그동안 억눌린 한이 뿜어져 나오고 있었기에 사회는 혼란했고, 장면은 부패한 정권, 무능한 정권이라 욕을 먹으며 집권하고 있었다. 좌·우가 이렇다저렇다 말도 많았고 그 와중에도 정계는 치열한 이권다툼을 벌였다. 하지만 이 모든 것이 박정희 소장의 목숨 건 게임에 비할 바는 못되었던 듯하다.

로또번호는 3개 맞았는데 엄청난 운으로 쿠데타에 성공한 박정희였다.

20.
군인들의 세상

철권통치 시작!

군인들의 철권통치가 시작됐다고 하면, 다짜고짜 총으로 무력으로 권력을 장악해나가는 이미지가 떠오를 것이다. 그러나 국가 정치란 어디까지나 국민여론의 지지는 물론 대외적으로도 지지를 받아야 돌아가는 법이다. 혁명공약에 잘 요약되어 있듯 쿠데타 세력은 반공주의, 부패 청산, 경제 재건 등을 내세우며 국민과 세계를 대상으로 본격적인 '보여주기식' 콘서트를 열었다. 여기서 '세계'란 그냥 간단히 말해 미국의 눈치를 봤다는 의미다.

쿠데타 직후 박정희가 각별히 심혈을 기울인 문제는 혁신계 탄압이었다. 자신의 과거 남로당 경력이 콤플렉스로 작용했기 때문이다. 미국의 지지를 받으려면 다른 것은 몰라도 새 지도자의 사상검증이 필수적이었다. 박정희는 좌파 지식인, 보도연맹 관련자, 혁신정당 관련자, 노조 지도자 등 4천여 명을 체포하는 등 특별히 힘을 주어 자신이 '빨갱이'가 아님을 증명하려 했다. 체포된 사람 중 '만들어진 빨갱이'가 있을 정도로 마구잡이로 잡아 넣었다. <민족일보> 조용수 사장이 대표적인 희생양이다. 그는 민족통일을 염원하는 성향의 신문을 냈다는 이유만으로 죽여야 할 빨갱이로 몰려 사형당했다. 그가 죽은 이유는 단 하나, 박정희의 좌파 경력 세탁을 위해서였다.

무엇을 하면 대중이 감동할 수 있을까? 어떻게 하면 정권교체 사실을 극적으로 국민에게 시사해줄 수 있을까? 이러한 군사정권의 포퓰리즘은 정치 깡패들을 조리돌림하는 것으로 발현됐다. 5월 21일 오후, 두목 이정재를 필두로 한 자유당 정치 깡패 집단 200여 명이 참회 플래카드를 들고 시가행진을 했다.

박정희의 '사이다 전략'은 계속 이어졌다. 포주 400명 체포, 매춘부 4천 명을 집으로 돌려보내기, 수입 사치품 수거 및 불태우기, 부패 공무원 해임 조치 등이 그것이다. '모든 부패와 구악을 일소하고 청신한 기풍을 진작'한 것까지는 좋은데, 좀 과한 감이 있었다. 댄스홀에서 춤추던 젊은 남녀 45명을 체포하고 그 사유를 '국가 재건을 위해 총력을 기울여 마땅할 사람들이 대낮에 춤이나 추었기 때문'이라고 했다. 이는 재건국민운동본부를 설치해 국민에게 혁명공약을 달달 외우게 하는 등 '인간 개조 운동'으로까지 나아갔다. 마치 국민을 병영화하려는 느낌이었다.

언론의 기회주의적 태도는 이런 쿠데타 세력을 보위하는 역할을 했

좌파척결!
정치깡패 조리돌림!
사이비언론 제거!
부패청산!
경제재건!
이것이 바로…
사이다!
박정희
꽉 붙잡아. 허리 나간다.
악! 너무 멋졍.
와, 속이 뻥 뚫려…

다. 리영희 기자만이 유일하게 부패한 군대가 혁명하겠다는 말 자체가 아이러니라며 군부통치에 반대하는 입장을 설토했으나, 대세는 쿠데타 지지로 기울었다. <동아일보>나 <경향신문> 같은 민주당 입장을 대변하던 신문들조차 쿠데타를 지지하는 논조의 기사를 띄웠다. 장면 정부에 들어서면서 난립하기 시작한 사이비 언론 문제로 골머리를 앓던 주요 신문사들은 쿠데타 세력의 사이비 언론 정비책이 내심 반갑기도 했다. 심지어 장준하의 <사상계>도 이때는 쿠데타를 지지했다.

장준하는 나중에 박정희의 눈엣가시가 되는 인물이다. 그가 운영하고 발행하던 월간지 <사상계>는 지식인과 학생들에게 큰 영향력을 행사하고 있었다. 그런 그가 "5.16혁명은 부패와 무능, 무질서 그리고 공산주의의 위협을 일소하고 국가를 바로 세우기 위한 것"이라며 지지 입장을 밝힌 것이다.

하지만 언론의 이런 지지에 박정희는 사뭇 다르게 대응했다. 사이비 언론인 및 언론기관 정화방안을 이용해 1200여 개의 정기간행물을 폐간하고 916개 언론사 중 일간지 39개, 일간통신 11개, 주간지 31개만 남기는 등 사이비 언론뿐만 아니라 기존 언론도 대폭 축소시켰다. 물론 <사상계>에도 탄압을 가했다. 혁명은 민중의 것이지 군인의 것이 될 수 없다'는 함석헌의 쿠데타 비판 글이 게재됐기 때문이다. 장준하는 즉시 중앙정보부장 김종필에게 불려가 왜 이런 글을 게재했냐며 추궁당해야 했다. 후에 군사정권은 <사상계>를 재정적으로 괴롭히려고 잡지를 대량 주문했다가 반품하는 반품공작을 펼치는 등 열과 성을 다해 '<사상계> 죽이기' 계획을 펼치기도 했다. 이런 일 때문에 장준하는 반[反] 박정희 노선으로 갈아탄다.

6월 6일, 국가재건최고회의는 국가재건비상조치법을 공포한다. 군사혁명의 과업이 완수된 이후 총선을 통한 합헌적 국회 및 정부가 구성될 때까지 국가재건최고회의가 대한민국의 최고 통치기관으로서 지위를 가진다는 내용이었다. 물론 그동안 기존 헌법 및 헌법기관의 효력은 정지되는 것이었다. 윤보선은 허수아비 대통령이 되었고, 쿠데타를 도운 '군사혁명위원회 의장' 장도영은 그날로 의장직을 박탈당한다. 그는 곧이어 국방부 장관 및 육군참모총장직에서도 해임되며 바닥으로 떨어졌다. 박정희는 최고 회의 의장이 됐다. 악명 높은 중앙정보부가 바로 이때 조직된다. 중앙정보부는 국내외 정보를 수집·사찰할 수 있었으며 다른 국가기관의 감독 및 수사권까지 가진 무소불위의 권력기구였다.

이후 군부정권은 곧바로 반공법 제정, 국가보안법 개정으로 반공태세를 재정비할 것을 천명했다. 혁명재판소 및 혁명 검찰부 조직법을 만들어 혁명재판소를 설치하고 여기서 부정 선거 관련자, 부정 축재자, 특수반국가행위자를 처벌했다.

부정 선거 관련자와 부정 축재자 처벌은 묵은 때를 벗겨내는 일이라치고, 특수반국가행위자 처벌은 무엇인가? 앞서 한 빨갱이 소탕의 제2부다. 혁신계정당 및 사회단체 관계자, 교원노조 관계자, 한국 전쟁 당시 양민 학살당한 자들의 유족회, 2대 악법 반대투쟁 참여자 등이 무수히 검거되었다. 부정 선거 관련자들은 장기 징역형에 처해지는 듯하다

1~2년 사이 석방된 데 반해 특수반국가행위자로 찍힌 이들은 68년도까지 형을 살았다.

부정 축재 처리는 어떻게 됐을까. 부정 축재자 제1호 대상으로 찍혀 있던 삼성의 이병철은 명동 메트로 호텔로 연행되어 박정희와 면담을 가졌다. '사회혼란의 이유는 빈곤 때문이며, 빈곤을 해결하고자 경제를 살리려면 기업인들을 부정 축재자로 처벌할 것이 아니라 국가 경제 재건에 활용해야 한다'라는 이병철의 논리에 박정희는 맞장구를 쳤다. 그렇게 이병철을 초대회장으로 한 한국경제인협회가 탄생했다. 여기에는 감옥에서 나온 기업인들도 함께였다. 이 협회는 군사정권의 경제정책을 돕는 역할을 함과 동시에 자신들의 이익을 보호하는 이중적인 성격을 가진다. 68년에 한국경제인협회는 우리도 자주 들어본 이름인 전국경제인연합회(약칭 전경련)로 명칭을 바꾼다.

10월 21일, 부정 축재 처리법 중 개정법률과 부정 축재 환수 절차법이 발표됐다. 부정 축재 처리 방안을 벌금 대신 국가 경제 재건을 위한 공장 부지를 건설하고 그 주식을 납부케 하는 방안으로 한다는 것이 그 내용이었다. 하지만 이마저도 나중에는 약정 금액의 5퍼센트에 불과한 벌금 납부로 변질되었고, 벌금 금액은 다시 인플레이션 때문에 무의미한 수준까지 떨어졌다. 한마디로 '유전무죄'였다. 바로 뒤에 나올 내용이지만 박정희 군부 정부 역시 부정부패의 소용돌이에 휘말려 들어가 누가 누구를 나무랄 처지가 되지 않았다. 기업인들은 그저 정치자금만 꼬박꼬박 잘 바치면 그만이었다.

이에 더해 박정희 정권은 노동조합계 쪽에도 손을 쓴다. 기존의 한

국노동조합연맹을 어용노조화시켜 재조직한 것이다. 정권에 반하는 성향의 노조 지도자가 나오지 못하게 하고 관제 노동운동만 허용하는 등 노동계를 철저히 재벌과 자본에 예속시켰다. 재벌체제에 본격적으로 날개를 달아준 것이다.

군사정권의 민정 이양 준비:
정치활동정화법, 4대 의혹 사건

해가 지나 1962년, 군사정권은 다음 스텝을 밟았다. 일명 '정치활동정화법'을 발표한 것이다. 이 법 때문에 기존 정치인 4369명이 정치활동을 금지당했고 관련 정당 및 사회단체가 해산되었다. 기존 정치인들이 정치활동을 하려면 국가재건최고회의 부속 정치정화위원회의 심사에서 적격 판정을 받아야만 했다.

이 과정에서 자신이 속한 신민당(전 민주당 구파) 정치인들이 정치를 못하게 되자 윤보선은 이에 반대하며 이를 명분으로 3월 22일 대통령직을 사임했다. 이제 박정희는 대통령권한대행 자리를 얻었다.

6월에는 김종필 중앙정보부장이 구 민주당계 반혁명음모사건을 터트렸다. 장면도 이에 연루됐다는 혐의를 받아 군법회의에 회부돼 구속되었다. 1년 전 장도영과 5.16쿠데타 가담세력 중 일부가 반혁명사건으로 싹그리 제거되었는데, 윤보선과 장면도 비슷한 방식으로 변을 당한 것이다.

그런 후 박정희는 제 5차 헌법 개정을 단행했다. 기존의 의원내각제 헌법을 대통령중심제로, 양원제를 단원제로, 4년 임기 대통령중임제로의 개헌이었다. 눈치챘는가? 사실 박정희 군부정권이 이렇게까지 한 이유는 따로 있었다. 미국이 조속한 군정의 민정 이양을 촉구했기에 박정희는 이양할 신당을 창당해 권력을 유지해나가야 했다. 그러므로 당연히 민정을 이양하기 전에 정치적 경쟁자를 모두 제거하고 싶었을 것이다. 박정희는 다음해인 1963년 여름을 민정 이양 시기로 발표했다.

그는 신당 창당을 위한 정치자금도 충분히 확보해야 했다. 어떻게 정치자금을 확보했을까? 군부정권은 전 정권의 부패함과 무능함을 단죄하고자 불가피하게 쿠데타를 일으켰고, 청렴한 정신을 가지고 사회를 개선하는 데 앞장섰으니 부정부패와는 거리가 멀었으리라 생각하는가? 앞서 말했듯이 이들 역시 부정부패의 소용돌이에서 자유롭지 못했다. 아니, '그들의 입장에서는 선한 목적'을 달성하려고 오히려 보다 적극적으로 필요악을 활용했다. 바로 '4대 의혹 사건'이라 불리는 증권파동 사건, 워커힐 사건, 새나라자동차 사건, 빠찡꼬 사건을 말이다.

각 사건을 간단하게 설명하자면 먼저 증권파동 사건은 정부가 증권시장 육성책 및 국영기업체의 배당률 상승 전망 등을 밝히며 증권시장을 활성화시켜놓은 후 중앙정보부가 개입해 주가조작을 일으켜 일반 투자자에게 치명적인 피해를 입힌 사건이다. 패가망신한 투자자들이 정치자금을 두둑이 채워주었다.

다음은 워커힐 사건이다. 군부정권은 주한미군을 위한 휴양지 개발을 목적으로 워커힐을 준공했는데, 공사자금이 부족하다며 재무부에 압력을 넣어 산업은행으로부터 융자를 받았다. 이 공사자금 중 막대한 금액이 정치자금으로 유용되었다.

그럼 새나라자동차 사건은 무엇인가. 정부는 국내 자동차산업 발전을 기한다는 이유로 새나라자동차공업주식회사를 설립해 관광용 자동차 400대를 수입하기로 했다. 또 최고회의에서 자동차공업보호법을 제정해 자동차 부품을 수입할 때 내는 관세를 5년간 없앴다. 이렇게 관세 없이 들여온 일본산 자동차를 업자에게 팔아넘겨 차익을 얻었는데,

이 돈이 정치자금으로 흘러들어갔다.

　마지막으로 빠찡꼬 사건은 과거 자유당 정권 시절 금지한 도박성 빠찡꼬(회전당구대) 500대를 정부가 밀반입해 업자들에게 돈을 받고 영업 허가를 내준 사건이다.

　우리는 이 4대 의혹 사건을 통해 박정희 군부정권의 특징을 알 수 있다. 전형적인 '내로남불(내가 하면 로맨스, 남이 하면 불륜)'이다. 박정희는 완장을 차고 부패를 일소하는 정의롭고 깨끗한 새 정부를 표방했지만, 잡은 권력을 빼앗기지 않도록 물불을 가리지 않아야 했다.

21.
민정 이양 번복, 박정희 '대통령' 당선

뛰는 정치인 위에 날아가는 군인들의
'민정 이양 드라마'

1963년 1월 1일, 정치정화법이 해제됐다. 그러나 풀려난 정치인들은 2·3류들이고 영향력 있는 1류 정치인들은 여전히 묶여있다는 말도 있었다.

4대 의혹 사건으로 정치자금을 끌어 모은 중앙정보부는 신당인 민주공화당을 창당하기 위해 민간 정치인들을 스카웃하려 했다. 그중에는 혁신계 인사, 구 민주당 인사들도 있었다. 두 쪽 모두 옥살이를 하거나 정치정화법에 묶여 실업자 상태로 있던 이들이 대부분이었다. 중앙정보부는 이들을 석방, 해금시켜준다는 회유와 거절할 시 정치적 탄압을 가하겠다는 협박으로 포섭하려 했다. 대표적으로 구 민주당의 김대중은 쿠데타 이후 옥살이를 4개월간 했고 정치정화법에 묶여있었는데, 1월 1일 정치정화법 해제에 따른 해금 대상자에서 누락되었다. 중앙정보부는 김대중에게 민주공화당에 입당할 것을 종용하면서 거절할 시에는 8년간 정치활동을 못하게 될 것이라며 압박했다. 하지만 김대중은 그 제안을 거절했다.

민주공화당의 사전 조직 격인 재건동지회는 사실 1962년 5월부터 존재했다. 그러나 이것은 5.16의 권력 주체들 사이에서도 극비였다. 그해 말, 공화당 조직 계획을 김종필이 브리핑하자 내부에서 거센 반발이 나왔다.

이때만 해도 박정희와 김종필 콤비가 아직 5.16 군 내부를 다 먹은 것은 아니었다. 송요찬, 유원식, 김동하 등 내부 반발 세력은 공화당은 김종필과 그 추종자들의 사당이며 혁명공약 제 6항인 '군정의 종식 및 정치인들에게의 정권 이양'을 지켜야 한다고 비판했다. 이런 일련의 공세에 2월 18일, 박정희는 눈물을 흘리며 민정에 참여하지 않겠다고 선언했다. '실세' 김종필의 독주에 대한 반발도 거셌던 만큼, 김종필은 모든 공직을 사퇴하고 표면상 망명길에 올랐다. 하지만 김종필은 '죽은 척' 한발 뺀 것 뿐이었다.

2월 26일에는 공화당 창당대회가 열렸고, 다음날 박정희는 대통령에 불출마하겠다며 또 눈물을 흘렸다. 중앙정보부장 김종필의 빈자리는 김재춘이 채웠다. 그는 그동안 반反김종필계와 맥을 함께 했지만 김종필이 사라지자 김동하를 비롯한 함경도 출신 쿠데타 세력들을 내란 음모죄를 씌워 숙청해버렸다.

이 틈을 타 3월 15일에는 군정 연장을 요구하는 수도방위사령부 장교 80여 명의 데모가 벌어졌다. 이 데모를 근거로 그 다음날 박정희는 군정을 4년 연장하는 방안을 국민투표에 부치겠다고 선언했다. 이것이 박정희가 의도한 '정치 쇼'라는 적확한 증거는 없지만, 일련의 과정과 의혹스러운 부분을 보면 충분히 그럴 수도 있겠다는 생각이 든다. 만약 이 모든 것이 쇼라면 그는 상당히 고도의 정치테크닉을 구사한 것이다.

군정 연장은 곧장 반발에 부딪쳤다. 야당계 윤보선과 재야 정치인들은 군정 연장 반대 시위를 벌였고, 다른 한쪽에서는 국방장관 김성은과 군 장성 116명의 군정 연장 지지 데모가 벌어지기도 했다.

4월 8일, 결국 박정희는 군정 연장 발언을 철회한다. 하지만 박정희가 민정 참여 및 대통령 출마를 포기한 것은 아니었다. 그 후 중앙정보부장 김재춘은 계속해서 논란이 되어 온 공화당 대신 재야 정치인들을 끌어들인 새 정당을 만들자고 제안했다. 자유민주당(이하 자민당)이 그것인데, 박정희는 이를 받아들여 공화당을 해체하려다 야당 정치인을 대통령 후보로 내세운다는 말을 듣고 크게 분노해 철회해버린다. 자기가 대통령이 되는 시나리오만을 생각하고 있었기 때문이다. 이 제안을 한 김재춘은 이 무렵 전두환을 비롯한 11기 육사 출신들의 쿠데타 모의가 밝혀졌을 때 두둔하는 입장을 취하기도 해 결국 해임되었고, 김형욱이 그 자리에 들어왔다. 김형욱은 이때부터 1969년까지 '막가파' 중앙정보부장으로 활약한다.

박정희는 8월 30일에 퇴역식을 치르고 다음날 공화당에 입당, 공화당의 총재직과 대통령 후보 지명을 받는다. 8월 초, 송요찬은 증권파동 혐의와 혁명공약 제 6조 위반을 들어 박정희를 비판했다가 즉각 구속되는 보복을 당했다. 그 후 구속적부심사로 석방돼 9월 창당된 자유민주당의 대통령 후보가 됐으나 다시 감옥에 간다. 자민당에서 함께하던 김재춘 역시 박정희 측의 압력으로 미국행 비행기에 오르는 숙청을 당했다.

박정희는 이런 과정을 거치며 파벌싸움에 넌더리가 난다고 넋두리를 했지만, 그 싸움을 부추긴 것은 박정희였다. 다툼을 이용해 서로를 숙청시키는 등 고도의 정치 전략을 구사하면서도 자신의 고상하고 순수한 이미지를 지킨 그는, 정말이지 대단한 인간이다.

박정희 '대통령' 당선되다

우여곡절이 많았지만 결국 10월 15일 대선은 눈앞으로 다가오고야 말았다. 일전에 통과된 5차 헌법개정안에는 무소속 대권 출마를 금하는 정당 중심의 정치제도 법안이 포함되어 있었는데, 이것이 자연스럽게 야당의 난립을 유도했다.

구 민주당에서 구파 계열이 갈라져 나오며 창당한 신민당은 과거 정당 세력(구 자유당, 구 민주당 일부)과 무소속 인사들을 끌어 모아 민정당을 조직했다. 그 외에도 자유당 몰락 이후 과도정부를 이끈 허정을 대통령 후보로 삼은 신정당, 민우당 등 여러 당이 나왔다. 이후 민정당, 신우당, 민우당이 회합해 국민의 당이 되면서 야권 단합이 이루어지는 듯했다. 하지만 결국 타협을 보지 못하고 민정당에서는 윤보선, 국민의당에서는 허정이 후보로 나왔다. 군정을 종식시킬, 민주적 절차를 준수한 야당의 통합을 기대한 일부 국민들은 따로 노는 야당 정치인들의 모습이 새삼 실망스러웠을지도 모른다.

적법한 절차를 거쳤지만 고인 물 근성이 짙게 밴 기존 정치인들의 행태에 반해 쿠데타로 헌법을 짓밟은 박정희의 철학에는 신선함이라도 있었다. 박정희는 군정기간에 출간한 그의 저서 『우리 민족의 나갈 길』에서 부정부패와 배고픔에 시달리는 민족에게 '민주주의의 정치적 달성'은 허망한 것이며, 이런 서구의 민주주의가 아닌 우리 사회에 맞는 민주주의를 구현해나가야 한다고 역설했다. 행정적 민주주의, 한국적 민주주의가 그것인데, 기존 민주주의 절차에 입각해 당선되어 놓고는 민중을 배반하고 자기 배만 불리던 정치인들에 대한 비판이자 진정

민중을 위한 민주주의를 행정적으로 달성할 '위헌 쿠데타'의 필연성을 강조하고 싶었으리라. 덧붙여 국민에게는 "자기 사익만을 추구하는 민족성을 개조하고 민족을 위해 운명공동체로서 나아가자"고 이야기한다. 일견 일리 있는 주장이라는 생각이 든다. 다만, 이후 박정희가 유신체제의 고인 물이 되어가면서도 이런 한국적 민주주의를 운운한 것은 역시 '내로남불'이 아닐 수 없다. 또 다른 저서 『국가와 혁명과 나』에서는 "고운 손은 우리의 적이다"라는 표현을 쓰면서 민중의 대변자 이미지를 관철시켜 표심을 공략했다.

한편 자민당의 송요찬도 옥중에서 후보 등록을 하면서 제5대 대통령 선거는 박정희, 윤보선, 허정, 송요찬 외 세 명(장이석, 오재영, 변영태)으로 총 일곱 명의 후보가 난립하는 진풍경을 자아냈다. 하지만 허정과 송요찬이 사퇴하면서 결론적으로 박정희와 윤보선의 양자대결이 되었다.

윤보선은 집요하게 색깔공세를 폈다. 박정희의 남로당 경력은 두고두고 그의 약점이 되었는데, 윤보선 역시 이 점을 파고들었다. 그는 "여순사건을 일으킨 장본인은 아직 정부에 살아있으며, 이번 선거는 민주사상과 이질적 사상 사이의 대결이 될 것"이라며 박정희를 공격했다. 박정희는 "민족적 이념을 망각한 가식적 민주주의와 진정한 민족적 민주주의 사이의 대결"이라며 맞섰다. 자민당 및 국민의 당도 이런 색깔공세에 참여해 박정희를 궁지에 몰았다. 그 무렵 터진 황태성 사건은 이 색깔전쟁을 한층 격화시켰다.

2년 전, 북한의 고위급 긴급회의 참석자 대부분은 쿠데타로 집권한

박정희를 긍정적으로 평가했다. 대한민국 육군첩보부대[HID]는 5.16 직후 북을 견제하고자 대북공작으로 북에 정치회담을 제의했고, 북은 이를 받아들였다. 북은 평화통일을 제안할 비밀 협상 대표로 황태성을 파견한다. 황태성은 박정희의 셋째 형 박상희와 친분이 있었고, 대구 10월 항쟁에도 함께 참여한 이력이 있었다. 이 황태성이라는 작자가 자신 있게 나서서 남파해 박정희 - 김종필 라인에게 접선을 시도하다가 간첩으로 몰려 구속된 사건이 바로 황태성 사건이다. 이 대북공작은 미군 몰래 추진 중이었는데, 결국 미군도 이 사건을 알고 황태성을 집중 조사한다. 황태성 사건은 그해 11월 방미를 앞두고 있던 박정희에게 큰 걸림돌이 되어 박정희가 베트남 전쟁이 일어나기도 전에 케네디에게 베트남 파병 논의를 하는 해프닝도 있었다.

야당은 이런 정보를 귀신같이 캐낸다. 왜? 자기 정치생명이 걸려있는 문제니까.

"북괴간첩 황태성 사건의 전모를 국민 앞에 밝혀라!"

황태성 사건이 구설수에 오르자 박정희 측은 사건을 공개하고 해명하지 않을 수 없었다. 웃긴 것은 이런 야당의 일련의 색깔공세가 박정희를 새빨갛게 물들였고, 이것이 10.15선거의 반전을 몰고 왔다는 점이다.

선거 구도는 진보-혁신계 여당 대 보수 야당으로 자리 잡아가고 있었다. 혁신계는 그렇게 탄압을 받고도 '빨갱이 박정희'에게 표를 던졌다. 윤보선 측은 색깔공격에 열을 올린 나머지 "부산, 대구에 빨갱이가 많다"는 망언을 해 표심을 잃기도 했다. 정책대결 부분도 박정희는 구

체적인 숫자를 제시하며 경제발전 계획을 내세운 반면 윤보선은 "내가 미국 가서 소맷동냥해서라도 국민 먹여 살릴 것"이라는 허무맹랑한 소리나 해 크게 밀리는 형국이었다.

결국 대선 경쟁은 박정희의 승리로 돌아갔다. 박정희는 472만2천 표, 윤보선은 454만6천 표로 15만여 표라는 아주 근소한 표 차이였다. 박정희가 대통령에 당선된 후 한발 빠져있던 김종필은 사전에 약속이라도 한 듯 귀국해 한 달 뒤에 있을 총선 준비에 본격적으로 착수했다.

11.26총선에서 공화당은 전체의석 175석 중 110석을 얻어 압승을 거뒀다. 야당은 민정당이 41석, 민주당이 13석, 자민당이 9석을 차지했으나 그다지 의미 있는 숫자는 아니었다.

박정희의 대통령 취임 사흘 전에는 황태성의 사형이 집행됐다. 애초에 남한에서 시작한 대북공작이었지만 그를 살려두면 두고두고 그와 박정희의 관계가 문제가 될 것이고, 또 이는 박정희의 좌파 경력 문제로 이어지니 그냥 제거해버리는 편이 속 편했을 것이다. 박정희는 가끔 술자리에서 "황태성은 안 죽여도 될 사람이었다"며 넋두리를 했다는데, 황태성을 죽이지 않으면 가장 곤란해지는 사람이 박정희 본인인데 뭐 어쩌겠는가.

22.
박정희의 대일외교 굴욕?

1964년,
박 정권 vs 한일협정 반대 투쟁 세력

박정희가 대통령으로 취임한 후 가장 먼저 직면한 문제는 일본과의 외교 문제였다. 과거 이승만 정부는 대일외교에 비협조적이었고, 이후 장면 정부가 협상을 준비하는 과정에서 쿠데타가 일어났기 때문이다. 미국은 당시 소련-중국-북한으로 이어지는 동아시아 공산권에 대항하는 한미일 삼각 안보체제 구축을 위해 한일협정을 지속적으로 요구하고 있었다. 미 국무부는 1962년 7월 주미 대사관에 '즉시 한일회담을 이룩하도록 하고, 거절 시 미국의 원조를 다시 고려하겠다는 방안으로 압박하라'라는 내용의 훈령을 보내기도 했다.

한일협정을 5.16을 미국에 승인받기 위한 요건으로 내걸기도 했던 만큼 박정희는 주저할 이유가 없었다. 다만 1963년에는 국민들의 분노 어린 반대로 회담이 교착상태에 빠졌다. 1964년 3월, 박 정권은 다시 재개하는 한일협정을 두고 '3월 타결, 4월 조인, 5월 비준'이라는 입장을 밝히며 강행 의지를 내비쳤다. 동시에 야당과 학생들은 한일회담 추진자들을 '국가적 역적'으로 삼고 데모를 벌였다.

한일회담의 주요 쟁점은 평화선 문제, 대한민국 일제 침략, 식민 지배에 대한 일본의 진심 어린 반성 및 사과 그리고 청구권 문제 등이었다.

먼저 평화선 문제는 독도 및 수상 자원이 걸려있는 대한민국과 일본 사이의 수역을 어떻게 조정할 것인가다. 평화선은 이승만이 제시했기 때문에 '이승만 라인'이라고도 불린다. 태평양전쟁 종식 후 미 군정기에 승전국 미국은 패전국 일본이 무단으로 강탈한 독도를 연합군 최고 사령관 각서 677호를 통해 일본 영토에서 배제한다. 이후 일본은 1952년 4월에 샌프란시스코에서 강화조약을 맺어 전범국의 혐의를 벗고 연합국의 동맹국 일원으로 인정받으며 주권을 회복한다.

문제는 이 조약에 독도 문제가 빠져있었다는 것인데, 이때 이승만이 한·일간 평화유지를 목적으로 한다는 '평화선'을 제시한다. 평화선이란 해안선에서부터 무려 60마일(96.5킬로미터, 국제법상 영해의 기준은 해안선에서 3마일, 즉 4.8킬로미터)에 이르는 범위를 한반도의 수역으로 규정짓는 것으로 그 범위가 독도를 포함하고도 남았다. 다만 이는 국제법에 근거하지 않은 이승만의 독단적 결정이었다. 대한민국은 샌프란시스코 강화회의에 서명국으로 참여하지도 못했다.

일본은 이것이 부당하다 생각해 미국에 이 문제를 가져갔다. 당시 유엔군 사령관 클라크 대장은 한국 전쟁 도중이기 때문에 해상에서 인민군이 침투해올 수 있다고 염려해 '클라크 라인'을 설정했다. 그런데 공교롭게도 이 클라크 라인이 이승만의 평화선과 거의 동일했고, 그렇게 평화선은 암묵적으로 계속 이어져왔다.

1963년 2월에 김종필은 한일회담이 타결되도록 평화선을 양보해야 한다고 말해 이미 국민의 공분을 샀다. 그런 그가 공화당 의장으로서 도쿄의 오히라 외상과 만나 한일회담 일정에 의견 일치를 본 것이 1964년 3월 23일이다. 같은 달에 야당, 사회단체, 종교단체 등의 대표들이 주선한 대일굴욕외교반대범국민투쟁위원회 또한 발족되었으며, 이들의 유세에 힘입어 3월 24일, 4.19 이후 최대 규모의 학생시위가 벌어졌다. 서울대, 연세대, 고려대 학생 약 5000여 명이 "한일굴욕외교에 반대한다"는 구호를 외치며 가두시위를 벌였고, 김종필 즉시 귀국을 요구했다.

이틀 후 박정희는 학생들을 진정시키려고 김종필을 귀국시키겠다는 특별담화를 낸다. 그러나 그는 이미 반대시위를 무릅쓰고 정면 돌파를 계획하고 있었다. 다시 이틀 후인 3월 28일, 한일회담 타결의 핵심으로 볼 수 있는 김종필-오히라 메모가 공개되었다. 메모에는 일본이 한국에게 제공하는 돈의 액수가 적혀있었는데, 무상공여 3억 달러, 유상공여 2억 달러, 상업차관 1억 달러였다. 이 메모에는 어떤 명목으로 일본이 이런 자금을 제공하는 것인지 기술되어 있지 않아 오해의 소지가

Q. 평화선이 뭐야?

남아있었다. 일본은 이를 독립 축하금 내지는 경제협력자금으로 해석했다. 식민지배에 대한 사죄의 의미가 아닌 독립 축하금이라는 어물쩡한 의미를 들며 넘어가다니. 과거사 청산이 제대로 이루어지지 않은 정부가 맺은 한일협정에 국민은 크게 분노했다.

반대 투쟁이 한층 더 격렬해지자 박정희도 가만히 있지 않았다. 시위를 방관한 장면과 달리 박정희의 방침은 강경했다. 그는 중앙정보부가 후원·지휘하는 학원 사찰 담당 비밀 폭력단체 YTP^{Youth Thought Party}를 학교마다 심어 그들로 하여금 학생들을 돈으로 매수하는 공작을 펼쳤다. 이에 4월 한 달 동안 학생시위는 한일굴욕외교 반대와 학원 사찰 즉각 중지라는 두 가지 내용으로 전개되었다. 5월 20일, 서울문리대 교정에서 3000명의 학생과 1000명의 시민이 민족적 민주주의 장례식을 치렀다. 이들은 박정희가 열을 토하며 외친 민족적 민주주의는 이제 죽어서 썩어가는 시체에 불과하며 절망과 기아의 해방자를 자처한 혁명정부는 국민 정서를 배신했다고 신랄하게 비판했다. 박정희는 이들의 퍼포먼스를 두고 '체제 전복 기도'라고 하며 법원에 학생들에 대한 구속영장을 청구했다. 담당 판사가 이를 기각하자 무장군인들의 법원 난입 사건이 벌어지기도 했다.

6월 2일에는 서울대 상대생들이 모여 가식적 민주주의, 매판자본, 제국주의 등의 화형식을 치르고 시위에 나섰고, 서울대와 고려대생 3000여 명도 가두시위에 나섰다. 다음 날인 6월 3일 밤 아홉 시 30분, 서울에 비상계엄령이 선포됐다. 이날 하루 동안 200명이 부상당했고 1200명이 체포됐다. 협정 내용도 내용이지만 학생과 시민들은 아직 장면 정부 하에서 벌이던 '무한대 시위'의 연장선상에 있는 듯했다. 박 정권의 강경 조치에도 시위 물결은 수그러들 줄 몰랐다.

　박정희 정부는 무한대 시위에 일일이 대응하지 않고 더 근본적인 해결책을 찾아 나섰다. 박정희는 들끓어 일어나는 시위와 정국불안의 원인으로 선동하는 언론을 꼽았다. 실제로 학생들의 한일협정 반대 투쟁의 기반은 장준하의 <사상계>라는 말이 있을 정도로 시위 구호부터 내용까지 <사상계>의 활약이 대단했다.

　사실 박 정권은 한일협정 건 뿐만 아니라 정부에 불만을 품을 수 있는 일체 부정적인 언론 보도를 싫어했다. 가령 가난에 시달리는 어린이가 구걸하느라 학교에 못나간다는 식의 보도 말이다. 박정희는 <사상계>를 포함해 '무책임한' 언론을 통제할 언론윤리위원회법을 국회에 상정하기에 이른다. 언론윤리심의위원회를 두어 '국가의 안전 및 공안 보장에 관한 사항'을 포함하는 언론윤리요강을 바탕으로 언론 보도를 심의한다는 것이 이 법의 골자였다. 당연히 언론계는 결사반대하고 일어나 반대 투쟁을 벌였다.

　그러나 언론계와 박정희는 곧 타협을 본다. 기자협회 대표 이환의는 박정희와의 면담에서 "언론계가 경영상 적자 때문에 서로 과당경쟁을 일으키고 있으며, 경영 자금 융자 및 지형(신문 발행에 필요한 특수종이) 면세 혜택을 주면 언론의 무리한 경쟁성 선동이 지양될 것"이라고 이야기했다. 이를 받아들인 박정희는 언론윤리위원회법 시행을 보류했고, 언론계의 투쟁도 사라졌다. 5.16 당시 쿠데타 권력을 옹호하던 언론계의 기회주의란 이런 것이었다. 어떠한 고고한 대의大義가 있어서 한일협

정 반대를 외친 것이 아니라 권력 주위를 맴돌며 자신이 가진 카드를
내밀고 합당한 몫을 받는 '먹고사니즘' 때문에 그런 것이었다.

한일협정 조인,
굴욕·졸속 외교 논란

        그렇게 해를 넘기고 1965년 초, 박정희는 기자회견에서 올해 안으로 한일협정을 타결시킬 것이라고 밝혔다. 2월 19일, 한일협정 기본조약이 가조인됐고 대규모 시위 또한 일어났다.

이후에도 숱한 반대 시위가 이어졌다. 4월 17일에는 대일굴욕외교반대범국민투쟁위원회의 효창공원 대규모 시민 집회가 열렸고, 4월 19일과 20일에는 서울대 문리대생 300여 명을 포함해 1000여 명에 달하는 대학생들이 전국적으로 시위했다. 그 다음날 부산수산대생 200여 명이 '고기 없는 어장에 어업 근대화 필요 없다'라는 플래카드를 들고 평화선 문제를 언급하며 데모하기도 했다. 5월 초에는 부산 시민 1만여 명이 부산 시민 궐기대회를 열기도 했다. 광주 시민들도 이에 질세라 3만여 명이 들고일어났다. 6월 12일에 일어난 서울대법대생 200여 명의 시위에서는 '분쇄하자 매춘외교 타도하자 매판자본'이라고 적힌 플래카드가 나타나기도 했다.

그럼에도 불구하고 6월 22일, 한일협정은 조인됐다. 이때 조인된 한일협정은 지금까지도 굴욕·졸속 외교라는 지탄을 받는다. 논란이 되는 내용을 살펴보자.

먼저 협정이 정식 조인되기 전 김종필-오히라 메모로 논란을 불러일으킨 무상공여 3억 달러를 보자. 이 내용은 한일협정의 청구권 협정 제1조에 나온다.

일본이 한국에 3억 달러 상당의 '일본국 생산물 및 일본인 용역'의 무상 제공, 2억 달러 상당의 '장기 저리 차관' 제공, 여기에 상업 차관 1억 달러 추가 제공.

　일본은 도합 6억 달러를 지원하기로 했고, 무상 3억 달러는 10년간 분할해서 받기로 합의했다. 당시 여론에서는 3억 달러라는 가격이 너무 헐값이라는 지탄이 많았다. 장면 정부 때는 100억 달러를 요구해 50억 달러로 깎아달라고 일본정부가 교섭했다는 이야기도 있었고, 대일 굴욕외교반대범국민투쟁위원회는 한일 굴욕 회담의 대안으로 청구권 27억 달러 요구 등을 제시하기도 했다. 50억이나 27억 달러는 현실성 있는 금액으로 보기는 어렵지만 어쨌든 '3억 달러'라는 금액으로 박정희 쿠데타 정부가 일본과 미국의 관계 속에서 갖는 한계가 여실히 드러났다는 비판이 일반적이었다.

　그 다음 짚어볼 것은 한일협정 제 2조다.

·1910년 8월 22일 및 그 이전에 대한제국과 대일본제국 간에 체결된 모든 조약 및 협정이 이미 무효임을 확인한다.

·청구권에 관한 문제는…(중략)…완전히 그리고 최종적으로 해결된 것이 된다는 것을 확인한다.

　제2조의 첫 번째 부분에서 유심히 봐야 하는 부분은 '이미 무효^{already} $^{null\ avoid}$'라는 단어다. '그 이전에 체결된 조약 및 협정'이란 일본의 식민지 지배를 일컫는 것이고, 이를 보는 한국과 일본의 관점이 엇갈린 상태로

이 협정은 사실상 방치되었다. 한국정부 쪽에서는 일제 식민 지배는 원천적으로 무효이며 불법이라고 본 반면 일본정부는 식민 지배는 합법이었으나 일본의 태평양전쟁 패전으로 무효화됐다고 본 것을 애매하게 '이미 무효'라고 변칙 기술함으로써 사실상 합의하지 않은 것과 다름없는 협정을 맺은 것이다. 상황이 이렇다보니 일본이 과거 식민 지배에 대한 사과가 아닌 독립축하금 내지는 경제협력자금 제공이라는 식으로 나온 것이다.

제2조의 두 번째 부분은 청구권 협상에 관한 문제인데, 여기서 말하는 청구권이란 '피해국가 국민이 피의국가에 배상을 요구하는 권리' 정도로 볼 수 있다. 이를 '완전히 그리고 최종적으로 해결된 것'으로 본다는 말은 이제는 한국이 일제 식민지 건으로 일본에 어떤 피해보상도 청구할 수 없다는 소리다. 이 부분 때문에 또다른 문제가 생겼는데, 최근까지도 말이 많은 위안부 문제가 대표적이다. 사실상 1965년의 한일협정 타결로 피해보상의 길이 원천 봉쇄된 것이다.

그 외에도 평화선이 철폐되고 12해리 전관수역이 설정되어 독도가 한국과 일본 중 어느 국가령이냐는 논란이 여전히 존재한 채로 무작정 협정이 이루어졌다. 문화재 및 문화협력에 관한 협정은 일제가 무단으로 강탈한 한국 문화재를 일본 소유로 인정해주는 방향으로 타결됐다.

결국 타결된 한일협정은 앞서 얘기한 평화선 문제, 일제 침략에 대한 사과 문제 그리고 청구권 문제 모두 제대로 이루어진 것이 하나도 없었다. 사실 이 한일협정은 일본 입장에서 보면 일관된 해결방식이었다. 당시 다른 동남아시아 국가들(필리핀, 인도네시아, 베트남, 라오스 등)과의 배상협정도 비슷한 방식으로 타결되었기 때문이다. 다만 문제는 이것이 그 당시나 지금이나 우리 대한민국 국민의 정서상 도저히 받아들일 수 없다는 데 있었다.

한일협정이 조인됐다는 소식이 전해지고 서울대 법대생들의 단식 농성은 200시간 만에 눈물의 해산식으로 끝났다. 하지만 아직 이 졸속 한일 외교가 완전히 확정돼 끝난 것은 아니었다. 국회가 조약체결에 동의하는 '비준' 절차가 남아있었으므로 다음날부터 학생과 시민들은 또다시 '열성 시위 모드'에 돌입했다.

7월, 공화당에서 정부가 제출한 한일협정 비준 동의안이 발의됐다. 여기에 각 사회단체가 반대하고 일어섰는데, 그중에는 '전' 중앙정보부장 김재춘과 송요찬을 포함한 5.16쿠데타 세력도 있었다. 이들은 자신들을 조국수호국민협의회로 칭하며 각종 강연회를 열거나 "한일협정 국회 비준 완전 무효"라는 구호를 외치면서 시위를 벌였다.

하지만 8월 14일, 결국 한일협정 비준 동의안이 통과됐다. 이에 조국수호국민협의회를 포함해 학생들이 크게 반발하자 박정희는 "데모 만능주의의 뿌리를 뽑겠다"는 특별담화와 함께 위수령을 발동했다. 무장 군인을 투입해 폭력으로 학생들을 진압한 것이다. 시위 주동 학생 12명 제적, 28명 무기정학, 네 명 근신처분 등 데모학생들에 대한 엄중 처벌도 함께였다. 이후에도 사회단체 및 학생들의 시위가 이어졌지만, 9월 6일 서울대 상대의 최루탄과 군화 화형식이 마지막이었다.

이렇게 수많은 반대와 졸속 외교라는 비난을 들으면서까지 박정희가 한일협정 타결을 밀고 간 이유는 무엇일까. 박정희는 정통성 없는 정부로 시작해 대통령이 된 만큼 정통성을 인정받기 위해 한일협정을 빨리 매듭지어야 했다. 물론 미국에게 인정받기 위해서 말이다. 그가 만주군관학교 출신의 친일파라는 사실 또한 대일 졸속 외교의 원인으로 지목되기도 한다.

한일협정 반대 투쟁 및 학생 시위에 강경진압으로 대응한 박정희는 애초에 이들과 대화할 생각조차 없었던 듯하다. 그는 선동 언론에서 시위로 이어지는 불안정국 자체가 불편했고, 이를 정면으로 뚫어내려고만 했다. 사실 이는 협정 반대 세력 쪽도 마찬가지였다. 5년 전, '주인 없는 혁명'이라는 오명을 쓴 4.19 투쟁에서 한수 배운 학생들은 시위를 할 때 명확한 목적을 내세우고 체계적으로 움직였다. 민족적 민주주의 장례식, 가식적 민주주의·매판자본·제국주의 화형식 등 다양한 형식의 시위를 했다는 것도 특징이다. 그러나 정권과 현실성 있는 타협 및 소통을 하기보다는 다분히 감정적이고 윤리적인 비판 차원에 머물렀다는 평가도 있다. 하지만 상식적으로 일제로부터 벗어난 지 20년밖에 되지 않았는데 한일 문제에 감정적이지 않을 수 있다면 그게 어디 사람인가? 알파고지.

23.
외화벌이를 위한 몸부림? 베트남 파병

수출주도 경제로 선회하다

베트남 전쟁을 다루기 전에 당시 우리나라의 수출 제일주의라는 대국적 경제 방향성을 살펴볼 필요가 있다.

60년대 초 한국은 여전히 매우 가난했다. 한국은행에서 1961년 11월 12일에 발표한 세계 40개국의 국민소득 통계 자료에 의하면 1959년 기준으로 세계 1위는 미국(2,250달러)이었고, 2위는 캐나다(1,521달러)였으며 한국은 마지막에서 다섯 번째인 78달러였다. 전쟁이 일어난 50년대부터 60년대 초까지도 보릿고개는 서민들의 목을 졸랐다. 맥령기, 춘궁기라고도 하는 보릿고개는 가을에 추수한 곡식이 바닥난 후 이듬해 보리가 수확되는 시기인 6월까지 굶주리며 힘겹게 버텨야 하는 기간을 말한다. '쿠데타 실세' 김종필은 서민들이 보릿고개를 극복하고 "잘 살아보세"를 외치도록 종용했다. 굶주림 극복은 쿠데타 정부가 처리해야 할 가장 시급한 문제 중 하나였다.

1961년 7월 말, 박정희 군사정권은 경제기획원을 발족시켰고, 그 다음 해 1월에는 제1차 경제 개발 계획(1962~1966)을 발표했다. 앞서 이야기했지만 이 경제 개발 계획은 장면 정부가 세운 그것이다.

이때만 해도 정부는 한국 경제 개발의 주된 성격을 자력 갱생과 민족주의 경제로 삼았다. 근대화 및 공업화를 추진하려 할 때 무엇보다 가장 중요한 것이 자본 아니겠는가. 1957년을 정점으로 해외 원조액이 격감함에 따라 국가 자립 경제 구축을 위한 자금 조달책이 시급했다.

1962년 6월 9일, 군사정권은 자력 갱생을 위해 숨겨진 국내 자본을 끌어내 들이려고 화폐개혁을 단행한다. 이는 한국은행 총재조차 모르게 극비리에 추진되었다. 새 화폐는 '폭발성 화학물질'로 위장된 채 화물선에 실려 들어왔다. 문제는 이 화폐개혁이 너무 은밀하게 추진되는 통에 경제기획원 장관과 같은 국내 전문가들과 충분한 논의를 거치지 못했고, 결과적으로도 크게 실패했다는 것이다. 통화개혁 실시 48시간 전에 이를 통보받은 미국도 이에 크게 반발했다. 어쨌든 화폐개혁은 이루어졌고, 기존의 한국화폐 환화는 원화로 바뀌었으며 새 돈 1원은 옛 돈 10환어치의 가치를 가졌다.

1962년 12월, 박정희는 공식 기자회견에서 화폐개혁이 확실히 실패했음을 밝혔다. 이 실패로 군사정권은 국내 자본을 끌어들여 자립 경제를 달성한다는 것은 불가능하다는 결론을 내렸다. 내자 동원이 불가능하니 남은 선택지는 외자 동원이었다. 기존 제1차 경제 개발 5개년 계획에는 없었던, 수출 만능의 시나리오를 구상한 것이다.

박 정권은 외화벌이를 위해 몸부림쳤다. 사실 대한민국 정부는 베트남 파병이나 한일협정에 앞서 먼저 서독에 차관 제공을 요청했었다. 4천만 달러어치의 상업 차관을 제공받는 대신 서독에 한국 인력을 수출해 그들의 3년치 급여를 서독의 코메르츠은행^{Commerz bank}에 강제 예치하는 것을 지급보증으로 삼았다. 서독에 수출되는 인력의 직종은 광부와 간호사였다.

본격적으로 서독 파견 광부 및 간호사를 모집하자 모집 인원의 열 배에 가까운 사람들이 몰려들어 경쟁이 매우 치열했다. 서독이 경제선진국이고 임금 수준이 국내의 일고여덟 배를 웃돈다는 메리트가 작용해 광부 경력을 속이고 대졸자들이 끼어들기도 했다. 1997년에 출간된 『파독광부 30년사』에는 서독에 파견되었던 광부들의 생생한 증언이 담겨있다.

"40도가 넘는 지열地熱 때문에 땀이 비 오듯 했다. 작업 도중 팬티를 다섯 번 이상 짜서 입어야 했고 장화 속의 물을 열 번 이상 털어야 했다. 그렇게 벌어서 월 4만 원 봉급 중 3만 원 이상씩 송금했다."

"지하에 처음 들어간 날, 막장의 높이가 1미터쯤 될까, 몸을 눕히거나 아예 기지 않고는 전진할 수 없었다. 점심시간이 되자 모두 석탄가루를 뒤집어 쓴 채 준비해온 빵과 사과를 꺼냈다. 나도 무의식중에 사과를 깨물었다. 한 입 베어낸 언저리에 석탄가루가 새까맣게 앉았다. 순간 참았던 눈물이 왈칵 쏟아졌다."

'명분 없는 전쟁'이었다

한일협정과 더불어 베트남 파병은 박정희의 정통성 없는 권력을 보위하기 위한 대외적 처세이기도 했지만 경제 개발의 주요한 발판이 되는 외자 도입 건수이기도 했다. 이 두 사건은 60년대 대한민국의 경제 이륙을 위한 중요한 토대가 된다. 아이러니한 것은 국민여론이 한일협정에는 목숨 걸고 반대했으나 베트남 파병 문제에 있어서는 뜨뜻미지근했다는 것이다. 그러나 베트남 파병은 역사적으로 한일협정 못지않게 의외의 복병을 만난다.

우리 국군이 파병된 전쟁은 엄밀히 말하면 제2차 베트남 전쟁이다. 오늘날 우리가 알고 있는 베트남, 라오스, 캄보디아 등의 지역이 당시에는 인도차이나로 불렸다. 인도차이나는 제국주의 프랑스의 식민지 하에 있다가 제2차 세계대전 때는 일본군에게 점령당했다. 제1차 베트남 전쟁은 2차 세계대전 종식 후 일본이 물러가고 베트남을 다시 자기 소유 식민지로 돌려놓으려는 프랑스와 독립하려는 호찌민의 베트남독립동맹(베트민^{Viet Minh}) 사이에 벌어진 전쟁으로 영국의 처칠이 같은 식민지 제국으로서 프랑스의 입장을 두둔했기 때문에 일어난 전쟁이나 마찬가지였다.

루스벨트와 스탈린은 베트남에 신탁통치를 제시했다. 1945년 포츠담회담에서 북위16도선을 기준으로 베트남 북쪽에는 중국의 국민당군이, 남쪽에는 영국군이 진주해 일본군을 무장해제할 것을 결정했다. 이윽고 영국군은 철수하고 프랑스군이 남부를 장악했다. 한반도처럼 분단된 것인데, 베트남 내 민족주의 세력의 궤멸과 국민당군의 철수로 사실상 북부 베트남독립동맹 대 프랑스의 대립구도였다는 점이 조금 다르다. 다시 말해 베트남은 이념 대립이 아니라 탈 식민지화를 위한 독립투쟁을 벌이고 있었다. 한편 프랑스는 이것을 독립전쟁이 아니라 이념전쟁으로 전환시키려 남부에 바오다이 정부라는 괴뢰정부까지 세운다. 그럼에도 불구하고 결과적으로 프랑스는 패배했다.

막대한 피를 흘리고 승리한 호찌민의 베트남 민주공화국은 전쟁 중에는 공산화가 임박했던 중국의 지원을 받았고 소련과도 정식외교를 수립했으며 토지개혁 등과 같은 사회주의 체제의 토대를 구축했다. 제1차 베트남 전쟁의 매듭을 짓고자 제네바협정이 열렸는데, 여기서 다시 미국이 베트남에 개입한다. 호찌민-베트남 민주공화국이 공산화되면서 인도차이나반도에까지 공산화 분위기가 확산되는 것을 지켜만 볼 수는 없는 노릇이었다.

때문에 프랑스군은 물러났지만 다시 냉전 구도가 잡히며 남베트남에 바오다이 정부 다음으로 응오딘지엠 정부가 들어섰다. 응오딘지엠 정부는 베트남공화국이라는 독재정권을 수립했다. 응오딘지엠은 민생문제에 무관심했고 부정부패에 찌들었으며 자신을 비판하는 불교도를 탄압하고 카톨릭을 지원했다. 미국은 응오딘지엠의 남베트남에 막대한 액수의 경제원조를 하다가 케네디 대통령 때에 들어서는 군사 지원 강화, 전략촌 기지 조성 등 본격적인 전쟁 준비를 하기 시작했다.

응오딘지엠 정부의 불교 탄압을 문제 삼은 승려 틱광득의 분신자살이 국제사회의 관심을 모으면서 남베트남 정부는 국제적 비난과 함께 미국에게도 지탄을 받는다. 그와 동시에 미국은 군부 쿠데타를 지지하는 태세를 취해 쿠데타를 유도했다. 문제는 쿠데타 정권이 안정적으로 자리 잡지 못해 쿠데타가 반복적으로 일어나며 권력 투쟁이 지속됐다는 점이다. 그 사이 케네디는 암살되었고 존슨이 대통령이 되면서 통킹만 사건이 터졌다.

1964년 8월 4일, 존슨 대통령은 "미국 제7함대 구축함 매독스호가 북베트남의 어뢰정 세 척의 공격을 받았다"고 발표했고, 이것이 직접적인 계기가 되어 북베트남에 대한 보복 공습 명령이 떨어진다. 전쟁이 가시화된 것이다. 이번에도 남베트남의 의지와는 상관없이 공산화를 저지하려는 미국 때문에 전쟁이 일어났다. 정확히 말하면 독선과 부패에 찌든 남베트남 정부에 대한 남베트남 민중의 분노와 저항을 무시하고 짓밟으면서까지 미국이 집안싸움에 끼어든 것이다.

이후 통킹만 사건은 미국의 '자작극'이었다는 사실이 밝혀진다. 하지만 이미 '명분 없는 전쟁'은 방아쇠가 당겨지고 말았다. 제2차 베트남 전쟁의 막이 오른 것이다.

베트남 파병:
"적과 싸우는 것이 아닌, 가난과 싸우러!"

베트남 파병이 한국에 막대한 이익을 가져다 준 것은 분명하다. '베트남 특수'라고 부를 정도으니 말이다. 숫자로 한 번 살펴보자. 베트남 파병으로 얻은 외환 수입만 1966년부터 1970년까지 5년간 총 6억 2천 502만 달러에 달했고, 이것으로 한국은 총 약 10억 달러 이상의 외화를 획득했다. 전쟁 물품을 군납하면서 베트남이 일본, 미국과 더불어 한국의 주요 수출국이 되기도 했다. 1965년에 1,770만 달러였던 대對 베트남 수출 수입은 1970년에는 7,000만 달러에 달했다. 이 막대한 수출 액수는 1970년 기준으로 한국 수출 총액의 8.4퍼센트에 해당하는 것이었다. 베트남 전쟁의 미군 군수물자 수송권을 따낸 한진그룹은 이 당시 탄생한 대표적인 '월남재벌'이다. GNP성장률을 보면 1960년대 후반기(1965~1969)의 경제성장률은 평균 11.8퍼센트로 1960년대 전반기(1960~1964)의 두 배가 넘는 수치를 기록했다. 박정희는 이를 바탕으로 화학, 철강, 기계 등의 중화학공업 육성을 근간으로 한 제2차 경제 개발 5개년 계획(1967~1971)에 착수했다.

거시적인 경제성장뿐 아니라 국민 개개인에게도 베트남 전쟁은 기회로 작용했다. 베트남에 파병된 병장의 월급은 54달러였다. 그 중에는 봉급의 80퍼센트를 본국으로 송금하고 남은 20퍼센트를 또 저축해 TV라도 한 대 장만해가는 사람도 부지기수였다. 당시에는 TV나 카메라, 선풍기가 희귀한 물건이었으므로 이런 물건을 구해보려고 부정이 횡행하기도 했다. 부대 차원에서 탄피를 불법적으로 주워 모아 국내에

밀반입하는 일도 있었으니 더 말해 무엇하겠는가. 월남파병 장군 채명신은 당시를 회고하면서 "나와 장병들은 고국의 가난을 물리치기 위해 하나가 됐다"고 말하기도 했다. 이처럼 전쟁에 참전하는 장병과 그들을 환송하는 국민 모두에게 베트남 전쟁이란 옳고 그름을 떠나 반드시 잡아야만 하는 기회로 인식되었다.

베트남 파병은 사실상 1964년 8월 통킹만 사건 이후 빠르게 현실화됐다. 그 이전인 1961년 11월에 박정희가 케네디에게 파병 의사를 밝혔고, 1962년 5월 12일에는 군사고문단 파견 건이 있었으나 미국은 시큰둥했다. 그러다 1964년 9월에 이동외과 병원 의무요원 130명과 태권도 교관단 10명이 월남에 파견된 것을 시작으로 그해 말 존슨의 추가 파병 요청에 의해 1965년 1월에는 비전투부대인 비둘기부대 2000여 명의 베트남 파견을 의결했다. 이때 '자유의 십자군' 파병 환송 국민대회가 벌어지기도 했다. 7월에는 월남병력을 배가시키려는 존슨의 계획에 따라 미국에서 한국군의 참전을 요구했다. 이에 국군 맹호부대와 청룡부대를 파병하기로 결정했다. 박정희는 '공산주의 확산을 저지하기 위한 반공주의 전쟁'과 '6.25전쟁 때 미국에게 입은 은혜를 되갚자'를 베트남 파병의 명분으로 내세웠다. 이에 더해 한국군이 파병되지 않으면 주한미군이 차출되어 나간다고도 했다. 이는 이후 1967년 5.3대선 때 박정희의 베트남 파병을 비판한 윤보선과 야당에 대응하는 논리였다.

10월 12일, 여의도에서 30만 군중의 파월장병 환송 대회가 열렸다. 그 외에도 '사랑의 고추장 보내기 운동'같은 범국민 운동이나 각종 파월장병 위문 사업, 기념우표 발행 등 국가 주도적 행사에 많은 사람이 동원, 참여했다.

1966년 미국과 맺은 브라운 각서에는 베트남에 파병한 한국에 미국이 지원하겠다는 내용이 담겨있다. 구체적인 내용은 파병에 대한 경제적 부담은 미국이 진다는 것, 대한민국 국군에게 현대화된 장비를 지원하겠다는 것, 베트남 관련 물자 및 용역을 주로 한국에서 조달하겠다는 것 등이었다. 브라운 각서에 따라 군인뿐만 아니라 민간인 기술자도 약 2만 4천여 명이 파견되었다. 한진그룹이 물자 수송권을 따낼 수 있었던 것도 이 각서 덕분이었다.

이처럼 '먹고 살기 위한 전쟁'이었던 베트남 전쟁은 앞서 말했듯 예상치 못한 복병을 만난다. 먼저 대한민국은 이 베트남 특수의 대가로 무수한 피를 흘렸다. 1964년 9월부터 1973년 3월 주월 국군 철수까지 연간 32만 명을 파병했고 상시주둔군은 약 5만 명이었는데, 이들 중 전쟁 전사자가 5천여 명, 부상자가 1만 6천여 명이었다. 언론은 정부의 압박으로 정기적으로 보도하던 국군 전사자수를 신문 지면상에서 없애 버렸다. 그리고 이때 파병된 병사 중 다수가 제대 후 고엽제 후유증을 앓았다. 제초제의 일종인 고엽제는 베트남군의 군량 보급과 게릴라전에 대비해 밀림을 없애려고 미군 헬기에서 다량 살포한 것이다. 당시에는 고엽제가 인체에 무해하다고 선전했는데, 뒤늦게 고엽제에 함유된 초미량 다이옥신이 체내에 흡수되어 5~10년의 잠복기를 거치면 각종 암 및 신경계 마비 등을 일으킬 수 있다는 사실이 알려졌다. 2004년 8월 기준 고엽제 후유증 환자는 2만1,268명에 달한다. 이들은 두통, 현기증, 손발 저림, 피부질환, 가슴통증 등의 고통을 겪고 있다.

게다가 앞서 길게 설명했듯이 베트남 전쟁은 명분 없는 전쟁이었다. 당시 정부는 베트남 반공전선이 무너지면 대한민국도 위험해진다는 도미노 이론까지 내세우면서 '반공주의 전쟁' 파병에 열심이었지만 베트남 전쟁이 미국이 냉전에서 승리하기 위해 고의적으로 일으킨 전쟁이라는 사실은 변하지 않는다. 한국은 이런 미국의 이해관계를 자기화

시켜 헌신적으로 앞잡이 노릇을 한 꼴이 되었다. 베트남 전쟁을 계기로 대한민국은 국제사회에서 '미국의 용병', '미 종속 국가'라는 수식어까지 얻는다.

국군이 저지른 베트남 민간인 학살 문제 또한 빼놓을 수 없다. 물론 게릴라 전투라는 전쟁 정황상 특수성이 있었다. 게릴라가 민간인 속에 침투해 기습적으로 수류탄을 던지거나 하는 등의 일이 있었다는 말이다. 때문에 전쟁에 임하는 한국군의 기본적인 전술지침은 한마디로 '뒤탈 없는 싹쓸이'였다. 가령 베트콩(게릴라)에게 습격을 당하면 인근마을 수색에 들어간다. 민간인과 베트콩을 구분하는 경계가 모호하므로 어린이도 첩자로 간주, 싸잡아 죽여버렸다. 또한 완전무결한 학살이 자행될수록 민간인을 학살했다는 증거가 사라지도 했다.

국군의 학살 때문에 죽은 민간인 사망자 수는 베트남 정치국 공식 자료(전쟁 범죄 조사 보고서)에 따르면 5000여 명, <한겨레 21>의 베트남 통신원 연구에 따르면 9000여 명에 이른다고 발표된 바 있다. 학살 피해가 주로 한국군이 전공을 올린 중부 지역에 집중되어 있는 경향이 있는데, 꽝남성 4천여 명, 꽝응아이성 1700여 명, 빈딘성 1581명, 푸옌성 1729명, 카인호아성 46명 등이다. 지금도 꽝응아이성 빈선현 빈호아사에는 한국군 증오비가 세워져 있다. 꽝남성 디엔반현 탄퐁사 퐁니,퐁넛촌에서도 70여 명이 참혹하게 살해당했다. 꽝응아이성과 꽝남성 두 지역은 당시 이곳에 전략촌이 형성되고 있었다는 공통점이 있다. 남베트남 정부는 게릴라와 농민을 구분하고자 전략촌을 구성했는데, 게릴라가 이곳에 침투해 문제가 된 것이라고 볼 수 있겠다.

풍니, 풍넛촌 생존주민들은 사이공 정부에 민간인 학살에 대한 탄원서를 냈고, 이와 더불어 미군의 베트남 민간인 학살인 밀라이 학살도 알려지면서 한국정부는 미국에게 진상조사 압력을 받았다. 그러나 한국은 조사 결과를 내놓지 않았다. 한국정부는 1992년 베트남과 수교를 시작했을 때도 민간인 학살을 공식적으로 인정하지 않는 자세를 취했다. 그러다 2001년 김대중 대통령이 방한한 베트남 국가주석에게 전쟁 당시 베트남 국민에게 고통을 준 것에 대해 사과하는 발언을 하자 보수야당 및 언론은 이를 강하게 비판했다. 자칫하면 서로 간의 감정이 악화될 수 있는 사안이라 한국은 2002년 베트남 민간인 학살 지역에 병원, 학교를 지어주는 원조를 하는 등 수습에 노력을 기울였다.

베트남 관광이 급부상하고 있는 이 시점에도 우리나라는 베트남 민간인 학살 건에 관해서는 추가적인 문제를 제기하기보다는 봉합에 초점을 맞추고 있는 듯 보인다. 하지만 이런 국가 폭력에 일반 시민이 또다시 희생당하는 일이 없도록 체계적 연구와 구조적 이해를 바탕으로 필수적으로 이런 태도를 개선해야 할 것이다.

한편 베트남 전쟁의 최대 수혜자는 전쟁으로 피 한 방울 흘리지 않은 일본이었다. 병력을 파견하지 않은 싱가포르, 홍콩, 그리고 단 20여 명의 병력만 파견한 대만도 막대한 베트남 특수를 누렸다. 이에 비해 한국은 베트남 특수로 막대한 경제효과를 누리긴 했으나 출혈 또한 막심했다. 그럼에도 불구하고 매서웠던 한일협정 반대 열기가 무색하게 국민여론은 베트남 파병 사안에 조용했다. 이를 '한국 민족주의 운동의 아이러니'라고 평가하기도 한다. 대중과 언론의 국제적 안목이 좁았으며, 야당세력은 '미국 추종병'이 심했다고 이야기한다. 특히 언론이 베트남파병에 대해 비판적 입장을 취하지 않은 데에는 박정권의 언론'포섭'전략이 컸다. 자세한 이야기는 뒤에서 다루도록 한다.

한편으로는 박정희가 왜 베트남 파병에 사활을 걸었는지도 다시 생각해볼 필요가 있다. 수출 경제 재원 마련, 미국의 박 정권 지지 바탕 마련 및 주한미군을 붙잡기 위한 카드 등 여러 가지 근거 있는 이야기가 있지만 박정희 개인의 사상도 제법 영향이 있는 것 같다. 박정희는 1963년에 출간한 책 『국가와 혁명과 나』에서 이렇게 말한다.

"단 한 번도 다른 나라를 침략해본 적 없는 이런 민족사는 불태워 없애버려야 한다."

히틀러와 나폴레옹을 존경하며 남성적 정복 욕구를 실현하려고 몸부림친 그의 삶의 이력을 볼 때, 베트남 파병을 맞는 그의 자세는 보통 사람들과는 사뭇 달랐을 것이다.

24.
6.8 부정선거 물타기, 동백림 사건

박정희 재당선과
지역주의 격화

　　　　　　　한 편 의 정 치 드 라 마 가 쓰 여 진
1963년으로부터 4년 후, 박정희의 대통령 임기가 끝났다. 1967년 5월 3
일, 박정희는 재선에 도전한다. 박정희 재선을 막을 마땅한 야당 대권
후보는 아직 윤보선 정도밖에는 없었다. 2년 전인 1965년에 한일협정
정식조인을 앞두고 민정당과 민주당이 통합하여 만든 민중당은 협정
반대노선의 단일화 결과였다. 그러나 한일협정이 국회에서 비준되자
마자 윤보선은 민중당을 탈당했다. 윤보선은 민중당이 집권여당과 비
공식적 한패에 불과하다며 비판하고 새로 신한당을 창당했다. 민중당
과 신한당은 서로를 '선동 정치 집단', '사쿠라(이쪽에서는 이 사람 편인 척

저쪽에서는 저 사람 편 인척 애매하게 구는 사람이나 집단을 속되게 이르는 말) 야당'이라며 비판했지만 대선을 앞두고 있었기에 국민여론에 맞춰 통합야당을 만들기에 이른다. 신민당이라는 이름으로 창당된 통합야당은 대통령 후보로 윤보선을 내세웠다.

박정희는 "황소 힘이 제일이다! 틀림없다 공화당!"라는 선거구호를, 윤보선은 "박정해서 못 살겠다 윤택하게 살아보자"라는 선거구호를 내세우며 4년 만에 또다시 맞붙었다. 여기서 윤보선은 박 정권의 베트남 파병을 두고 이것이 미국의 청부전쟁에 불과했다는 비판을 가한다. 그러나 윤보선과 야당은 집권여당 이상으로 친미·반공·보수 색채가 짙었으므로 이는 정략적 비판 그 이상도 이하도 아니었다. 박정희는 이 비판을 두고 대전 유세에서 베트남 파병이 주한미군 철수를 부를 수 있으므로 대한민국 안보를 위한 결정이 불가피했다고 밝혔다.

5.3대선은 4년 전 대선과는 판도가 변해 있었다. 박정희는 568만 8666표(득표율51.5퍼센트)를 기록하며 윤보선의 452만 6541표(득표율40.9퍼센트)를 크게 따돌렸다. 116만여 표라는 차이는 나머지 다른 후보들의 득표수를 합쳐도 모자랄 정도로 컸다. 여기에는 쿠데타 때부터 6년 동안의 경제 발전과 더불어 영남지역주의가 한몫했다. 표심의 승패가 갈린 지역도 영남이었다(윤보선 89만 3천 표, 박정희 226만 6천 표).

'영남지역주의'란 무엇인가? 한국정치에서 지역주의 갈등양상이 가시화돼 나타난 것은 30년도 채 되지 않았다는 이야기가 있다. 이는 1987년 민주화 이후인 13대 총선 때부터 지속적으로 나타난 현상을 이야기한 것이다. 13대 총선에서 노태우의 민주정의당, 김영삼의 통일민주당은 각각 대구-경북(TK)지역에서 86퍼센트, 부산-경남(PK)지역에서 62퍼센트 의석을 확보했고 호남 지역에서는 완패했다. 반대로 김대중의 평화민주당은 호남 지역 의석의 97퍼센트를 차지했고 대구-경북 및 부산-경남지역에서는 단 한 개의 의석도 확보하지 못했다. 이때를 기점으로 19대 총선까지 지역주의 정당체제가 한국에 자리잡게 된다.

이 지역분열주의의 씨앗이 되는 지역감정은 박정희의 연고와 정실 중심의 정치가 초래한 바가 크다. 박정희는 경상북도 구미 출생, 즉 영남 출신이다. 그래서 영남 출신 인사들이 박정희 정부 때 주를 이뤘다. 게다가 박정희는 자기 출신 지역인 영남을 우대함과 동시에 호남을 차별했다. 박정희는 다른 지역과는 달리 영남에서는 유독 지역성에 호소하는 유세를 했는데, 대선공약으로 경부고속도로 건설까지 내걸었다. 이미 울산 공업지대, 마산 공업지대 같은 굵직한 산업화 시설이 영남에 들어서 있는 상태인데 경부고속도로까지 약속한 것이다. 그에 반해 호남 지역의 개발은 전무하다시피 했다. 이를 의식하고 박정희는 호남선의 복선화도 공약으로 내걸었지만 착공만 하고 공사는 진척되지 않았다. 호남선 복선화는 36년이 지난 2003년 12월에야 이루어진다.

이처럼 박정희는 연고가 닿고 지지율이 높은 영남 위주로 주요 시설 건설 및 개발을 '몰빵'해 균형발전의 구조를 뒤틀리게 만들었다. 이에 많은 호남인이 버려진 땅이 된 호남을 떠났고, 호남 출신이라는 출신성분 자체에 열패감마저 드는 사람들도 생겼다. 분열하는 한국인의 민족성을 누구보다도 저주하던 박정희는 스스로 분열주의의 화신이 되었다.

사상 최악의 부정 선거 6.8 총선,
동백림 사건으로 물타기

　　　　　　　　　　　　　　대선 한 달 후에 바로 총선이 있었
다. 1967년 6월 8일, 6.8총선은 이승만의 3.15 부정 선거의 뒤를 잇는 심
각한 부정 선거로 평가된다. 과거 이승만은 자기 정권의 계승자인 이기
붕을 부통령에 앉히려고 무리하는 과정에서 3.15부정 선거를 저질렀
다. 그렇다면 박정희는 왜 그랬을까? 간단하다. '3선 개헌' 때문이었다.
대통령 4년 중임제의 기존 헌법을 개정해 3선이 가능하도록 의원수를
확보하기 위해서였다.

　6.8총선은 3.15부정 선거에서 단체투표, 공개투표를 차용한 것도 모
자라 관권이 노골적으로 개입하기까지 한 선거였다. 박정희는 국회의
원선거법 시행령을 고쳐서 고위공무원들이 선거운동에 참여하도록 독
려했다. 또한 야당 선거자금은 동결시킨 반면 민중에게 보리쌀을 제공
하면서 정부여당에 투표할 경우 지역경제 및 건설 활성화와 판잣집 철
거가 유보된다는 것 등을 이야기했다. 대표적으로 김대중이 출마한 목
포 지역에서 이런 행동을 한 바 있다. 박정희는 일찍이 김대중의 잠재
력을 보고 싹을 잘라내려 했다. 그래서 목포 지역 공화당 후보인 김병
삼을 찍을 경우 목포경제를 활성화시키고 대학도 세워줄 것이라는 내
용의 연설을 발표했다. 목포시 유달산 기슭에 위치한 호텔에 장관들을
모아 목포 경제발전에 대한 국무회의를 열 정도였으니, 현직 대통령의
국회의원 선거 개입도 이 정도면 어떤 경지에 올랐다고 하겠다.

　그리고 이전에 박정희는 지방유세를 하지 않을 것이라고 못 박았

는데, 보란 듯이 자기 말을 번복했다. 김대중은 이에 맞서 선거 유세 때 "박정희가 이렇게 처절하게 몸부림치는 것은 3선 개헌을 위함이다"라고 예언하기도 했다.

이후 총선에서 현직 정부의 압도적인 목포 지원 사격에도 불구하고 김대중이 2000표 차이로 당선되긴 했지만, 전체적인 총선 결과는 박정희에게 무리하게 부정 선거를 감행한 보람을 맛보게 해주었다. 여당인 공화당은 지역구 103석과 전국구 27석 등 총 130석을 확보했다. 헌법 개정에 필요한 의석수는 117석이었으니 3선 개헌 통과는 문제없었다. 다만 문제는 이 명백한 부정 선거에 대한 야당과 학생들의 반대 투쟁이었다.

"이것은 선거에 의한 쿠데타나 다름없다!"

야당은 투개표 부정까지 자행된 6.8총선은 무효라고 선언했고, 즉각 재선거를 요구하며 등원을 거부했다. 전국의 각 대학에서도 부정 선거 규탄 데모 시위가 벌어졌다. 이에 정부는 타협하지 않고 서울 21개의 학교에 휴교령을 내린 것을 시작으로 전국 대학 31곳과 고등학교 163곳에 휴교령을 내리는 방침으로 대응했다. 하지만 사태가 심각해질 것을 우려해 여당은 곧 야당과의 비공식적 타협 노선으로 갈아탔다. 이에 야당은 타협파와 비타협파로 나뉘게 된다.

여기에 정치인 김대중의 존재감이 다시 한 번 드러나는 대목이 있는데, 김대중은 타협파였다. 그는 계속해서 등원 거부 투쟁만 할 것이 아니라 부정한 총선의 이유인 3선 개헌의 개헌 저지선 아래로 여당 의석을 내놓을 것을 타협안으로 제시하자고 했다. 아울러 지방자치제를 실시해 중앙 관권 중심으로 부정 선거가 자행되는 일을 막자고 했다. 강경한 비타협파는 이런 김대중의 주장에 불만을 표했지만 실제로 비현실적인 총선의 전면 재실시보다는 차라리 주요 골자를 바탕으로 한 타협이 나왔다. 결국 김대중의 생각처럼 부정 선거구 재선과 국회 내 특조위를 설치해 관련자 처분 문제를 처리할 것, 앞으로 부정 선거가 또다시 자행되지 않도록 법률을 제정하는 등의 '애매한 수준'으로 상황이 마무리되었다.

김대중은 야당의 이런 행태가 아무런 현실적 성과를 얻을 수 없는 공허한 명분주의에 불과하다고 보았다. 김대중은 이 나라에 독재 정치가 판치는 데는 야당도 일정 부분 책임이 있다고 말하며 개탄했다. 6.8 부정 총선에 대해 부정 선거 무효 및 선거 재실시를 외친 야당의 대응은 마치 일전의 한일협정 절대 반대처럼 지극히 관념적이고 명분주의적인 대응이며, 이것이 결과적으로 독재정권을 돕는 결과를 초래한다고 말했다.

불행하게도 김대중의 말은 사실이었다. 박 정부는 곧장 부정 선거를 '물타기'하려고 국가적 스케일의 안보 사건을 터뜨렸고, 불거진 안보 이슈에 부정 선거 이야기는 묻히고 만다.

6.8총선을 이야기하면서 빠질 수 없는 현대사의 주요 사건이 바로 이 동백림 사건이다(당시에는 동베를린을 비슷한 발음의 한자어로 차음^{借音}표기해 '동백림^{東伯林}'이라고 불렀다[프랑스를 불란서^{佛蘭西}라고 부르는 것과 같다]). 1967년 7월 8일, 중앙정보부장 김형욱은 동베를린을 거점으로 한 북괴 대남 적화 공작단이 존재한다며 동백림 사건을 터뜨렸다. 완전히 날조

6.8 부정 선거 동백림 사건으로 물타기 성공!

된 소설을 바탕으로 개인의 인권을 말살하고 나라에 안보 불안 분위기를 불러일으켜 정권의 안정성을 보여주려 한 정부여당의 얄팍한 수법이 시작된 것이다. 중앙정보부는 제1차 진상발표문을 시작으로 제7차 진상발표문까지 순차적, 파상적으로 발표해 불안정국을 조성했다.

서독과 프랑스에 유학·거주 중인 교수 15명을 비롯, 의사, 문화 예술인, 언론인, 공무원 등 194명이 동독에 있는 북괴대사관에 왕래하면서 북괴와 접선하고 공작금을 받았으며, 간첩활동을 해왔다.

동백림 사건 진상 발표의 요는 이것이었다. 이 사건의 시작은 명지대학 조교수 임석진의 자진신고에서 비롯됐다. 그는 자신과 같은 처지의 유학생들을 대변하고자 박정희에게 직접 유학생의 실태와 북한과의 관계 등을 실토한 것이 종국에는 훨씬 크게 부풀려져 당황을 금치 못했다. 임석진 본인은 이런 제보를 공로로 인정받아 공소 보류 처분을 받았지만 자신의 지인과 동생, 누나가 연루돼 옥살이를 하는 등의 고초를 겪었다. 이렇게 처음부터 작정하고 판을 키운 동백림 사건은 몇 가지 치명적인 영향을 끼치는 중대 사건이 되는데, 한 번 살펴보도록 하자.

『나의 외교노트』를 출간한 저자 공로명 전 외무부 장관은 2015년 초한 인터뷰에서 "한국외교사에서 가장 잘못한 일을 꼽으라"는 질문에 위의 동백림 사건과 김대중 납치사건 두 가지를 대답했다. 둘의 공통점은 다른 나라에 체류하던 사람을 유인, 납치했다는 것이다. 이는 다른 나라에서 우리 국가 주권을 행사한, 국제적으로 비난받을 여지가 충분한 주권 침해 행위다. 1967년 6월 17일을 전후해 유럽에서 전격적인 사건 관련자 납치가 일어났다. 중정 요인은 사건과 관련된 예술계 유명인 재불 화가 이응로를 대통령 중임 경축 행사 초청이라는 거짓말로 유인했다. 국내외로 명성이 자자한 작곡가 윤이상 또한 국내 초청이라고 속여 데려왔다.

수사 결과 동베를린 방문 50명, 북한 방문 12명, 북측으로부터 금품 수수 26명, 북의 특수교육 이수 17명 등 혐의가 일부 사실로 확인된 부분이 있었지만 국가보안법의 간첩죄를 적용해 처벌하기에는 무리가 따른다는 것이 중론이었다. 윤이상은 예술적 영감을 얻고자 쌍용총 고구려 벽화를 보려고 방북했고, 이응로는 6.25 때 행방불명된 아들을 찾으려고 방북했다. 시인 천상병은 대학교 친구인 피고인 강빈구가 간첩임을 알고 있음에도 이를 당국에 신고하지 않은 불고지죄와 그를 협박해 2년 동안 술값 3만 원을 갈취했다는 공갈죄 혐의를 뒤집어썼다. 빤히 보이는 억지였다.

결과적으로 간첩죄 유죄 확정이 난 사람은 단 한 명도 없었다. 그럼에도 불구하고 중앙정보부는 맹렬한 고문을 가해 사건 관련자의 자백을 받아내려 했다. 조사 과정에서 잔혹한 인권 말살 행위를 벌인 것이다.

시인 천상병은 6개월 동안 구금되어 전기고문을 당해 성불구가 되었다. 그가 후유증 때문에 행려병자 신세로 오인받아 정신병원에 입원 당하는 사이 그의 동료와 지인들은 그가 죽은 줄 알고 유고시집 『새』를 냈다. 천상병은 어떤 글에서 "1967년 7월에 내 인생은 사실상 끝났던

것"이라고 회고하기도 했다.

비단 천상병만의 일은 아니었다. 사건 관련자 대부분이 억지 혐의를 쓰고 없는 사실을 자백하느라 모진 고문을 당했으며, 재판에서 중형을 선고받았다. 그나마 다행히 서독과 프랑스 정부의 자기 주권 침해에 대한 항의 및 외교 압박으로 모두 조기 석방 및 사면 조치됐지만 말이다. 하지만 피해자들에게는 인생에 씻을 수 없는 치명적 상처가 남았다.

당시에도 동백림 사건은 6.8부정 선거와 관련해 의혹을 사기는 했으나 이것이 명료한 해석으로 발표된 것은 시간이 흐른 뒤 2004년 11월 2일 출범한 국가정보원 과거 사건 진실규명을 통한 발전위원회(국정원 진실위)에서다. 국정원 진실위는 박 정권이 동백림 사건을 부풀려 부정 선거를 덮는 데 이용했다고 파악된다고 말했다.

한편 작곡가 윤이상은 '나를 구제해준 것은 외국과 많은 예술가였다'라고 말했다. 정부 당국은 고국 방문을 희망하는 윤이상에게 사죄를 요구하며 입국을 거절했고, 결국 그는 1995년에 타지에서 생을 마감한다. 많은 사람이 세계적으로 명성 있는 작곡가라고 평가하는 윤이상을 같은 한국인으로서 자랑스럽게 생각하지만, 그에게 조국이란 어떤 존재였을까. 대한민국은 폭력과 억지와 조작으로 점철된 고문의 시대를 지나며 산업화를 이룩했지만, 앞에서 봤듯이 그와 동시에 많은 것을 잃었다.

반공법 채찍과 돈 당근:
분지 필화 사건, 언론의 죽음

　　　　　　　　　　　　박정희 시대 반공법의 위력이란 어
땠을까. 동백림 사건을 보면서 우리는 박 정부가 없던 간첩 사건도 만
들어내는 무지막지한 정부였음을 알 수 있었다. 이런 '무지막지함'이
대중에게 무지막지하게 받아들여지지 않고 매우 합리적이고 이성적으
로 위협에 대처하는 안보정부로 보인 이유는 실제로 북한의 가시적 위
협이 있었기 때문이다. 이런 북한의 위협적인 도발건과 박 정부의 권력
존속 사이의 상관관계는 뒤에서 더 자세히 다루도록 하겠다.

　박 정부는 무지막지함을 바탕으로 반공법이라는 무기를 거침없이
휘둘러댔다. 그 탓에 권력의 감시기관이 되어야 할 언론은 얼어붙었으
며 더 나아가 문학계까지 그 손을 뻗쳤다. 하고 싶은 말을 맘대로 할 수
없는 시대가 도래하고야 만 것이다. 박정희의 권력이 합치된 국민의 의
지에서 박정희 본인의 만용으로 변질되어가는 정권 후반기에 이를수
록 이 경향은 점점 더 심해진다.

　반공법으로 무엇이든 처벌할 수 있었던 시대, 대표적인 사건으로 분
지 필화 사건이 있다. 1965년 <현대문학> 지 3월호에 남정현의 '분지'
가 실렸다. 분지糞地란 '똥 땅'이라는 뜻이며, 당시의 미 종속적인 사회분
위기와 권력의 부정부패에 대한 고발이 담긴 작품이었다. 아이러니하
게도 정작 이 작품이 <현대문학> 지에 실렸을 때는 문제가 되지 않다
가 두 달 후 북한의 노동당 기관지 <조국통일>에 실린 것이 문제가 되
어 작가 남정현이 구속됐다. 물론 북괴와의 접선경로를 추궁하며 가한

모진 고문도 함께였다.

　소설 '분지'에서 문제가 된 부분은 무엇이었을까. 잠시 줄거리를 훑어보자.

　홍길동의 10대손 홍만수는 독립운동가인 아버지가 행방불명되고 어머니는 미군 환영대회에서 미군에게 강간당해 정신이상으로 죽으면서 누이인 분이와 함께 고아가 됐다. 6.25전쟁이 터지고 만수는 전쟁터로 나갔다가 제대한 후 분이와 재회했는데, 분이는 미군 남편과 살고 있었다. 그런데 사실 분이는 날마다 남편 때문에 고통받고 있었다. 매부인 스피드 상사는 미국에 있는 자신의 본처 비취와 분이를 비교하면서 분이의 육체적 결함을 꾸짖어 학대하고 있었던 것이다. 그런 현실을 안타까워하면서도 만수는 매부의 줄을 잡고 미 군수물자 사업을 하면서 생활했다. 만수의 친구들은 만수를 부러워하며 만수에게 미국과 통할 수 있는 줄 좀 잡아달라고 애원했다. 그러던 어느 날, 만수는 스피드 상사의 본처인 비취가 한국을 방문하자 안내자를 자처하며 분이를 고통스럽게 만든 비취의 우월한 육체가 도대체 어떤 것일까 궁금해 그녀를 산으로 유인한 뒤 육체를 보여달라고 정중히 부탁한다. 뺨을 얻어맞은 만수는 막무가내로 비취를 장악한 뒤 옷을 벗긴다. 비취는 도움을 요청하고, 이윽고 만수는 절체절명의 위기에 처한다.

　검찰은 '분지'의 내용이 '대한민국이 미국의 식민통치에 예속되어 있고, 주둔 미군을 온갖 야만적인 학살과 난행 등을 자행하는 모습으로 왜곡시켜 반미감정을 부추기고, 가난뱅이의 입장을 대변해 계급의식과 반정부의식을 고취했다'며 공소장을 냈다. 결국 이런 내용을 바탕으로 작가가 북괴의 대남 적화전략에 동조했다고 본 것이다. 여기에 증인 다섯 명까지 가세해 남정현을 반미 용공분자로 몰았다. 증인들은 하나같이 대남간첩, 월남한 북한 언론의 주필 등 편향된 증언을 할 수밖에 없는 특수한 신분을 가진 자들이었다. 당시 대학교수 신분이었던 이어령 교수가 저자 남정현의 변호인 측 증인으로 출두해 세간의 관심을 모으기도 했다. 이어령 증인은 "이 소설은 우화적 수법을 쓴 것이므로 친미도 반미도 아니다"라고 말했으며 작품이 북괴의 입장에 동조한 것이라는 주장에는 "달을 가리키는데 보라는 달은 보지 않고 손가락만 보는 격"이라고 저자의 입장을 변호했다.

그럼에도 불구하고 남정현의 '분지'는 결국 유죄 판결을 받는다. 판결은 선고유예였지만, 피고인 측의 항소는 기각되었다. 시대의 예술은 그 시대 현실을 반영하고 풍자하기도 하는 법이다. 그런 문학작품의 표현기법이 반공법으로 7년 이하의 징역에 처해지는 것이 당시의 현실이었다.

문학계가 이런 처사를 당했으니 언론계는 두말할 것도 없었다. 박정희는 반공법으로 여러 언론 탄압을 가하는 한편, 포섭 공작 또한 펼쳤다. 국방부가 나서서 언론기관 부장급을 사이공에 모셔 융숭하게 대접하는 일도 있었고, 베트남 전쟁에 긍정적인 기사를 내주면 금전적, 사회적 커미션을 주겠다는 유혹도 비일비재했다. 당시 베트남 전쟁과 관련해 부정적인 보도가 적었던 것도 이런 배경에서 기인했는데, 기자 리영희는 이런 정부요청에도 단호하게 거부 입장을 내비친 거의 유일한 인물이었다. 이 과정에서 리영희는 정부 당국에 단단히 찍히고 만다.

언론 탄압 때문에 언론의 규모가 위축됐느냐고 묻는다면, 그 대답은 '아니올시다'이다. 삼성이 1965년 창간한 <중앙일보>는 전폭적인 지원을 받으며 공격적으로 몸집을 키웠다. 그 바람에 <동아일보>, <조선일보>를 비롯한 여타 언론들도 이른바 '방어적 출혈 경쟁'을 불사하게 되었다.

하지만 발행부수의 대폭 확장에도 불구하고 언론은 정작 해야 할 말을 하지 못하고 있었다. 1967년 4월, 야당인 신민당은 이런 언론의 행태를 보고 "정부 당국의 기관원이 언론기관에 상주해 감시하고 있다"고 주장하면서 IPI(국제신문인협회)와 UNCURK(국제연합 한국통일부흥위원단)와 같은 국제기구에 '한국정부의 언론 탄압에 대한 소명서'를 제출하려고 했다. 그러자 신문들이 "한국언론에 대한 중대모욕"이라며 신민당에 거세게 반발하는 사태가 빚어진다. 이는 신민당 소명서 사건이라고도 불린다.

신문들은 반발했지만, 확실히 이때의 언론은 권력을 감시하는 역할을 저버린 채 영혼 없는 성장을 거듭한 것이 사실이었다. 이듬해에는 <동아일보>에서 월간 발행하는 <신동아> 지에 실린 '차관'이라는 기사가 문제가 되어 관계자가 중앙정보부에 연행되는 신동아 필화 사건이 터지기도 했다. '차관'은 60년대(59년 1월부터 68년 9월까지 9년간) 한국에 도입된 차관 약 12억 달러의 내역과 경제 공과를 분석하면서 정부의 정치자금 조달 행태를 문제 삼았다. 중앙정보부는 '차관'의 필자 박창래와 김진배 두 기자를 구속기소했고, <신동아>를 폐간 조치하라고까지 요구했다. "신문이 편집인의 손을 떠나 중앙정보부의 손아귀에 넘어갔다"는 말이 나올 정도였다.

껍데기만 남은 언론의 빈자리에 오락성 주간지가 범람했다. <선데이서울>로 대표되는 대중잡지는 낮 뜨거운 성 상품화를 기치로 걸었고, 곧 날개 돋친 듯 팔려나갔다. 언론은 상업화를 향해 미친 듯이 달려갔고 박 정권은 이를 반겼다. 이들은 각종 금리대출과 관세 특혜를 받으며 사옥을 확장하거나 신축하기에 이르렀다. 그중 <조선일보>는 코리아나호텔을 짓는데, 대일 청구권 자금으로 들여온 상업 차관 4,000만 달러를 지원받는 등 엄청난 특혜를 얻었다. 당시 국내 금리는 28퍼센트에 달했는데 상업 차관은 연리가 7~8퍼센트에 불과했다. 결국 언론은 돈맛에 완전히 죽어버렸다.

25.
북한의 도발과 3선개헌

북한의 자주노선화와
김일성 유일체제

1960년대, 북한에서는 중요한 변화가 일어나고 있었다. 공산주의 진영인 소련, 중국, 북한 협력체제에 균열이 간 것이다. 이때부터 북한은 중국과 소련을 등지고 자주노선으로 갈아탔다. 동시에 주체사상을 제창하면서 김일성 우상화 작업이 본격적으로 이루어지기 시작했다.

60년대 초반 북한의 경제계획은 순조롭게 풀려나가고 있었다. 당시 북한의 1인당 GNP는 137달러로, 94달러인 남한을 1.5배 앞지르고 있었다. 농촌의 기계화로 농업 생산량 또한 남한보다 뛰어났다. 1962년, 김일성은 북한의 모든 인민이 쌀밥에 고깃국을 먹게 될 것이라며 호언

장담하는 신년사를 했다.

문제는 국제정세였다. 먼저 중국과 소련 사이에 분열이 시작되었다. 1953년 3월에 스탈린이 사망한 후 흐루쇼프가 정권을 잡았는데, 그의 정치방향성은 이전의 레닌-스탈린 체제와 많이 달랐다. 대내외적으로 냉전국면의 해빙기를 맞게 한 자유분방한 지도자였다는 평가도 있고, 쿠바사태를 비롯해 위협적인 지도자였다는 평도 있다. 한마디로 정의하기 어렵게 정치적으로 일관적이지 않았던 탓에 평가가 엇갈린 것이다. 흐루쇼프는 스탈린을 맹렬히 비판했고, 미국 등 서방사회와 공존외교를 했다. 또한 그에게 반기를 든 당내 간부들을 몰아내고 개혁 정치를 감행했다. 이 과정에서 중소분쟁이 불거졌는데, 중국은 흐루쇼프의 소련이 수정주의적인 입장이라며 비판했다. 반대로 소련은 중국이 교조주의적이라며 비판했다.

이런 상황에서 1962년 10월, 쿠바 미사일 사태가 발발한다. 미국과 약 150킬로미터 떨어져 있는 쿠바에 소련의 중장거리 미사일 기지가 건설되고 있었던 것이 미국 정찰기에 발각된 것이다. 미사일의 위력은 100만 톤 규모에 달했고, 위치상 미국 주요 도시가 다 사정권 안에 들어오는 터라 핵 전쟁이 발발할 수 있다는 위기감이 감돌았다.

"미국은 쿠바에서 핵미사일이 발사되어 서반구에 속하는 어떠한 나라라도 공격을 당할 경우 그것을 소련의 미국에 대한 공격으로 간주할 것이며, 그런 경우 미국은 소련에 대한 최대의 보복 공격을 가할 것이다."

당시 미 대통령 케네디의 연설은 미국 역사상 가장 공포스러운 연설로 꼽히기도 한다. 케네디는 24일, 쿠바에 핵미사일을 비롯한 군사물자를 실어 나르는 소련의 선척을 향해 해상 봉쇄 명령을 내렸다. 소련의 선척들은 방향을 돌렸고, 이윽고 케네디와 흐루쇼프는 비밀 협정을 맺어 쿠바 핵미사일 기지는 철수되었다.

유혈사태가 일어나지 않았고 비밀협정을 맺은 덕에 1년 뒤 터키의 미국 미사일 기지도 철수하는 등의 성과가 있었지만 중국은 흐루쇼프의 이런 결정을 투항주의적 태도로 규정짓고 강하게 비판했다. 물론 중국만 그런 것은 아니었다. 소련 내부에서도 쿠바사태를 포함해 기존 체제에 반하는 흐루쇼프의 정치 성향이 그의 지지기반을 흔들리게 만들었다. 더군다나 새로운 농업 정책이 실패를 빚어 농업 부문에 큰 타격을 입혔고, 일련의 사건들로 흐루쇼프는 1964년 실각하고 만다.

중소분쟁에서 중립을 지키던 북한 또한 쿠바사태를 국면으로 소련을 비판해 북소 관계가 악화되었다. 북한의 <노동신문>은 "소련이 경제 원조를 쥐고 북한의 경제사정에 간섭하려고 했다"며 이는 "미국보다 더한 제국주의적 태도"라고 강하게 비판했다.

그 후 1~2년도 지나지 않아 이번에는 중국과 북한 사이에 파열음이 생겼다. 중국은 1964년과 1965년에 크게 두어 차례에 걸쳐 북한에게 '남조선 무장 해방 투쟁'을 일으킬 것을 촉구한다. 쉽게 말해 전쟁을 일으키라고 한 것이다. 그런데 이를 북한이 거절하자 관계가 악화되었다.

당시 중국에서는 문화대혁명이 일어나고 있었는데, 이는 가히 공산주의 교조화의 절정이라고 할 수 있다. 중국은 50년대 후반 '많이, 빨리, 질 좋게, 낭비 없이 건설하겠다'라는 기치를 내걸고 대약진운동을 벌였으나 전문 관료집단을 배격한 채 진행하는 재래식 설비와 일반인의 힘에 의존한 경제 건설이라는 잘못된 판단을 내려 크게 실패했다. 이 대약진운동의 실패로 마오쩌둥은 실각한다. 그러나 실패에 대한 반성은커녕 마오쩌둥 개인을 숭배하는 분위기가 더욱 강화되었고, 공산주의 교조화의 끝을 보여주는 홍위병이 들고일어나 사회를 뒤집어놓기 시작했다.

홍위병들은 오로지 공산주의 정신에 어긋난다는 이유로 박물관을 습격하고 관료, 자본가들과 그 가족들을 잡아들여 잔혹행위를 벌이는 등 정신나간 행위를 일삼았다. 그리고 중국 내부뿐 아니라 일본의 공산당과 북한, 소련 등 주변 공산국가들에게까지 중국 노선을 따를 것을 집요하게 강요했다. 중국과 생각이 다른 주변 국가들은 '수정주의적 행태'라는 비난을 받아야 했다.

이런 배경 속에서 북한은 일명 '주체노선'을 걷기 시작한다. 김일성이라는 지도자를 신격화하면서 김일성 유일체제를 확립해 나아간 것이다. 문제는 기세 좋게 출발한 북한의 경제 개발 정책이 소련과 중국과의 외교관계가 악화되면서 원조가 중단되자 재정구조가 뒤틀려 삐끗대기 시작했다. 1967년에는 국방예산이 7년 전에 비해 30배가 뛰었고, 경제 계획도 수정, 연장이 필요해졌다. 동시에 북한 내 강경파는 모험주의적 움직임을 보인다. 그래서 1.21사태와 푸에블로호 나포 사건, 삼척-울진 무장 게릴라 침투사건과 미국 EC121형 정찰기 격추사건 등 굵직한 대남 도발사건이 잇따라 터진 것이다.

남북의 적대적 공존:
안보위기와 영구집권

앞서 이야기한 북한의 가시적 대남 도발이 일반 국민의 눈에 안보위협으로 다가오면서 정부 당국의 폭압 체제가 강화되는 결과가 초래되었다. 한마디로 남북한의 적대적 공존이었다. 60~70년대를 꿰뚫는 미묘한 남북관계의 키워드라고 볼 수 있다.

1968년 1월 21일, 김신조를 비롯한 북의 무장공비단 31명이 산을 타고 남한에 침투해 청와대 앞 500미터까지 당도하는 사건이 벌어졌다. 이들이 휴전선을 넘어서 서울에 발을 디딜 때까지 한 번도 제대로 된 저지를 받지 않았다는 것은 꽤나 충격적인 사실이었다. 무장공비단은 자신들이 CIC방첩대 소속이라며 정체를 묻는 경찰서장 이각현에게 고압적인 태도를 취했다. 남한에서 중앙정보부, 방첩대 등의 단어를 들이대면 슈퍼패스를 얻을 수 있다는 정보를 바탕으로 전략을 짠 것인데, 아무리 그렇다 해도 한 나라의 국가안보가 이렇게 어이없이 뚫리는 것은 당국 관계자들의 안일한 대처 때문이었다. 김신조 일당은 침투 과정 중 마주친 민간 나무꾼을 살려두기로 결정했고, 나무꾼은 신고를 넣었으나 관계자들은 이를 귀담아 듣지 않았다. 결국 공비들은 세검정고개의 자하문을 통과하는 곳에서 근무 중이던 종로경찰서 수사2계 형사들에게 검문을 받다 여기서 정체가 탄로나 기관총을 꺼내 난사했다. 이 과정에서 비상근무 지휘자 종로경찰서장 최규식이 사망했고, 검문경찰과 귀가하던 민간인을 포함해 30명가량이 사망, 52명이 부상을 입는 사고가 일어났다.

"박정희 모가지 따러 왔다"는 김신조의 말에 박정희는 간담이 서늘했을 것이다. 1.21사태 당일 미국대사 윌리엄 포터를 불러 "북을 공격해야겠다"는 말을 할 정도였으니 말이다. 하지만 포터의 반응은 싸늘했다.

그러나 이틀 후 동해 원산 앞바다에서 미국의 정보수집용 첩보함 푸에블로호가 북에 나포되는 사건이 일어나자 미국은 1.21사태 때와는 전혀 다른 반응을 보였다. 미국은 쿠바사태처럼 사태가 확전될 것을 우려해 되도록 전쟁은 피하면서 푸에블로호 탑승 승무원들의 안전을 보장 받고자 북과 비밀협상을 했다. 처음에는 소련을 거쳐 간접적으로 문제를 해결하려 했으나 이미 자주노선을 걷고 있던 북한에게 압력이 먹혀들지 않았고, 때문에 비공식적이지만 북미 간에 직접적인 대화와 타협을 이끌어낼 수밖에 없었다. 그 덕분에 자연스럽게 대외적으로 고립되었던 북한의 국가위상이 미국과 협상하는 위치로 격상되었다.

박정희는 미국에 월남파병까지 불사하며 충성을 다했는데 자기 목숨보다 자국의 푸에블로호 선원들을 더 걱정하는 미국의 모습을 보며 깊은 배신감을 느꼈다. 열불이 난 박정희는 북한에 대한 응징을 촉구하면서 미국에 월남군을 철수하겠다는 카드를 내밀었다. 미국은 이런 박정희를 달래려 특사를 파견해 1억 달러 추가 군사 원조를 해주겠다고 했다. 동시에 주한미군을 철수하겠다는 채찍도 들었다. 이렇게 한미 외교관계에 약간의 마찰이 있었지만 그럭저럭 넘어갔다. 그 해 미국에서는 선거가 있었고, 미국이 쿠바사태처럼 자칫 엇나가면 태평양이 불바다가 될 수 있는 상황을 부담스러워했으므로 처음부터 박정희가 흡족해할만한 강공책은 나오기 어려웠던 것이 사실이다.

박정희는 1.21사태를 계기로 국내에 두 가지 대비책을 세운다. 첫째는 향토예비군 설치고 둘째는 주민등록증 발급 실시다. 향토예비군은 긴급한 전시 상황을 대비한 비정규군으로서, 250만 명에 달하는 규모로 편성했다. 주민등록증을 발급한 이유는 굳이 길게 말하지 않아도 알 것이다. 원래 6.25전쟁 때 만들어진 시민증과 도민증이라는 것이 있었는데, 이것이 18세 이상 모든 국민에게 부여하는 주민등록증과 주민등록번호로 대체되었다.

이런 조치를 취하자 당연히 반공법의 위상이 올라갔다. 무장공비 간첩 사건이 '뻥'하고 터져주자 아직 반 년도 지나지 않은 6.8부정 선거, 동백림 간첩조작 사건 및 수사 과정 중의 고문 자행과 인권유린 등은 묻혀버렸다. 안보 위기에 사회가 얼어붙은 것이다.

이후 두 차례 사건이 더 터진다. 1968년 10월 30일, 또다시 울진과 삼척에 무장공비가 대거 출현했는데, 저번(1.21사태)의 네 배가 넘는 숫자인 130여 명에 달했다. 이들은 저번 습격 때 민간인 나무꾼을 살려둔 것이 화근이었음을 생각해 이번에는 마주치는 민간인을 에누리 없이 다 제거해버렸다. 군인 33명과 민간인 16명이 사망했고, 37명가량의 부상자가 발생했다. 강원도 평창 두메산골에서 희생된 아홉 살 이승복 어린이는 기자들의 화려한 상상력에 의해 "나는 공산당이 싫어요"라는 명언(?)을 남기기도 했다. 시간이 흐른 뒤에야 조작 보도 논란이 불거졌지만 이때부터 20년간 이승복은 반공 영웅화되어 반공 교육의 표본이 되

고 동상까지 세워졌다.

남파 간첩 소동에 이어 북한이 미국의 정찰기인 EC-121기를 격추시킨 사건까지 벌어지자 소련은 미국의 입장에 동조하며 북한을 강력하게 비판했다. 김일성은 여기에 조금 당황했는지 "해외에 호전적인 인상을 주어서는 안 된다"는 입장을 발표하면서 강경파 노선을 철회했다. 이를 계기로 다음 해인 1969년에는 북의 무장 게릴라 침투 건수가 급격히 줄어든다.

북쪽에서 주체사상과 김일성 우상화가 사회를 장악해가고 있을 때 남쪽에서는 멸사봉공 및 반공 정신과 박정희 우상화가 진행되고 있었다. 멸사봉공이란 사사로움을 멸하고 공적인 것을 받들어 모신다는 뜻이다. 대의적인 일, 국가적인 일을 위해서라면 개인은 조금 희생해도 된다는 박정희 식 국가 파시즘을 상징하는 사자성어다. 이런 정신이 개개인에게서 자발적으로 나왔다면 국가나 정부가 비난받을 이유가 없다. 다만 국가가 개인에게 국가에 대한 맹목적 헌신을 강요하는 것이라면 이는 개인을 말살하는 폭력이나 다름없다고 봐야 하지 않을까?

박정희는 자기 이름으로 멸사봉공 정신을 국민에게 주입할 수 있도록 국민교육헌장을 발표하기에 이른다. 국민교육헌장의 내용 일부를 살펴보자.

우리는 민족중흥의 역사적 사명을 띠고 이 땅에 태어났다. 조상의 빛난 얼을 오늘에 되살려 안으로 자주 독립의 자세를 확립하고 밖으로 인류공영에 이바지할 때다. 이에 우리가 나아갈 바를 밝혀 교육의 지표로 삼는다. 성실한 마음과 튼튼한 몸으로 학문과 기술을 배우고 익히며,

타고난 저마다의 소질을 개발하고 우리의 처지를 약진의 발판으로 삼아 창조의 힘과 개척의 정신을 기른다…(중략)…나라가 발전하며 나라의 융성이 나의 발전의 근본임을 깨달아 자유와 권리에 따르는 책임과 의무를 다하며, 스스로 국가 건설에 참여하고 통사하는 국민정신을 드높인다…(후략)

국민교육헌장은 사람이 이 땅에 태어난 이유가 민족중흥이라는 역사적 사명 때문이라고 말한다. 사람보다 국가가 먼저 존재했다는 논리다. 또 나라의 융성과 발전이 자신의 발전의 근본임을 깨달아야 한다고 이야기한다. 이런 위험한 논리를 교육철학으로 삼아 국민들이 줄줄 외우도록 암기, 주입시킨 것이다. 이 시기에 유년기를 보낸 부모세대에게 국민교육헌장을 물으면 30-40년이 지났는데도 잘 기억하고 외울 것이다. 부모세대에게 국민교육헌장은 좋은 기억이든 나쁜 기억이든 세월의 파편으로서 과거 기억에 적지 않은 부분을 차지하고 있는 것이 사실이다.

5.16 때부터 군부정권과 유착해 함께한 철학자 박종홍이 이 헌장의 프로듀서였고 박정희의 열렬한 추종자 윤치영은 위 헌장을 바탕으로 3선 개헌 분위기를 조장하는 '피처링'을 담당했다. 말장난이 아니라 실제로 국민교육헌장은 음반으로 제작되기도 했다. 그 외에도 학교 교과시간에 국민교육헌장 교육이 포함되었고, 영화도 제작되었다. 사실상 윤치영의 발언은 '민족중흥 과업을 이룩하려면 박정희의 강력한 리더십과 추진력이 계속되어야 한다'는 의미였다.

이제 박정희는 북한발 간첩 침투 위협에 따른 국가 안보의 위기로 시작해 국민교육헌장을 통한 국민에의 멸사봉공 정신 주입과 세뇌를 거쳐 영구집권을 꾀하기 시작했다. 남한과 북한은 서로가 서로에게 존재 자체로 위협이면서 동시에 영구집권의 명분이 되었다. 독재자들 사이에는 뭔가 통하는 것이 있는 것일까.

누가 막으랴
그의 3선을

　　　　　　　　　　박정희와 이승만의 공통점을 꼽자
면 여러 가지가 있겠지만, 그중에서도 2인자는 허락하지 않는다는 점
이 가장 많이 닮았다. 이승만은 늘 2인자 자리에 정치적으로 입지가 아
예 없거나 이승만의 열렬한 추종자만을 골라 앉히곤 했다. 그래서 그 2
인자가 처음에는 추종자였다가 독자적인 세력이 구축되어 치고 올라
올 기세가 보이면 바로 숙청시켜버렸다. 박정희도 마찬가지로 무소불
위의 권력 기관 중앙정보부의 수장을 시기마다 갈아치우면서 박정희 1
인 권력 독주 체제를 지켜왔다.

　박정희 체제의 2인자는 '쿠데타 실세' 김종필이었다. 문제는 김종필
은 야심이 그득하게 찬 인물이고, 박정희도 세상 사람들도 그것을 알고
있었다. 박정희는 그를 숙청해야 할 필요가 있었다. 박정희 조카딸의
남편인 김종필은 그 야심 때문에 눈 밖에 나고 말았다.

　결국 국민복지회 사건이 일어났다. 김종필이 측근 공화당원 김용태,
최영두와 함께 국민복지회라는 조직을 만들었고 스스로 대통령이 되
려고 71년 대통령 선거를 준비했다는 것이었다. 물론 이것은 박정희와
중앙정보부 측의 주장이고, 김종필은 자신은 무관하며 날조된 주장이
라고 부인했다. 김종필 계열 당원들에게 처음으로 예비역 공군대령 송
상남이 접근해 농어민 생활 향상을 위한 연구단체로서의 국민복지회
라는 조직 구상을 흘렸고 그에 승낙했을 뿐인데, 이 때문에 당내 반국
가 단체라는 오명을 쓴 것이라고 했다. 어느 쪽 주장이 사실이든 이 사

건에 연루된 김종필계 측근 김용태, 최영두, 송상남은 중앙정보부로 연행되었다. "박정희 3선 개헌을 반대하고 김종필을 차기 대권후보로 삼으려 한 것이 아니냐"며 자백을 강요하는 끔찍한 고문과 협박이 있었다. 결국 김용태와 최영두는 공화당에서 제명되었다. 김종필은 자신의 해명을 받아들이지 않는 박 정권에 울분을 토하며 공화당 의장직 및 국회의원직을 사퇴, 정계 은퇴까지 불사했다. 최영두는 고문 후유증으로 3년 내에 사망하고 만다.

국민복지회 사건은 국회의원을 최초로 고문 조사한 사건으로, 박 정권이 이제는 그 무엇도 두렵지 않음을 반증한다. 이는 2인자 숙청과 더불어 박정희의 3선 개헌을 반대하는 세력에 대한 일벌백계이기도 했다.

동백림 사건으로 묻으려 한 6.8부정 선거는 모두 3선 개헌을 위한 것이었다. 1968년까지만 해도 여론의 압박 때문에 박정희는 3선 개헌은 하지 않을 것이라고 밝혔으나 이미 분위기는 은근슬쩍 개헌으로 넘어가고 있었다. 앞서 말했듯 박정희 본인 입이 열리기 이전에 공화당 의장서리 윤치영이 박정희의 3선 개헌을 강력 지지했다. 1969년 1월 초에 "단군 이래의 위인 박정희 대통령을 계속 집권시키기 위한 개헌이 필요하다"라고 발언한 것이다. 마치 어깨조직에서 열렬한 추종자가 먼저 바람잡이를 해야 두목이 무겁게 입을 떼는 것과 비슷했다. 그 다음은 짜놓은 판처럼 다음 단계로 넘어간다. 점쟁이와 무당과 같은 역술인들이 동원되어 3선 개헌을 합리화했다. 개헌 필요성을 주장하는 논리가 이성을 넘어 영성까지 도달했다. 여기에 언론 광고까지 가세했다. 이때 박정희가 "개헌을 하더라도 아직 시기가 아닙니다"라며 무겁게 입을 뗐다. 구렁이가 담 넘어가듯 아주 자연스러운 흐름타기였다.

야당 신민당의 원내총무 김영삼은 "3선 개헌은 제2의 쿠데타"라는 발언을 하며 이를 강하게 비판했다가 귀갓길에 초산 테러를 당했다. 다행히 테러는 미수에 그쳤지만 박정희는 정치적 반대 의견은 일체 허락하지 않는다는 폭압태세를 확실히 했다.

7월 말, 박정희는 결국 기자회견을 통해 "3선 개헌에 대한 국민투표를 실시하겠다"며 배수진을 쳤다. 자기 자신의 집권야욕에 솔직하지 못했던 것일까? 그는 국민의 지지가 없다면 자신은 미련 없이 물러서겠다며 자신의 순수함을 어필했다. 그러나 뒤에서는 공화당 내 반反개헌 세력 설득 작업이 한창 이루어지고 있었다. 설득이라고는 해도 거의 분위기가 협박에 가까운 수준이었다.

9월 14일 새벽, 야당이 불참한 가운데 3선 개헌안이 공화당 및 무소속 의원 122명에 의해 날치기 통과되었다. 국회의사봉도 없이 주전자 뚜껑으로 책상을 세 번 '텅, 텅, 텅' 내리쳤다. 개헌안은 국민투표로 회부되었고 박 정권은 약 1천 500만 달러로 추산되는 금액을 유권자를 매수하는 데 썼다. 말 그대로 유권자들에게 밀가루를 들이부었다.

10월 17일, 투표가 실시되었다. 총 참여 투표자는 1160만 4038명이었고(투표율 77.1퍼센트) 이 중 찬성표가 755만 3655표(찬성률 65.1퍼센트)가 나와 최종 통과되었다. 찬성표 비율에 따라 지역별로 보상금이 지급되었고 그 규모는 60만 달러에 달했다. 박정희는 금권 정치의 면모를 제대로 보여주었다. 금권 정치는 그만큼 박 정권이 부정부패로 찌들어

있었기 때문에 가능했다. 부정부패를 제대로 단속하면 행정이 마비될 정도였다고 평가되니, 더 말해 무엇할까.

3선 개헌까지 통과되자 박정희는 '날아가는 돈가스' 중앙정보부장 김형욱을 폐기처분했다. 다시 정권을 찬탈해 검을 쥐었으므로 공격적이고 거친 김형욱의 방식을 채택할 필요는 없었다. 중앙정보부장은 고분고분한 김정렴이 맡았다.

한편 미국은 이런 박정희식 탈 국회정치와 헌법과 삼권분립을 초월한 정치 행태를 두고 '민주주의를 향한 진전'이라고 평가했다. 야당과 언론이 무조건 반대 입장을 고수하는 한국에게 적법한 민주제도는 아직 이르다는 논리로 말이다. 박정희와 미국은 이미 월남파병으로 유착되어 있었다.

박정희는 점점 권력에 중독되어가는 모습을 보인다. 모든 비극은 나 아니면 안 된다는 사고방식에서 시작된다고, 그는 이승만을 비판했으나 그 역시 이승만과 같은 모습으로, 아니 더 심화된 모습으로 변질되어가고 있었다. 역사학자 토인비도 말했지 않는가. 모든 문명은 창조적 소수자의 개혁과 대중의 지지로 발전 단계에 이르렀다가 그 소수자의 타락으로 쇠퇴하게 된다고. 너무 당연한 말이라고 생각할지도 모르겠지만, 박정희는 토인비 문명사관에 해당하는 전형적인 지도자다. 허나 아직 이르다. 3선 개헌 뒤에 본 게임이 기다리고 있었다. 유신헌법에 따른 영구집권 말이다.

권력주에 취한 정희 씨의 초상

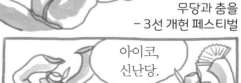

- 국민복지회 사건

무당과 춤을
- 3선 개헌 페스티벌

김종필

박정희

나 3선 모타게
니드끼리 짜고 친 거
마찌!

맞자나!

아이코,
신난당.

박정희

박정희

탕탕탕-

3선 개헌
통과아아아~

주전자 뚜껑으로 세 번,
3선 개헌 통과!

콸콸

콸콸

마니 드세여~

밀가루

유권자에게 밀가루 공세

여윽시 이 나라는
나 아니면 안돼에에~

26.
10월 유신

부정부패 참상:
와우아파트와 오적

　박정희 시대를 산 기성세대 중 박
정희가 깨끗한 정치인이었다고 기억하는 사람이 생각보다 많다. 이미
우리는 앞에서 그가 집권 초기부터 4대 의혹 사건 등 정치자금을 마련
하려고 부정부패를 저질렀음을 보았다. 그런데도 왜 사람들은 그를 청
렴하고 수수한 서민 대통령으로 기억할까. 중요한 것은 그 당시 사회를
지배하던 논리는 철저히 옳고 그름을 따지지 않는 결과 지상주의였다
는 점이다. 부정부패가 만연한 위에서부터 곧 그 오염된 물줄기가 흘러
내려왔기 때문이다.

　1960년 당시 서울인구는 약 244만 명 정도였다. 10년 후 1970년대

이르러서는 약 543만 명으로 급증했다. 이 때문에 생긴 가장 큰 문제 중 하나가 주택 문제였다. 100만 평 땅에 14만 5000채의 판잣집이 널려있었다. 좁은 땅에 많은 사람이 몰려들어 살려고 하면 이를 어떻게 해야 될까? 서울시는 대안으로 아파트 건설을 내놓았다. 아파트 건설 사업을 추진한 당사자는 당시의 서울시장 김현옥. 그의 별명은 불도저였다. 군사작전식으로 불도저처럼 사업을 밀어붙였다. 김현옥은 1969년부터 1971년까지 3년 동안 240억 원을 투입해 2000동, 10만 호의 아파트를 건설한다는 계획을 세운다.

계획을 밀어붙이는 방식이 군사작전식이기만 했다면 괜찮았을지 모른다. 그러나 여기에 눈에 보이는 성과를 앞세워 내실을 저버리는 공사와 찌든 부정부패가 더해져 결국에는 사람의 목숨을 앗아가는 사고로 이어졌다. 바로 와우아파트 붕괴 사건이다.

1970년 4월 8일 아침 여섯 시 30분경, 서울시 마포구 창전동 와우산 중턱에 세워진 와우아파트 15개 동이 입주 20일 만에 처참하게 무너져 내렸다. 이 사고로 33명의 시민이 무너진 아파트 잔해에 깔려 목숨을 잃었다.

와우아파트는 왜 무너졌는가? 이른바 '생색내기용 사업'을 하느라 적은 예산과 싼 공사비로 빚어낸 날림공사 때문이었다. 그리고 건설 허가를 따내려면 뇌물을 쓰는 것이 당연해서 그 와중에 공사비를 더 아껴야 했다. 와우아파트는 70도에 가까운 경사진 와우 산비탈에 필요한 최소한의 설계상 안전 조건조차 지켜지지 않은 채 지어졌다. 기둥 하나에 19밀리미터짜리 철근이 70개씩 사용되어야 하는데 다섯 개 정도만

와우아파트 붕괴 현장

모과 장사하는 박정희 씨.

썼고 콘크리트를 배합할 때도 시멘트를 아끼느라 모래와 자갈 반죽을 사용했으며, 기둥과 기둥 사이를 잇는 주 기둥에 들어가야 할 골조 시멘트를 빼먹는 등 문제를 열거하자면 끝이 없다.

와우아파트 사고가 대표적인 사례일 뿐이지 비슷한 시기에 지어진 시민아파트 모두가 이와 사정이 크게 다르지 않았다. 시민아파트 전체에 안전도검사를 실시한 결과 배전 공사, 외벽 시멘트 공사 등 모든 것이 하자 투성이로 드러나 1971년부터 7년간 101개 동의 부실 아파트가 철거 처리되었다. 철거로 발생한 비용은 시민아파트 약 400개 동 건립 비용과 맞먹는 액수였다. 담당 책임자 김현옥은 일주일 뒤에 서울 시장 자리에서 물러났지만, 이 문제는 문책인사로 간단하게 해결될 수 있는 성질의 것이 아니었다.

1970년 <사상계> 5월호에 실린 김지하 시인의 '오적'은 그런 박정희 행정의 부정부패의 주범인 관료들을 낱낱이 고발하는 시다. 다음은 '오적'의 일부를 발췌한 것이다.

…서울이라 장안 한복판에 다섯 도둑이 모여 살았것다…

예가 바로 재벌, 국회의원, 고급공무원,
장성, 장차관이라 이름하는,
간뗑이 부어 남산만하고 목질기기 동탁배꼽 같은 천하흉폭 오적五賊
의 소굴이렷다…

(재벌)재벌놈 재조 봐라
장관은 노랗게 굽고 차관은 벌겋게 삶아…

세금받은 은행 돈, 외국서 빚낸 돈
온갖 특혜 좋은 이권 모조리 꿀꺽
이쁜 년 꾀어 첩삼아, 밤낮으로 직신작신 새끼까지 여념없다
귀띔에 정보 얻고 수의계약 낙찰시켜 헐값에 땅 샀다가 길 뚫리면 한몫
잡고…

 (국회의원) 조조같이 가는 실눈, 가래 끓는 목소리로
혁명공약 모자 쓰고 혁명공약 배지 차고
가래를 퉤퉤 골프채 번쩍…
우매한 국민 저리 멀찍 비켜서랏/골프 좀 쳐야것다…

 (고급공무원) 어허 저놈 봐라 낯짝 하나 더 붙었다
유들유들 숫기도 좋거니와
산같이 높은 책상 바다같이 깊은 의자 우뚝나직 걸터앉아
쥐뿔도 공 없는 놈이 하늘같이 높이 앉아
한손으로 노땡큐요 다른 손은 땡큐땡큐
되는 것도 절대 안 돼 안 될 것도 문제없어
책상위엔 서류뭉치, 책상 밑엔 돈뭉치
높은 놈껜 삽살개 낮은 놈엔 사냥개라
공금은 잘라 먹고 뇌물은 청해먹고…

 (장성) 엄동설한 막사없어 얼어죽는 쫄병들을
일만 하면 담이 난다 온종일 사역시켜
막사 지을 재목갖다 제 집 크게 지어놓고
부속차량 피복 연탄 부식에 봉급 위문품까지 떼어 먹고
배고파 탈영한 놈 군기잡자 주어패서/영창에 집어넣고…

(장차관) 굶더라도 수출, 안 팔려도 증산
아사한 놈 뼈다귀로 현해탄 다리놓아/가미사마 배알하잣
예산 몽땅 먹고 입찰에서 왕창 먹고
행여 냄새 날라 질근질근 껌 씹고 켄트 피워물고…

여기서 오적五賊이란 국민의 돈과 사회윤리를 좀먹는 다섯 도둑으로 재벌, 국회의원, 고급공무원, 장성, 장차관을 가리킨다. 애초에 김지하의 '오적'이 <사상계> 5월호에 실릴 때는 정부 당국이 이를 서점에서 몽땅 수거하여 시판하지 않는다는 조건을 걸고 타협을 봤었다. 허나 야당 신민당의 기관지 <민주전선>에서 이 '오적'을 실어 10만 부를 가두 판매하는 등의 일이 벌어지면서 문제가 다시 불거졌다.

박 정부는 당연히 이런 망측한 시를 쓴 김지하를 가만두지 않았다. 김지하의 '오적'은 남한의 극심한 부정부패상의 폭로이며 이는 북괴에 동조하는 것이라는 이유를 들어 그를 반공법 위반으로 구속했다. 더불어 '오적'이 게재된 <사상계>도 폐간시켰다. <사상계>를 통해 민중의 소리를 대변하던 함석헌은 개인 교양 평론잡지 <씨알의 소리>를 이미 그 해 4월에 창간했고, <사상계> 폐간 이후에도 격렬한 정부비판 논조의 글을 지속적으로 쓴다.

일명 오적 필화 사건이라 불리는 이 사건과 와우아파트 붕괴 사고는 우리에게 무엇을 보여줄까. '오적'에는 와우아파트 이야기도 나온다.

혁명이닷, 구악은 신악으로! 개조닷, 부정축제는 축재부정으로!…
건설이닷, 모든 집은 와우식臥牛式으로!…

표 도둑질 성전에로 총궐기하랏!…

박정희는 분명 5.16의 명분으로 깨끗한 정치, 수탈 없는 민중을 위한 정치를 내세웠다. 그의 저서 『국가와 혁명과 나』에서 보았듯, 그는 '일하지 않는 고운 손은 우리의 적'이며 고운 손을 가진 이들에게는 '증오의 탄환'을 발사해주어야 한다며 민중의 이익을 대변했다.

하지만 상황은 달라졌다. 박정희는 고인 물이 되었고 체제를 유지하기 위해서라면 부정부패쯤은 아무것도 아니었다. 아니, 오히려 부정부패라는 필요악을 더 절실하게 요구했다. 그리고 박정희의 이런 철학이 녹아 만들어진 70년대의 대한민국 사회는 권력과 금력으로 이어지는 줄을 잡고 한몫 챙기는 것을 당연한 진리로 여겼다. 실제로 '오적'에 등장하는 지명인 동빙고동 일대는 정부 고위관료들이 거주하던 곳인데, 이곳은 '도둑 마을'이라고 불리곤 했다. <사상계>는 2월호에서 이미 이 도둑 마을의 실태를 고발한 바 있다.

이들 주택의 건축비는 최저 5천 내지 6천만 원에서 최고는 3억 원, 그런데 그곳 주인공들은 한 달에 몇 만 원의 봉급밖에 받지 못하는 전·현직 각료나 대통령 비서실을 중심으로 한 고급관료이다…(중략)…건물의 유지비만도 매월 10만 원은 들며, 승용차 두 대, 옥내 엘리베이터, 응접실의 열대어 등 사치스럽기 그지없다…(중략)…이들 주택이 계속 범죄행위에 의해 유지된다는 결론을 내리지 않을 수 없다."

경부고속도로와 전태일

이번에는 1970년대를 상징하는 두 사건을 다루고자 한다. 하나는 '민족사적 금자탑'이자 '한강의 기적'으로 상징되는 경부고속도로 개통이고, 다른 하나는 고속성장의 이면에서 인권을 유린당한 노동자들의 절규를 상징하는 전태일의 분신이다.

"잘 살아보세" 주문을 외우며 폭주하는 기차를 타고 70년대를 지나온 이들에게 경부고속도로는 영광이며 자랑이었다. 그리고 그들의 '신화'를 얼굴에 침 묻혀가며 전해 듣는 젊은 세대는 스스로 화염에 휩싸인 전태일이 민주화 투사라고 생각하는 오류를 범하기도 한다. 그가 왜 그런 죽음을 택했는지, 그리고 그것이 대한민국에 어떤 의미를 가져다 주었는지 그 가치와 의의보다는 경부고속도로와 같은 눈에 보이는 물질문명을 대중은 더 기억하기 마련이다. 때문에 인권유린 위에 피어난 물질문명을 무조건적으로 지탄하는 역사적 관점도 존재한다.

이처럼 다양한 시각이 있지만 우리는 두 사건 중 어느 쪽에도 더 무게를 두지 않고 둘 모두를 볼 수 있어야 한다. 대한민국의 70년대는 눈부신 경제성과와 잔혹한 인권유린이 공존했고 또한 이 두 이면에는 유기적인 긴밀성이 존재하기에 둘을 모두 기억하고 생각해봐야 한다고 메시지를 던지고 싶다.

1970년 7월 7일, 서울과 부산을 잇는 경부고속도로가 개통되었다. 박정희가 노선 결정을 비롯해 공정 계획까지 진두지휘하는 등 '원 맨 쇼'를 방불케 하는 작업 끝에 개통되어 일명 '박정희 고속도로'라고도 불렸다. 더불어 경부고속도로는 세계에서 가장 싼 건설비, 그리고 가장 빠른 기간 안에 완공된 도로라고 칭송받았다. 총 429킬로미터에 이르는 고속도로의 건설에 429억 원이 들었는데, 이는 일본의 도쿄Tokyo에서 고마키Komaki에 이르는 도메이 고속도로 건설비의 8분의 1 수준이었다.

경부고속도로의 공기 또한 매우 단축된 것이었는데, 원래 개통 예정일은 1971년 6월 30일이었다. 그런데 이를 1년이나 앞당겨 준공하도록 박 대통령이 친히 지시했다. 왜 그래야 했을까. 공급 과잉 상태에 놓인 아스팔트 처리 문제나 철도 수송의 과포화로 인한 대안의 필요성 등 경제적인 요인도 있었으나 정치적 요인도 컸다. 1971년에는 박정희가 어렵게 통과시킨 3선 개헌의 덕을 볼 대선이 예정되어 있었다. 일단 대선 전에 '민족사적 금자탑'을 세워놓고 봐야 대중이 '박정희만한 대통령이 없구나' 생각하지 않겠는가.

물론 이렇게 서두르고 값싸게 끝낸 공사는 건설 중 사망자 77명과 건설비의 네 배에 이르는 보수공사비(약 1527억 원)라는 막대한 부작용을 낳았다. '모든 집은 와우식으로!'라는 말이 고속도로 건설에도 예외는 아니었다. 날림 공사, 졸속 행정의 폐해가 컸지만 경부고속도로 개통이 한국 경제의 얼굴을 바꾼 70년대의 큰 출발점이라는 평가를 받는 것도 사실이다. 선진국 수준의 기술과 안정성을 고려해서 건설을 추진했다면 건설에 약 12년이 걸렸을 것이라고 하니, 경부고속도로의 개통 자체가 어찌 보면 기적이었다.

시기적절하게도 경부고속도로 건설 시기와 맞물려 자동차 공장이 들어서면서 자동차 시대가 열렸다. 전국 교통이 1일 생활권으로 들어오고 그 전까지 가장 빠른 교통수단이었던 기차는 자동차와 고속도로

에게 자리를 내주었다. 고속도로 개발 때문에 문화적 변동이 일어난 것이다.

한편 경부고속도로 개발이 지역 균형 발전을 외면했다는 목소리가 터져 나오기도 했다. 김대중은 경부고속도로 건설 때문에 영남 지역으로 교통망이 집중되며 강원, 호남 지역의 개발이 소외되었고, 이는 곧 "머리보다 다리가 크고 양팔과 오른쪽 다리가 말라버린 기형아 같은 건설"이라며 비판했다. 이런 견해는 실제로 1967년 대선 때 지역주의 투표 성향으로까지 반영되기도 했다. 경부고속도로 개통으로 지역 갈등이 한층 더 고조된 것이다.

1970년 11월 13일, 전태일이라는 한 청년이 자신의 몸에 기름을 붓고 불을 지펴 죽어가면서 이렇게 외쳤다.

"근로기준법을 준수하라! 우리는 기계가 아니다! 일요일은 쉬게 하라! 노동자들을 혹사하지 말라!"

전태일은 그의 나이 17세에 가족의 생계를 위해 청계천 평화시장 삼일사에 견습공으로 취직했다. 그때부터 그는 노동환경의 어려움을 온몸으로 겪으면서 지냈다. 이 무렵 일기장에 아침 여덟 시부터 저녁 열한 시까지 하루 열다섯 시간씩 칼질과 다리미질을 하며 지내는 괴로움 때문에 죽고 싶다며 고통을 토로하기도 했다. 그러면서도 기술을 빨리 배워 상대적으로 대우받는 재단사 자리까지 오르기는 했지만, 주변의 어린 여성노동자들이 여전히 장시간, 저임금 노동을 하며 괴로워하는 것을 보면서 열악한 노동 현실을 바꿔야겠다고 마음 먹는다.

1969년 6월, 우연히 근로기준법의 존재를 안 전태일은 동료 노동자들과 함께 바보회를 조직했다. 바보처럼 찍소리 못하고 업주에게 착취당한 그들 스스로가 이제는 바보 신세를 면할 것이라는 의미에서 '바보회'라고 이름붙였다.

바보회를 조직한 전태일은 노동자의 권리를 주장하고자 다양하게 노력한다. 먼저 평화시장의 노동실태에 대한 설문조사를 하면서 근로기준법의 존재를 알리려 했다. 하지만 이 일이 업주의 귀에 들어가 결국 결실을 맺지 못한 채 전태일은 해고되었다. 그러나 그는 대우받는 재단사 일을 하지 못하고 막노동판을 전전하면서도 포기하지 않고 노동청, 서울시, 청와대 등 정부기관에 노동 환경을 개선해달라는 진정서를 제출했다. 그러던 중 <경향신문>에 '골방서 하루 16시간 노동'이라는 제목으로 관련 기사가 실리는 작은 성과도 있었다.

그러나 그뿐이었다. 노동청을 비롯한 정부기관은 들은 체 만 체 했고, 박정희 체제하에서 언론은 직무유기를 범했다. 노동 데모를 일으키려고도 해보았으나 그 시도마저 경찰의 무력 진압으로 실패했다. 모든 개선의 가능성이 막힌 것을 본 전태일은 절망과 함께 극단적인 결심을 하기에 이른다. 그리고 1970년 11월 13일, 평화시장 앞에서 근로기준법 화형식이라는 형태로 근로기준법을 지키지 않는 기업주의 횡포를 고발하려 했으나 또다시 경찰이 집회를 해산시키려 하자 망설임 없이 온몸에 석유를 붓고 분신자살했다.

전태일의 죽음은 70년대 한국 사회의 양심을 강타했다. 언론은 그의 죽음을 기점으로 날마다 노동 문제에 대한 특집기사를 실어 날랐다. 전태일이 생전에 노동 실태를 알리고자 근로기준법을 공부하는 데 애를 먹으며 "내게도 대학생 친구 하나 있었으면 원이 없겠는데"라고 탄식한 사실은 학생과 지식인들에게 먹먹한 충격을 주었다. 이들은 권력과 자본 앞에 저항한 그의 죽음이 보여주는 암담한 현실 속에서의 자신들의 존재와 역할에 대해 깊이 고민해볼 수밖에 없었다.

이는 곧 서울대 상대생 400여 명이 무기한 단식농성, 서울대생과 이화여대생들이 주도한 추도식 및 항의 시위 등의 움직임으로 이어졌다. 정치인 김대중은 전태일 분신사건을 정치 이슈화했다. 또한 기독교인들은 "신앙인들의 나태와 안일, 무관심이 전태일을 죽였다"며 참회 및 금식 기도회를 열기도 했다. 전태일의 죽음 이후에 노사 분규 사건이 전년 대비 열 배가 넘게 급증한 것(1970년 165건, 1971년 1656건)도 주목할 점이었다. 사회 각계각층에서 그의 죽음을 두고 격한 반응이 쏟아져 나왔다.

왜 경부고속도로와 전태일을 묶어서 이야기하느냐고 묻는다면 단순히 '경부고속도로라는 눈부신 물적 성장 이면에 고통 받는 전태일과 같은 노동자들이 있었음을 기억하자'라는 말을 하기 위함은 아니다. 전태일의 분신이 당시 사회의 양심을 강타하고 노동계에 적잖은 영향을 끼친 것은 맞지만, 그 이후에도 노동 문제는 꽤 오래 해결되지 못한 채로 남아있었다. 어찌 보면 이 사건은 70년대의 '센세이션'에 가까웠다. 허나 우리는 좀 더 구조적인 이해가 필요하다. 와우아파트와 경부고속도로는 정부 행정과 기업의 유착 및 부정부패가 실로 얼마나 강한 욕망

의 위계에 따라 움직였는지를 여실히 보여준다. 뒤에도 다루겠지만, 박정희의 정권 장악 및 유지는 많은 정치자금을 필요로 했다. 기업은 정부에 돈을 주고 줄을 잡으려고 안간힘을 썼다. 물론 기업주는 계산이 정확하므로 정부에 대는 돈만큼의 비용을 메꿔야 한다. 이는 곧 노동자들을 가혹하게 착취하는 것으로 이어졌고, 노동자들은 불만이 점점 커지다 이윽고 데모나 시위의 형태로 분출된다. 박 정부는 제도적 차원에서 기업을 지원할 뿐만 아니라 데모나 시위 진압 역할도 해준다. 이런 식으로 국가와 기업이 짝을 맞춰 일밖에 모르는 개미의 등골을 빼먹는 메커니즘이 구축되는 것이다. 이 구조는 박정희 집권기 그리고 그 이후 전두환, 노태우 집권기로 이어지며 확고해졌고 부인할 수 없는 대한민국의 유산이 되었다.

노동자 등골 뽑아메리카노

국민을 기만하고
3선에 성공한 남자

　　　　　　　　　　　　1971년 대선을 앞두고 야당인 신민당에서는 후보 지명대회를 열었다. 새 당수로 뽑힌 유진산은 박정희 정권에 타협적인 인물로, 박 정권은 그에게 자금줄을 대 신민당 대표 후보가 되도록 공작했다. 그런데 이 때 신민당에는 이른바 '40대 기수론'이라는 정치의 새로운 바람이 불고 있었다. 김영삼, 김대중, 이철승 세 사람이 대표적인 인물이었다. 이들은 낡은 보수 야당 정치를 세대교체로써 쇄신하겠다고 나섰다. 박정희는 이들의 움직임을 어린애 장난에 불과하다며 매도했지만 그것은 정치공작에 불과했다. 그는 해외 순방 및 박정희-유진산회담 등 집권정당에 타협적인 면모를 보여 지탄받은 유진산의 이미지를 쇄신시켜가며 지원 사격했지만 결국 유진산은 후보 경쟁에 나서지 못했다.

　신민당 대통령 후보 지명 대회의 1차 투표에서는 김영삼이 우세했으나 2차 투표에서 김대중이 역전해 결국 김대중이 신민당 대권 후보로 지목됐다. 박정희는 이미 김대중을 예의주시하고 있었기 때문에 그의 대선에서 부딪히는 것은 가급적이면 피하고 싶었다. 유진산 정치 공작에 나름 심혈을 기울였는데 이런 결과가 나오자 박정희는 중앙정보부장 김계원에게 책임을 묻고 이후락에게 자리를 넘겨주도록 했다. 이 때 자리를 꿰찬 중앙정보부장 이후락은 '박정희교'를 신봉하는 인물이라고 불릴 정도로 병적으로 박정희를 추종했다. 이후락 중앙정보부장의 활약으로 71년 4.27대선은 김대중과 박정희 사이 대결이 아닌 김대

중과 중앙정보부의 대결 구도가 되고 만다.

　3선 개헌을 주전자 뚜껑으로 내리쳐 변칙 통과시키는 일이 저질러질 정도로 박정희는 무조건 대통령이 다시 되어야만 했다. 그 일환으로 경부고속도로 개통일을 1년이나 무리하게 앞당긴 바 있음을 우리는 앞에서 확인했다. 헌법상 대통령이 되는 것이 이번이 마지막이었기에 더욱 간절했으리라. 3선을 치르는 박정희는 국민을 온갖 방법으로 기만했다.

　첫째로 중앙정보부의 그야말로 '미친' 기만 공작이 있다. 동백림 사건 조작에도 모자라 이번에는 재일교포 대학생 간첩 사건을 조작해냈다. 대통령 선거 열흘 전인 4월 18일, 재일교포 대학생 서승(27세, 서울대 대학원 2학년)과 서준식(24세, 서울대 법대 3학년) 형제에게 구속영장이 청구되었다. 무슨 혐의인고 하니, '선거를 틈타 봉기를 일으켜 정부를 전복시키려는 음모를 꾸몄다'는 것이었다. 박 정권이 트집 잡은 부분은 이들이 재학 중 불법으로 7박 8일간 북한을 다녀왔다는 것이었는데, 사실 확인 결과 그저 여행 목적으로 방문했을 뿐이었다. 동백림 사건 때와 마찬가지로 이들 재일교포 형제는 국내 사정에 어두웠다. 중앙정보부는 이 점을 이용해 대중의 대선 투표 심리를 보수 집권 여당 쪽으로 기울이고자 이들을 간첩으로 몰아붙인 것이다. 조작극은 서승과 서준식을 비롯한 관련자들에게 가한 반인륜적인 고문 작업 덕분에 가능했다. 심지어 서승은 자신이 당한 고문이 너무 고통스러워 분신자살을 기도했다(24세 젊은이가 40세에 출소).

　대선이 가까워지면서 김대중과 박정희의 유세 경쟁도 격렬했다. "10

년 세도 썩은 정치, 못 살겠다 갈아보자"라는 구호를 내걸고 빈부격차 해소, 재벌 편중 경제 시정, 남북 교류 등을 정책으로 제시해 신선한 바람을 몰고 온 김대중의 인기는 대단했다. 서울 장충단 공원 유세 때는 80~100만에 이르는 시민이 운집했다.

박정희는 또 다른 의미로 대단했다. 현직 대통령에 있으면서도 절대 안주하지 않고 자신의 3선을 위해 필사적으로 임하는 모습이 말이다. 어린이공원 신설 및 대학생 장학금 지급, 농가 부채 연체료 삭감 등 갖가지 선심공약을 남발했다. 그 중에는 서울시내 무허가 건물 3분의 1을 양성화하겠다는 발표도 있었다. 이는 박 정권 특유의 선거철에는 대중을 회유했다가 당선된 후에는 태도가 돌변하는 기만전술의 극치였다. 이 발표가 기만전술의 극치라고 말할 수 있는 근거는 박정희가 3선에 성공하고 나서 시행한 그린벨트와 광주대단지 사건에 있다.

박 정권은 수도권 인구 증폭이라는 시급한 과제에 어떻게 대응했는가? 이 질문을 바탕으로 생각했을 때 그린벨트 정책과 광주대단지 사건은 하나로 맞물려 있다.

먼저 그린벨트는 박 정권의 긍정적인 업적으로 평가 받는다. 그린벨트란 쉽게 말해 개발제한구역이다. 영국에서 도시 주변 녹지 공간 보존 및 환경보호 차원에서 개발을 제한하려 진행된 것이 시초지만 70년대 우리나라에서는 수도권 인구 억제 대책의 답이었다. 실제로 그린벨트 정책 덕분에 수도권 일대의 부동산 투기가 가라앉는 효과가 있었다. 그러나 원래의 시행목적인 인구 집중 억제를 완전히 해소시키는 데는 역부족이었으며, '본의 아니게' 산림보호 효과를 낳았다. 결국 해결해야

하는 '수도권 인구 집중'이라는 문제는 여전히 남아있었다.

마땅한 대책이 없던 박 정권은 눈 감고 귀 막은 채로 사람들을 수도권 밖으로 쫓아냈다. 서울시는 광주 신도시를 개발하겠다는 정책을 세우고 다짜고짜 시민들을 강제 이주시켰다. 그렇게 황무지에 가까운 땅에 14만 5000여 명이 일감도 없이 버려졌다. 도로 및 배수시설을 비롯한 사회간접자본도 전무해 사람들은 거기서 천막을 짓고 살았다.

자기 집 하나 구해보겠다는 희망 하나로 버티던 이들에게 서울시는 또다시 날벼락을 내렸다. 시민들에게 토지 유상 불하(평당 기존 책정 가격의 4~8배)와 가옥취득세를 요구, 제시된 납부일을 지키지 않으면 징역과 벌금형에 처하겠다는 발표를 한 것이다. 시민들은 어이가 없었지만 이내 대책위원회를 구성했다. 토지 불하 가격을 기존에 책정한 평당 2,000원으로 시정해달라는 것을 비롯해 네 개의 요구조건을 걸었다. 그러나 서울시는 요구를 묵살했다. 결국 대책위원회는 이름을 투쟁위원회로 바꾸고 대규모 시위를 획책하기에 이른다.

8월 10일, "백 원에 산 땅 만 원에 파는 폭리를 하지 말라"라며 시위 군중은 쌓인 불만을 터뜨렸다. 이에 놀란 서울시는 양택식 시장과 만나게 해주겠다고 제의해놓고 정작 약속 시간에 바람을 맞히는 기만을 또 저질렀다. 배고픔에 주린 사람들을 기만한 죄는 응당 값을 치러야 했다. 시민들의 분노가 폭발해 파출소와 경찰차에 불을 지르고 관공서 건물을 탈취하는 사건이 발생했다. 광주대단지 빈민들의 굶주림 문제는 인육을 먹었다는 소문이 있을 정도로 그 심각성이 컸다.

오후 다섯 시경, 다시 서울시는 요구를 무조건 들어주겠다고 발표했다. 그런데 박정희는 이 소식을 듣고 배고프고 기만당한 시민들의 설움을 폭도들의 난동이라고 매도하며 경찰력을 이용해 즉각 구속 처단 조치를 내렸다. 이것이 비극적인 광주대단지 사건의 전모다. 선거철 장밋빛 공약으로 국민을 유인해 기만하고 무책임한 대응으로 일관한 박 정권. 수단과 방법을 가리지 않고 결과를 창출하는 데 주력하는 그의 권력은 그의 인성을 쏙 빼닮았다.

다시 4.27대선으로 돌아가보자. 박정희의 대선 정치자금은 어마어마했다. 국가 예산의 10퍼센트(국가 예산 5,242억 원 중 600~700억 원)를 끌어다 썼다는 증언도 있다. 그 당시 억 단위였으니 지금으로 따지면 조 단위가 넘는 돈인데, 현직 대통령이 국가 예산의 10분의 1을 자기 다음 대선자금으로 댄다는 것이 말이 되는가? 이는 명백한 국고 찬탈 아닌가. 이제는 이모저모 따지기도 지친다.

투표 결과 박정희 634만 2828표(53.2퍼센트), 김대중 539만 5900표(45.3퍼센트)로 박정희가 3선에 성공했다. 그런데 여기에는 중앙정보부의 개입이 숨어있었다. 투표 결과가 조작됐다는 증언이 숱하다. 신민당 울산 지구당 위원장 최형우의 증언에 따르면 자기 지인들의 김대중 지지표만 해도 100표가 넘는데 개표부정 때문에 7표밖에 나오지 않는 어이없는 상황이 연출되었다고 한다. 이렇게 천문학적 정치자금을 끌어다 쓴 것도 모자라 개표부정까지 저지르는 기만행위로 박정희는 다시 정권을 움켜쥐었다.

간첩을 잡고...

정성을 다해...

투명하고 깨끗한 정치,

공명정대한 선거를 추구했을 뿐인데...

10월 유신,
박정희 종신 총통제

대선이 박정희의 승리로 돌아간 후 한 달 후에 치러진 5.25총선에서는 사실상 야당인 신민당이 대승을 거뒀다. 지역구와 전국구를 합쳐 89석을 확보한 것이다. 공화당은 113석을 거둬 숫자로는 공화당이 우세했으나 국회의석수 3분의 2 이상을 확보하지 못했으므로 개헌을 통한 박정희 집권의 연장은 불가능해졌다. 김대중은 대선에 앞서 박정희가 3선에 성공하면 종신 총통제를 획책할 것이라고 예견했다. 그러나 국민들은 그런 냉철한 시각보다 박정희의 눈물어린 '이번이 마지막' 호소 전략에 마음을 빼앗겼다. 김대중의 예언은 적중했다. 박정희는 선거유세 때 국민들에게 더 이상 표를 달라고 하지 않겠다고 말했는데, 정말로 국민에게서 투표권을 앗아가버리는 수를 썼다. 비상계엄선포 아래 새로운 헌법을 채택하는, 이른바 '10월 유신'을 선포한 것이다. 그렇다면 10월 유신은 어떤 배경과 명분으로 나왔을까?

시간을 조금 돌려 1969년 7월 25일, 약 1년 전(1968년 11월 5일) 대선에서 승리한 닉슨은 '괌 독트린(닉슨 독트린이라고도 함)'을 발표한다. 주요 골자는 아시아 국가들의 국방과 안보 문제에 미국이 덜 간섭하겠다는 것이었다. 대표적으로 베트남전에 군사적 개입을 피하겠다고 밝혔다. 이는 주한미군 감축이라는 대응으로 이어져 1971년 3월 말 주한 미7사단을 3개월 앞당겨 철수시킨다. 주한미군과 자주국방 문제는 다루려면 길어지니 넘어가기로 하자. 닉슨 독트린으로 시작된 닉슨의 행보는 곧 중공(공산 중국) 방문이라는 파격 이벤트로 치닫는다. 1971년 10월에는 유엔총회에서 자유중국(대만)이 떨어져 나가고 역으로 중공이 가입하는 등 이변이 일어나기 시작하면서 한반도에 새로운 긴장이 감돌았다.

국제적으로는 미국을 필두로 자유주의 진영과 공산진영 사이 긴장 완화를 지향하면서 남·북의 지도자들은 새로운 대안을 찾아야 했다. 그런 중 8월 12일, 박정희는 북에 남북 이산 가족 찾기 운동을 제의한다. 북이 이에 응하자 남북 적십자회담이 판문점에서 8월 20일 열린다. 이후에도 1년여간 남북은 비공식적 교류를 주고받았다.

1972년 7월 4일, 박 정권은 7.4남북공동성명을 발표한다. 국토 분단 이후 최초로 남·북이 합의한 통일 관련 성명이었다. 이 성명에는 통일에 관한 3대 원칙이 담겨있는데, 다음과 같다.

· 외세의 간섭을 배제하고 자주적으로 해결할 것.
· 무력행사에 의거하지 않고 평화적 방법으로 실현할 것.
· 사상과 이념, 제도의 차이를 초월하여 하나의 민족으로서 민족적 대단결을 도모할 것.

요약하면 자주·평화·대단결의 원칙을 세운 것이다. 성명이 발표되자 온 국민은 통일이 곧 이루어질 듯 들떴다. 하지만 김일성과 박정희, 두 지도자는 생각이 달랐다. 이들은 진심을 담아 타협하기보다 국제 분위기에 맞는 처세를 취하며 각자의 정치적 필요를 채우는 데 의의를 두었을 뿐이었다. 특히 7.4 남북공동성명은 유신을 위한 명석 깔기였다고 평가되곤 한다.

3개월 후인 1972년 10월 17일, 비상계엄조치 아래 탱크가 중앙청에 등장했다. 국회는 강제 해산되었으며 정당의 정치활동은 금지되었다. 헌법 기능 또한 정지되고 모든 권한이 박정희의 입김 아래 있는 비상국무회의로 넘어갔다.

유신維新이란 묵은 제도를 새롭게 고친다는 뜻이다. 무엇을 위해? 박정희는 유신을 통일을 위한 헌법의 개정이라고 규정지었다. 또한 그날의 담화에서 그는 국민이 유신헌법 개정안에 찬성하지 않는다면 남북대화를 원치 않는다, 즉 통일을 원치 않는다는 의미로 받아들이겠다고 말한다. 당시 심정적으로 통일을 원치 않는 사람이 어디 있었겠는가.

국회에는 오로지 유신헌법에 찬성할 자유만 존재했다. 평소에 박 정부 눈에 찍힌 '악질' 의원들에게 모진 고문이 가해졌다.

물고문과 전기고문으로 의원들이 다져지는 동안 국민들은 공포 분위기 속에서 10월 유신 국민투표를 강요받았다. 3선 때의 부정 선거 노하우가 어디 가겠는가. 국민투표 투표장 목격담에 의하면 참관인에게 투표한 부분이 보이도록 투표용지를 접어 내는 경악스러운 광경이 연출되었다고 한다. 부정선거도 매우 심해서 반대표를 찍어봤자 개표해 보면 찬성표로 바뀌는 등 국민에게 무력감을 주었다. 91.9퍼센트의 투표 참여율과 91.5퍼센트의 찬성으로 유신헌법은 통과되었다.

유신헌법의 내용은 구체적으로 무엇이며 어떤 결과를 초래했을까? 먼저 가장 핵심인 부분은 대통령 선출 방법과 임기, 그리고 그 권한이다. 기존의 직접선거가 아닌 통일주체국민회의라는 선거인단을 통한

간접선거로 대통령 선거가 바뀌었다. 임기는 6년이었고 연임 제한이 사라져 종신집권을 할 수 있는 토대가 마련되었다. 대통령은 국회를 해산할 수 있으나 국회는 대통령을 탄핵할 수 없고, 사법부에 대한 인사권까지 모조리 가지는 등 행정수반인 대통령이 입법부와 사법부를 먹어버리는 스케일의 권한을 가지게 되었다. 국회의원 선출 방식에도 변화가 있었는데, 국회의원 임기는 대통령과 마찬가지로 6년, 전국의 지역구에서 한 구당 두 명의 의원을 뽑는 방식을 취했다. 이를 중선거구제라고도 하는데, 동반당선이 가능하게 만들어 야당과 여당이 의석을 나눠먹을 수 있게 했다. 한술 더 떠서 대통령이 임의로 국회의원 정족수 3분의 1에 해당하는 의원을 선출할 수도 있었다. 이렇게 뽑힌 73명의 전국구 의원 집단을 유신정우회(이하 유정회)라고 불렀는데, 이들은 박 대통령을 위한 거수기 집단에 불과했다. 이전과는 스케일이 다른 헌정 파괴였다. 유신헌법은 그야말로 박정희를 '사기 캐(사기캐릭터)' 내지는 살아있는 신으로 만드는 헌법이었다.

12월 13일, 장충체육관에서 통일주체국민회의 대의원 선거가 실시되어 99.99퍼센트의 지지율(통일주체국민회의 선거인단 2359명 중 2357명이 지지)로 박정희가 제4공화국의 수반으로 선출되었다. 사람들은 이 선거를 '체육관 선거'라고 불렀으며 당선된 박정희는 '체육관 대통령'이라고 불렀다.

이미 박 정권의 하수인으로 있던 언론은 아예 취재기능까지 거세당했다. 2년 전, 학생들과 기자들이 언론 화형식을 벌이는 등 저항했지만 도리어 프레스카드제와 언론 축소라는 강경대응에 부딪쳤다. 당연한 말이지만, 언론이 정권의 하수인이 된 상황에서 대중이 정권에 의구심을 품는 것은 어려운 일이었다.

이제 언론은 유신의 적극적인 홍보 도구가 되었다. 지식인이라고 하는 집단 역시 기회주의자들이 박정희 유신 예찬을 쏟아내 낯부끄러운 모습을 자아냈다. 그들은 누구에게는 낯부끄러울지 몰라도 자기들에게는 신념이라 말하며 아첨을 떨고 권력에서 떨어지는 콩고물을 주워 먹었다. 대표적으로 <조선일보>는 박정희의 10월 유신을 적극 지지했으며 코리아나호텔이라는 막대한 특혜를 입었다.

10월 유신이 박정희 독주체제로 남한에 자리 잡고 있을 즈음, 북에서는 김일성의 유일사상이 선포되었다. 고립되어 있던 북한은 국제적 화해무드에 발맞춰 남북공동성명을 통해 세계보건기구^{WHO}에 가입하는 등 세계 여러 국가에서 국가로서 승인을 받는 실리를 취했다.

27.
김대중 납치사건과 유신 반대 투쟁

중화학 공업화
그리고 재벌 중심적, 대외 의존적 경제

박 정권의 경제정책의 큰 특징은 앞서도 살펴봤듯 재벌 중심적, 대외 의존적이었다. 10월 유신이 있기 2달 전인 1972년 8월 3일에 발효된 8.3긴급경제조치는 재벌을 위한 대표적인 조치다. 사건은 대규모 해외 차관으로 성장한 재벌을 비롯한 기업체들이 부실기업체로 분류되어 휘청이면서부터 시작되었다. 기업체들이 사채에 의존해 금융 부담이 큰 상황에서 전경련(전국경제인연합회)은 정부에 사채를 동결시켜달라고 요구한다. 이에 정부는 8월 3일부터 9일까지 기업보유 사채를 신고하게 한 후 3년 거치, 이후 5년간 연리 16.2퍼센트로 분할상환할 수 있도록 해주었다. 게다가 은행에서 빌린 기업의 단기 고리 대출금을 30퍼센트까지 갚아주겠다고 했다(총 약 2,000억 원, 연리 8퍼센트, 3년 거치, 5년 분할상환). 신고된 기업들의 사채는 약 4만 건을 상회했고 그 액수는 국내 전체 통화량의 80퍼센트 수준이 었다(3,456억 원). 민간 사채를 빌려주고 생계를 유지하던 다수의 일반인 들은 이 조치로 피를 봤다. 월 4퍼센트 이자로 200만 원을 빌려주고 월 마다 8만 원의 이자를 받아 생계비를 꾸려온 부산 민락동의 한 여인은 8.3경제조치로 평소의 4분의 1 수준의 돈을 받았고, 생계가 막막해졌 다. 결국 손해보는 것은 서민이었다.

10월 유신이 발표되고 해가 지난 1973년 1월, 박정희는 1.12중화학 공업화 선언을 발표했다. 그 배경은 닉슨 독트린 때문에 주한미군이 감 축되자 방위산업 육성을 강화하고자 그 기반산업인 중공업을 개발하 는 데 있었다. 결국 중화학공업을 대대적으로 육성하겠다는 내용인데, 이는 이 무렵 (1972년부터 1976년까지) 이루어진 제3차 경제 개발 5개년 계획의 가장 중점적인 부분이다.

중화학공업은 첫째, 기초유분과 그를 원료로 하는 합성수지, 합성원 료, 합성고무 등의 유도품을 생산하는 석유화학공업과 둘째, 철강, 배, 자동차, 기계 등 주로 무겁고 고도화된 기술을 필요로 하는 제품을 생 산하는 중공업을 아울러 지칭하는 말이다. 여기까지만 들어도 알 수 있 듯, 대규모의 설비와 투자가 필요한 중화학공업의 특성 때문에 재벌들 이 뛰어들 수밖에 없었다. 우리나라 기업 구조의 특징인 소수 재벌 그 룹의 기업 독점과 문어발식 경영은 여기서 시작된다. 게다가 정부가 주 도적으로 각종 특혜 및 지원을 대가로 독점자본의 참여를 유도했기 때문에 재벌의 거대화는 더욱 촉진될 수밖에 없었다. 국민투자기금법을 마련해 기금의 68퍼센트를 중화학공업 부문에 지원한 것이 그 예다. 또한 14개 중요 산업에 5년간(처음 3년 동안 100퍼센트 감면, 그 후 2년 동안 50퍼센트 감면)내국세 감면 혜택을 주거나 중화학공업에 의한 수출 소득에도 소득세 및 법인세 절반을 감면해주는 등 막대한 지원을 불사했다.

박 정권은 유신과 중화학공업화, 그리고 수출을 삼위일체로 삼고 현대그룹과 포항제철로 대표되는 또 한 번의 군사작전식 개발 드라이브를 걸었다. 박정희는 1월 12일 발표에서 "마이카 시대를 열 것"이라고 이야기한 바 있는데, 현대는 이에 발 맞춰 1974년 7월에 연간 생산능력 5만 6000대를 자랑하는 자동차 공장 건설을 착공해 그 다음해인 1975년 11월에 완공했다. 현대의 시작차試作車 '포니'는 1976년부터 출고되었다. 국내승용차 시장의 43퍼센트를 점유하는 기록을 세운 포니는 지금도 많은 이에게 추억으로 남아있다.

더불어 조선 산업도 활기를 띠었는데, 현대는 1972년 3월 23일 현대조선소를 착공해 2년 후인 1974년 6월 28일에 완공했다. 현대조선소는 완공되자마자 그 해에만 51만 8000톤을 수주해 세계 조선시장의 1.75퍼센트를 점유했다.

포항제철도 한 번 보도록 하자. 박정희는 이미 1968년에 북한의 경제 도발에 맞선 대한민국 근대화의 심볼로 제철소를 가져야 한다고 역설했다. 북한에는 이미 150만 톤에 달하는 철강제철소가 있었다. 그래서 포항종합제철공장을 건설하려 했는데, 건설자금이 문제였다. 이때 일본이 총 1억 2,370만 달러의 자금을 지원해주겠다고 협약했다. 여기서 중요하게 봐야 할 것이 있다. 한국 산업의 대일 의존도 심화다. 일본 자본이 한국에 침투하면서 한국의 공장은 주요 설비재를 비롯해 원자재, 중간재 및 기술까지 일본에서 가져왔다. 이것은 달리 말하면 일본과의 관계가 끊어지면 모든 공장의 가동이 멈춘다는 것이다. 협약을 매개로, 그리고 1973년을 기점으로 일본은 한국경제에 미국 이상으로 큰 영향을 주는 나라가 되었다. 자본이 없으니 일본의 돈이라도 빌려써야지 어쩌겠는가. 박 정권은 포항제철을 그 당시 모든 기업에게 요구하던 정치자금마저 요구하지 않을 정도로 적극 지원했고, 포항제철은 준공 첫해에 40억 흑자를 봤다.

8.3긴급경제조치와 1.12중화학공업화 선언, 그리고 현대자동차와 현대조선소, 포항제철에 이르기까지 살펴본 바 박 정권은 재벌기업의 자본과 대외자본(일본)을 필두로 경제 개발을 견인해갔다고 볼 수 있다. 물론 경제 개발의 성과는 눈부셨다. 당시의 경제성장률은 연평균 11퍼센트였다. 하지만 그런 막대한 득이 있는 만큼 실 또한 컸다. 기업과 정부의 유착관계가 심화되었고 재벌 위주의 기형적 기업 발전 형태로 기업 서열이 공고화되었다.

큰 돈이 있다는 것은 그것 자체만으로 더 많은 부를 제약과 경쟁 없이 독점적으로 획득할 수 있는 조건이 됨을 의미한다. 그래서 이후에는 정부의 통제조차 먹히지 않을 정도로 기업이 커져버렸다. 또한 중화학공업을 추진하느라 발생한 과잉 중복 투자 및 생산 과잉이 경제 위기를 가져오기도 했다. 포항제철의 사례로 보았듯 일본에 대한 한국의 경제 종속이 심화된 것도 안정적 자립경제 구축의 발목을 잡았다.

김대중 납치사건과
반 유신투쟁

박정희 정권은 10월 유신은 통일을 위한 어쩔 수 없는 조치라고 말했지만, 사실 엄청난 억지가 아닌가? 과연 이런 억지논리로 집권을 연장하려는 박정희의 조치에 반기를 든 이들이 없었을까?

당연히 있었다. 먼저 김대중이다. 그는 이미 대선 때부터 박정희의 영구집권 가능성을 점친 만큼 10월 유신이 선포된 지 한 달 후, 바로 반 유신투쟁을 전개할 것을 동경 외신기자 클럽에서 밝혔다. 그리고 미국과 동경을 오가며 한국민주회복통일촉진국민회의(한민통) 발기인 대회를 여는 등 실제로 반 유신투쟁을 전개했다.

그러던 중 8월 8일, 김대중은 동경의 한 호텔에서 중앙정보부의 손에 납치된다. 다행히도 생명의 지장 없이 5일 만에 자신의 자택에 돌아왔으나, 이 사건은 큰 파급을 낳았다. 동백림 사건에서도 봤듯이 일본 동경에 있던 김대중을 납치한 것은 일본의 주권을 한국이 침해한 것이다. 중앙정보부 부장 이후락은 기자회견에서 이 사건과 중앙정보부는 관련이 없다고 밝혔으나 김대중이 납치된 그랜드 팔레스호텔에서 중정 소속 요원의 지문이 발견되면서 빼도 박도 못하게 되었다. 일본은 한국의 주권침해에 대해 책임을 물었고 박정희는 일본에 사과와 재발 방지 약속을 담은 친서를 전달했다. 과연 맨입으로 가능했을까? 당시 일본의 시사주간지 <주간포스트>와 <문예춘추>에 게재된 기록에 따르면 박정희가 일본의 다나카 총리에게 사건 해결 및 무마를 위해 3~4

억 엔을 전달했다고 나온다. 이 무슨…….

김대중은 자신을 납치하라고 명한 것은 박정희라고 주장했으나 박정희는 중정부장 이후락이 과잉 충성하느라 일으킨 단독 범행인 것처럼 이후락을 문책했고 법무부 장관 신직수가 중정부장 자리에 올랐다.

이후 김대중 납치사건이 이후락의 단독 범행이 아닐 가능성이 높다는 이야기가 나왔다. 납치사건에 투입된 중정 요원들의 생활 및 명예 관련 책임을 다루는 문서에 박 대통령의 서명이 있었던 점, 중앙정보부 차장보 이철희의 증언 등이 그것이다.

김대중 납치사건은 숨죽이고 있던 민주화 운동 진영의 반 유신투쟁에 불을 지폈다. 유신 1주년 즈음 서울문리대생들의 10.2시위가 터졌다. 그 이전에 대놓고 일어난 사건은 4월 22일 부활절 연합예배 사건 정도였다(목사 박형규를 중심으로 박정희의 유신을 '주여 어리석은 왕을 불쌍히 여기소서'라고 평가한 전단을 부활절 기도회 행사에 살포한 사건). 그 외에는 지하에서 유인물을 돌리는 투쟁이 대부분이었다. 대표적인 지하 유인물 <민우> 지와 <함성> 지는 유신의 허구성을 폭로해 박 정권의 탄압을 받았는데, 투쟁 성격상 널리 알려지기는 어려웠다.

10.2시위는 유신헌법 철폐와 김대중 납치사건의 진상을 밝힐 것 등을 요구했다. 4.19 기념탑 앞에 모인 학생들은 비상총회를 열고 사실상 박정희 1인 독재체제를 허용하는 유신조치를 더 이상 좌시할 수 없으며 자유 민주 체제 확립을 요구한다는 선언문을 낭독했다. 10.2시위를 필두로 잇따라 대학들의 시위가 일어났다. 경북대생 1000여 명의 시위 및 부산대생 1000여 명 시위가 일어나 학생과 경찰의 투석·대치전이

격렬하게 벌어졌다. 경희대, 동덕여대, 이화여대, 전남대, 가톨릭대, 명지대, 항공대 등 타 대학교에도 들불처럼 시위바람이 번졌다.

고등학생들도 시위를 했다. 광주일고가 제일 먼저 시작했고 서울에서도 시위가 일어났다. 정부는 조기방학 조치를 내려 이를 무마하려 했지만 민주화 열기는 더욱 불타올랐다.

물론 이들 시위는 언론이 박 정권 치하에 사로잡혀 있었기 때문에 대중에게 노출되는 데 한계가 있었다. <동아일보>는 10.2시위 기사를 백지로 발간했고, 기자들은 이에 반발해 철야농성을 벌였다. 11월에는 언론계에서도 '언론자유수호선언'이라는, 관제언론화된 현 정국에 반기를 드는 움직임이 일어났다. 박 정권은 유신체제 안보에 위해되는 기사를 싣지 말 것을 각 신문의 발행인과 편집국장에게 요구하는 것으로 대응했다. 언론 대부분이 박 정권의 조치에 순응할 수밖에 없었다. <동아일보>가 강압에서 벗어나려 시도해봤지만, 박 정부의 '광고 탄압'에 처참히 굴복하고 만다.

박 정권의 이중잣대

박 정권은 대한민국을 운용하는 동안 끊임없이 이중잣대를 펼쳤다. 5.16때 국가 재건계획에서 본 그의 이미지는 실속적이고 건전하며 청신한 기풍의 지도자였다. 그래서 군인다움을 추구하는 그의 취향에 청와대의 모든 각료와 온 국민이 반응해야 했다. 장발과 미니스커트 단속이 대표적인 예다. 풍기문란 및 국가의 기강을 어지럽히는 조잡함 따위는 허락하지 않는 정신의 발로에서 장발과 미니스커트는 단속 대상이 되어야 했다.

1973년 3월 10일, 개정 경범죄처벌법이 발효되면서 장발과 미니스커트에 대한 탄압이 이전보다 더욱 본격화되었다. 유신체제 시절 박정희 대통령의 한마디는 곧 법이자 칙령이 되어 구르는 눈덩이처럼 크게 불어나 한국사회를 덮쳤다. 그 무렵 장발과 미니스커트를 단속하는 경찰들은 오른손에 가위, 왼손에 대자를 들고 다니며 퇴폐적, 선정적인 풍조를 만들어내는 이들을 잡아냈다. "스커트가 무릎 위로 20센티미터 이상 올라가면 무조건 즉심에 넘겨졌다"라는 말로 추측할 뿐, 정확한 단속 길이는 아직도 의견이 분분하다.

장발과 미니스커트 단속 풍경은 그 시대를 지나온 이들에게는 한 편의 추억일 터다. 허나 이는 냉정하게 말하면 '병영국가'에서나 벌어질 법한 황당무계한 성격의 일이다. 텔레비전 출연자의 장발에 박정희의 취향적 혐오가 발동하면 그것이 곧 법이 되었고 사람들을 옭아맸다. 박 정부는 대중가요를 심의할 때도 선정적 및 퇴폐적인 것을 엄격하게 규제했다.

웃기게도 이러한 엄숙주의적인 박 정권의 이미지 이면에는 엽색스러운 면이 공존했다. 바로 '요정정치'와 '기생관광'이다.

먼저 기생관광을 이야기해보자. 정부는 매매춘을 외화 수입 극대화 전략으로 삼았다. 70년대 초반은 이런 정부의 조치에 따라 일본인 기생관광 붐이 불었다. 실제로 1971년과 1972년 사이에 관광객 수가 두 배나 급증했다. 주요 계기는 일본과 중국(중공) 간 외교 정상화로 인한 대만과의 유대 단절이었다. 그전에는 대만이 일본의 성매매 관광지였는데, 이제 그 대상이 한국이 된 것이다. 마치 현대 한국 남성들이 해외여행(필리핀이나 태국)을 가면 그곳에서 불법 성매매를 하듯 말이다.

계기야 어찌됐든, 한국은 기생관광으로 엄청난 외화를 벌어들였다 (1978년 기준 약 700억 원으로 추산). 한국 여행사는 일본 여행객의 관광 일정에 꼭 한국기생의 성 접대 코스를 넣었고 이것으로 막대한 이익을 거뒀다. 그리고 이는 결코 포항제철 건설에서 본 일본 자본의 투입 및 그에 따른 경제 종속화와 무관하지 않다. 일본의 경제적 침략에 굴복한 한국은 그에 따른 무역적자 폭을 메우느라 자국 여성들을 성적유린에 노출시키고 있었다.

매매춘의 국책사업화(관광기생에게 호텔 출입을 자유롭게 하는 허가증 발부, 통행금지 해제를 통한 영업 장려 등) 및 문교부 장관의 매매춘 장려 발언("한국 여성들의 매매춘 행위는 애국행위"라고 발언)은 실제로 정부가 이런 반인륜적인 성 상품화를 정책적으로 묵인하고 있었음을 시사한다. 아니, 묵인이 아니라 적극 장려했다. 정작 육체적·정신적 노동을 힘겹게 마친 관광기생들에게는 생계비도 채 되지 않는 돈이 주어졌다. 모두 중간

착취자(여행사 커미션, 호텔 통과세, 밴드 악사비, 교통비, 요정 종업원 팁 등)가 빼앗아간 것이다. 총 수입의 80퍼센트를 떼먹히고 최소한의 인간다운 삶도 보장받지 못한 채 쓰레기처럼 버려지는 관광기생들의 삶은 박 정권이 알 바가 아니었다. 한국교회여성연합회 대표 이우정과 여성단체들이 이런 기생관광의 실태를 고발하고 나섰지만 박 정부는 유신과업을 위협하는 반정부행위로 몰아 이들을 연행하는 것으로 대응했다.

해외(주로 일본) 수요에 의한 기생관광이 활발해지면서 국내에서도 매매춘이 성행하는 부작용까지 생겼다. 그리고 주한미군도 이런 성 상품화된 여성을 요구했다. 박 정부는 무역 적자 해소에 이어 또 한 번, 이번에는 닉슨 독트린에 의한 주한미군 철수 조치를 회유하려고 여성들을 희생시켰다. 기지촌 정화운동이 그것이다.

기지촌이란 미군부대 근처에 생긴 마을을 말한다. 기지촌에 사는 매춘여성들은 성병 진료소에 매주 나가 성병검사를 받아야 했다. 검사를 받고 결과가 양성으로 나온 여성은 곧장 페니실린 주사를 맞고 사흘간 '몽키하우스'로 불리는 보건소에 격리 조치된다. 한 기지촌 성매매 종사 여성은 페니실린 주사를 맞으면 "한쪽 다리가 찢겨나가는 느낌"이었다고 증언했다. 페니실린 과다 투여로 쇼크사한 여성들도 더러 있었다. 그러나 이런 희생에 대해 당국은 책임져주지 않았다. 기지촌 여성은 인간대접을 받지 못했다고 보는 것이 정확할 것이다. 미군은 여기서 그치지 않고 화대(성 접대 비용)와 신발 가격을 인하해달라고 요구하기도 했는데, 이에 기지촌 여성들은 "우리는 신발이 아니라 인간이다"라고 외치면서 데모를 벌이기도 했다. 당연히 이들의 요구는 받아들여지지 않았다. 미군 아래에서 지배당하던 기지촌 여성들은 그들의 부당한 폭력 및 살해 행위에도 마땅한 대응할 방법이 없었다. 이후 90년대에 벌어진 기지촌 여성 윤금이 씨 살해 사건의 끔찍한 참상은 비교적 널리 알려졌다. 하지만 이 사건은 미군이 기지촌 여성을 도구 취급하고 살해도 마다하지 않은 수많은 사례 중 하나일 뿐이다.

박 정권의 이런 기생관광 여성들과 기지촌 여성들에 대한 무조건적 희생요구는, 박정희 개인의 남성우월주의 편향되어있는 성 가치관에서 그 연관성을 찾을 수도 있다. 사실 '기생관광' 이전에는 '요정정치'가 있었다. 60년대부터 이미 박정희는 엽색행각으로 유명했는데, 그를 비롯해 공직인사들 전반은 성적으로 매우 문란해있었다. 요정은 유흥업 종사자가 손님 술시중을 드는 종류의 음식점을 말한다. 박 정부의 중요한 정치현안들이 주로 이 요정에서 결정되었을 정도로 박 정권 공직자들이 자주 드나들었고, 정부차원에서 특별히 이 요정을 관리하기도 하였다. '요정정치'라는 말은 그래서 생겨났다. 또한 박정희는 '사나이 세계에서 관능의 발산은 죄가 되지 않는다.'는 인식이 철저히 배어있는 사람이었다. 그의 여자관계에 대해서도 주변 증언들은 똑같이 일치하는데, 그가 요정에서 즐겼던 성생활은 매매춘이라기보다는 강간에 가까운 것이었다. 그의 엽색행각은 거침없이 여자들을 정복하고도 아무런 죄악감을 느끼지 못하는 일본무사의 성격을 닮은 것이었다. 그런 그에게 여성인권에 대한 호소가 귀에 들어올 리가 만무했다.

그의 이중잣대

미니스커트랑 장발은 너-무 싫어! 사람이 건전해야지 말이야.

댄츠 ㄴㄴ~

우헤헷, 오늘은 뭐하고 놀까? 예쁜이들.

오빠 입에서 참난젓 냄새나.

우헤헤-

크으으으, 멋지다! 당신들이 영웅이오!

매매춘 국책사업화 적극 추진하자!

당신은 액션영웅!

우리는 신발이 아니라 인간이다!

아, 어쩌라고~

28.
민청학련의 배후는 인혁당 재건위!

박정희의 영원한 라이벌, 장준하

언론계 및 대학가의 시위로 불붙은 민주화 열기에 힘입어 1973년 12월 24일, 개헌청원운동본부가 발족했다. 김수환, 함석헌, 장준하, 백기완, 법정 등 30명의 민주인사를 주축으로 100만 인 개헌청원 서명운동이 시작되었다. 그 중에서도 장준하라는 인물의 이름이 매우 익숙하지 않은가?

장준하는 박정희의 숙명의 라이벌 같은 존재였다. 60년대 중반부터 70년대에 들어서까지 장준하는 야권의 '박정희 저격수'로 활동해왔다. 박정희와 장준하, 이 둘은 출신 성분부터 굉장히 비교되었는데, 박정희는 일본군 장교 출신이고 장준하는 광복군 출신이다. 장준하는 박정희의 일본군 장교에서 남로당 프락치로, 또 거기서 쿠데타를 일으켜 대통령의 위치로 올라가 부정부패를 일삼는 매국적이고 기회주의적인 모습을 보며 큰 분노를 느꼈다. 박정희 또한 대중강연을 통해 자신의 정치를 반박할 수 없는 진실로 비판하고 사람들의 관심을 받는 장준하가 눈엣가시였다.

원래 장준하는 5.16 당시 자신의 <사상계>를 통해 군사정변을 지지한 바 있었지만, 이내 지지 입장을 거두고 박정희의 민정 복귀를 요구했다. 그러자 중앙정보부는 <사상계>를 탄압했다. 하지만 그 이후로도 장준하는 박정희의 한일협정, 베트남 파병을 모두 비판하면서 입장을 분명히 했다. 그러던 중 두 차례 구속되었고(1966년 10월, 1967년 5월), 70년대에 들어서는 오적 필화 사건으로 <사상계>가 폐간되기까지 했다.

박 정권의 집요한 공작으로 큰 빚을 져 빚쟁이들에게 쫓기는 등 장준하의 경제형편은 매우 어려웠다. 그는 정계에 진출해 정치에 변화를 주고자 했으나 그마저도 실패로 돌아가자 사상사라는 출판사를 세운다. 출판사 경영으로 경제적으로 잠시 숨을 돌린 장준하는 그가 말하는 "춥고 배고프고 발톱이 빠지도록 조국을 찾아 헤매는 가운데 뼛속으로 체험한 민족주의"를 찾아 다시 떠났다.

앞서 1945년 해방공간에서 좌파와 우파를 구분지을 때 우파 계열은 대다수가 민족주의자였다고 이야기했다. 장준하는 사상적으로 오른쪽 끝에 있었다. 그 역시 민족주의자였다. 그리고 한때는 친미 반공주의자였다. 그러나 일본과 미국을 등에 업은 박정희의 독재 메커니즘을 간파한 후로는 한일협정과 베트남 파병을 반대하며 '진정한 민족주의'의 길을 걸었다.

그의 사상적 색깔이 어떻든, 박정희 체제하에서 그의 행보는 정치적 의미를 배제하더라도 진보적인 것이었다. 그는 폭력과 고문을 일삼고 대중의 피를 빨아먹는 부정부패로 정권을 유지하며 분단 남북 사이의 안보위기를 이용해 권력 안정을 도모하는 불법이 판을 치던 사회에서 민족의 양심을 지키고자 피를 쏟았다.

현재 대한민국에서 대중에게 비치는 보수의 이미지가 박정희가 만들어낸 기회주의적, 비양심적인 일을 일삼는 가짜 보수의 산물이라면, 진짜 민중과 민족을 생각한 민족주의자가 걸은 길은 역설적이게도 현재 진보주의자의 효시가 됐다.

그리고 그는 나중에 통일을 지지하는 방향으로 선회했다. 7.4남북공동성명이 발표되자 그는 그것이 박 정권의 기만행위임을 의심할 수 있었음에도 쌍수를 들고 환영하며 이렇게 말했다.

"모든 통일은 좋은가? 그렇다. 통일 이상의 지상명령은 없다. 통일은 갈라진 민족이 하나가 되는 것이며, 그것이 민족사의 전진이라면 당연히 모든 가치 있는 것들은 그 속에 실현될 것이다."

장준하는 대학생들이 일으킨 10월 반 유신투쟁에서 4.19의 아픔을 보았다. 그는 과거 4.19혁명 당시 학생들의 죽음에 양심을 강타당했다. 그리고 이번에는 '후안무치의 철면피를 한 나라의 어른들'이 되지 않으려 투쟁의 대열에 앞장섰다.

개헌청원 100만 인 운동은 국민의 적극적인 지지와 참여에 힘입어 들불처럼 번져나갔다. 박 정권은 이런 움직임에 크게 당황했고 나흘만인 12월 29일 특별담화문을 통해 "과대망상에 사로잡힌 경거망동을 즉각 중지할 것"을 요구했다. 그리고 다시 열흘 후, 해를 바꿔 1974년 1월 8일에 이른바 '긴급조치'를 터뜨렸다.

긴급조치1호는 유신헌법을 비방, 반대, 개정하자는 주장에 15년 징역형을 때리는 무지막지한 법이었고, 긴급조치2호는 1호에 따라 비상군사 재판부를 설치할 수 있다는 내용이었다. 유신헌법은 개정 논의의 대상이 될 수 없는, 그야말로 신성불가침의 영역에 존재하는 법이었다.

긴급조치 발표 이후 이 운동을 책임지고 벌인 장준하와 백기완 등은 이미 처벌이 확정된 상황이었다. 문제는 약 40만 명의 국민이 서명한 서명용지를 어떻게 처리할 것인가였다. 이대로 두면 압수수색이 들어와 서명한 사람들에게도 책임을 물 것이었다. 장준하는 눈물을 훔치며 그날 밤 서명용지를 불태웠다.

1월 15일, 장준하와 백기완은 긴급조치1호 위반 혐의로 구속되었다. 한편 하루 전날인 14일에는 긴급조치3호가 공포되었는데, 월 5만 원 이하 소득자에 대한 소득세 면제가 그 내용이었다. 유신반대를 철저히 분쇄하는 긴급조치1, 2호의 악법 이미지를 희석시키려고 취한 조치로 보인다.

장준하와 백기완 그리고 종로5가 기독교회관에서 긴급조치 철폐를 요구하는 시국선언문을 발표하다가 구속된 도시산업선교회 인사 11명 등은 1월 31일 결심공판에서 징역 15년을 구형받았다. 구형한 형량을 판결에서 한 치도 깎아주지 않는 '정찰제 판결'이라는 말이 여기서 등장했다. 유신체제 사법부 어용화 때문에 나온 결과였다. 이런 사법부의 타락은 이후 사법사상 가장 수치스러운 재판으로 불리는 인혁당 재건위 사건으로 절정을 맞는다.

장준하는 긴급조치 위반혐의로 감옥에 구속된 지 10개월 만에 건강 악화로 풀려났다. 그는 야권의 단합을 추진하고자 김영삼과 김대중, 윤보선을 한자리에 모았다. 유신체제에 대한 마지막 항거였다. 그러나 이는 김영삼-박정희 비밀회담 이후 김영삼이 진영을 이탈하며 와해되었다.

그 후 장준하는 등산을 갔다가 의문사를 당한다. 사인은 추락사로 밝혀졌는데, 절벽에서 떨어진 시신이라기에는 너무 멀쩡했고 후두부 함몰상과 두 군데의 주사자국은 그의 죽음에 의문을 갖게 했다.

장준하 암살설을 모두가 눈치채고 있었지만 아무도 입을 열 수는 없었다. <동아일보>의 한 기자는 장준하의 사인에 의문을 제기했다가 중앙정보부에 끌려가 고초를 겪었다. 이후 조사에 의해 중앙정보부가 장준하를 위해분자로 분류해 밀착 감시했다는 자료가 나와 암살설에 신빙성을 더해주었으나, 여태까지 그의 사인은 의문에 부쳐져 있다.

평생 빚쟁이로 살며 자식교육에 신경도 써주지 못한 채로 민족을 위해 살던 장준하는 그렇게 죽었다. 그의 희생된 삶의 궤적이 현재 번영하는 기회주의 공화국이 된 대한민국에게 어떤 메시지를 주는지 고민해야 할 듯싶다.

민청학련과 인혁당 재건위

           1974년, 정국은 긴급조치로 얼어붙어 있었지만 민주화 운동은 서서히 계획에 들어가고 있었다. 그러던 중 3월 말, 한 이화여대생이 치마 밑에 숨긴 전단뭉치를 떨어뜨리면서 준비 중이던 4.3총궐기 대회가 박 정권에 발각되었다. 그리고 대망의 4월 3일, 서울대, 성균관대, 이화여대, 고려대, 서울여대, 감신대, 명지대 등의 대학생들이 모여 전국민주청년학생총연맹(이하 민청학련)의 명의로 결의문을 발표했다. 총 여섯 개의 요구사항이 있었는데, 내용은 다음과 같다.

1. 부패 특권 족벌의 치부를 위한 경제 정책을 시정하고 부정부패 특권의 원흉을 즉각 처단하라.
2. 서민의 세금을 대폭 감면, 근로 대중의 최저 생활을 보장하라.
3. 노동악법을 철폐해 노동운동의 자유를 보장하라.
4. 국가비상사태, 1.8조치 등으로 구속된 모든 애국지사를 즉각 석방하고 유신체제를 폐기해 진정한 민주주의 체제를 확립하라.
5. 모든 정보. 폭압정치의 원천인 중앙정보부를 즉각 해체하라.
6. 반민족적 대외 의존 경제를 청산하고 자립경제 체제를 확립하라.

    이미 4.3시위의 존재를 알고 있던 박 정권은 준비해온 대로 긴급조치4호를 발표해 이에 대응했다. 민청학련 관련 학생들의 처벌에 중점을 둔 긴급조치4호의 내용은 문공부 장관에게 대학 폐교 조치 권한을 부여하고 무단결석 및 시험 거부행위 학생에게는 5년 징역, 최고 사형 언도를 할 수 있다는 것이었다. 무단결석과 시험 거부행위를 하면 사형 언도라니. 2016학년도 2학기에 학교를 밥 먹듯 안 나가고 기말고사 시험날 결석한 나에게 긴급조치4호를 적용하면 아마 참수형에 처해졌을 듯하다. 지금은 폭소가 나오는 황당무계한 법이지만 그 당시에는 아니었다. 사람을 죽이는 것쯤은 대수롭지 않게 생각하는 박 정권이었으니 말이다.

이런 공포를 이용해 박 정권은 사람들이 서로를 믿지 못하게 만드는 인간성 파괴공작을 펼쳤다. 도피 중인 민청학련 관련자들에게는 수배지가 붙었는데, 이를 보고도 신고하지 않으면 불고지죄로 같이 감방에 들어가니 무서워서 신고를 안 할 수가 없었다. 민청학련 사건으로 조사받은 관계자들은 1204명에 달했고, 판결 선고가 구형 그대로 떨어지는 '정찰제 판결'로 기소자들의 형량 합계가 1650년이나 되는 세계적 기록을 세웠다.

변호인 강신옥이 이에 반발해 법정 변론에서 재판의 부당함을 고발하자 중앙정보부 요원들이 그를 끌고나가는 일까지 벌어졌다. 며칠 후 그는 법정모독죄로 구속되었고, 이는 세계 사법사상 초유의 일로 여겨진다. 변호사의 법정 면책특권을 위협했기 때문이다.

결국 사법부는 타락하다 못해 결국 최악의 경지인 '사법살인'까지 저지르고 말았다. 중앙정보부는 민청학련의 주동자 격인 이철을 체포한 뒤 "공산주의자의 배후 조종을 받은 민청학련을 적발했음"을 밝혔다.

갑자기 이게 무슨 말인가? 이런 이야기는 민청학련 관련자들에게도 금시초문이었다. 진실 여부는 중요치 않고 중앙정보부와 박 정권이 소설을 쓰면 그것이 현실이 되는 것이 현실이었다. 중앙정보부는 '인혁당 재건위'라는 단체와 민청학련사건을 한데 묶으려 관련자들을 참혹하게 고문했다. 인혁당의 인자도 모르는 학생들이 물고문과 전기고문을 수차례 받으면서 거짓증언을 하게 만들었다.

그리고 이 민청학련 사태의 배후로 지목된 교수, 종교인 등 여러 무명 인사들에게 사형이 언도되었다. 이것이 인혁당 재건위 사건이다. 인혁당 재건위란 인민혁명당재건위원회의 준말인데, 1964년 8월에 터진 1차 인혁당(인민혁명당) 사건이 꼭 10년 만인 1974년에 재건되어 국가안보를 위협했다는 것이다. 그래서 이 사건은 2차 인혁당 사건이라고도 불린다.

하지만 사실은 인혁당도 그렇고 인혁당재건위원회라는 단체도 그렇고 실재한 것이 아니라 박 정권이 전략적으로 만들어낸 단체였다. 1차 때는 학생들의 한일협정 반대 시위가 격하게 일어나자 이것이 배후 세력의 조종과 선동에 의한 것이라며 인혁당 사건을 발표했다. 1차 사건과 2차 사건에 동일하게 지목된 여정남(32)이 인혁당을, 그리고 인혁당이 전국의 학생지도부를 이끌었다는 허무맹랑한 이야기를 사실로 조작해낸 것이다. 따라서 존재한 적 없는 조직인 인혁당이 재건했다는 말도 허위사실이었다.

국가전복 기도 활동의 관련 물증이 되는 조직명, 강령 및 규약, 조직 체계, 조직 활동 등이 아무것도 재판에 제시되지 못했는데 비상군법회의 검찰 측은 어떻게 그들을 공안몰이했을까? 평소처럼 철저히 고문해 거짓자백을 받아냈다. 거기에 공판조서를 변조하는 일까지 벌어졌다. 실제로 재판 당시 인혁당 재건위 관련자 여덟 명은 '공산주의국가 건설을 목적으로 공산비밀 조직을 구성하자는 회합결의를 한 사실'을 부인했으나 군법회의 쪽에서 이를 수긍했다고 허위 작성했다. 변호사측은 이 사실을 알고 경악을 금치 못하며 이의를 제기했으나, 대법원은 결국 조작된 공판조서에 근거를 두고 관련자 여덟 명에 대한 사형판결을 확정지었다. 대법원 재판은 피고인 직접심리방식이 아닌 공판조서 기록을 바탕으로 내려지기 때문에 이 공판조서 조작이 피해자들의 생명을 위협했다.

1975년 4월 9일 새벽 여섯 시, 사형판결을 받은 지 채 20시간 만에 인혁당 재건위 관련자 여덟 명(김용원, 도예종, 서도원, 송상진, 여정남, 우홍선, 이수병, 하재완)은 형장의 이슬로 사라졌다. 이날은 사법사상 암흑의 날로 기록되었고, 지금도 가장 수치스러운 재판으로 기억된다. 법원은 심지어 유가족들의 시체 회수도 허락하지 않았다. 고문 흔적이 점철된 시체 때문에 또 새로운 문제가 불거질까봐 두려웠던 것이다. 그래서 유가족의 동의도 묻지 않은 채 여덟 구의 시체를 곧바로 화장시켜버렸다.

유가족들의 고통은 말로 다할 수 없었다. 희생된 인혁당 관련자 중 하재완의 세 살짜리 아들은 동네 형들이 간첩새끼라며 목에 새끼줄을 걸어 나무에 매달고 총살놀이를 당하는 수난을 겪었다. 다른 유가족들도 빨갱이 자식, 빨갱이 부인이라는 낙인이 찍혀 평생을 손가락질당하는 삶을 살았다. 그런 고통 속에서 몇 번씩 자살시도를 하고, 3개월에

한 번꼴로 이사를 가야 했다.

　2002년 9월 12일 의문사진상규명위원회는 인혁당 재건위 사건이 국가전복을 꾀했다는 내용을 입증할 증거가 전혀 없고 진술조서를 위조한 중앙정보부의 조작극이라는 것을 밝혀냈다. 유가족들은 이를 바탕으로 2002년 12월, 법원에 재심청구를 냈다. 그리고 5년이 흐른 2007년이 되어서야 서울중앙지법이 인혁당 재건위 사건 관련자 여덟 명에게 무죄를 선고했다. 하지만 1975년부터 2007년까지 32년이라는 세월이 흐르는 동안 유가족들의 삶에 지워진 슬픔의 멍에는 그 누구도 헤아릴 수 없이 무거운 것이었다.

유신을 둘러싼 치열한 공방전
(천주교 정의구현 사제단과 〈동아일보〉 백지 광고 사태)

민청학련 사건 관련자들 가운데 사형판결을 받은 이들은 풀려났는데 왜 인혁당 관련자 여덟 명은 속전 속결로 20시간 만에 사형이 집행되었을까?

인혁당 재건위 사건을 무리하게 사법살인으로 처리한 이유는 1975년 당시의 유화국면에 대한 박정희의 경계심 때문이라고 추측해볼 수 있다. 실제로 1년 전인 1974년 8월 15일, 광복절 기념 경축행사에서 박정희 암살 미수 사건이 발생했다. 재일교포 문세광이 뛰쳐나와 연단으로 달려가면서 총을 일곱 발 쏘았고 박정희의 부인 육영수가 이 총탄에 맞아 숨졌다. 이 사건은 재일교포인 범인의 출신성분 때문에 일본과 외교 분쟁으로 비화되기도 했는데, 큰 관련은 없는 것으로 나타났다(재일교포 문세광이 김대중 구출 재일한국인대책위원회 오사카 위원회 사무차장이었기에 김대중 납치사건이 직접적인 원인이었다고 보는 의견이 지배적이다).

여하튼, 육영수의 죽음은 전 국민을 슬픔으로 몰아넣었고 박정희는 특별담화를 통해 북괴의 흉계를 다시 한 번 자각하고 긴급조치가 불가피함을 이해해달라고 이야기했다. 그러면서 긴급조치1,4호가 해제했는데, 미 행정부의 압력도 있었지만 얼어붙은 정국에서 나오는 박 정권의 자신감을 보여주는 것이기도 했다(물론 박정희도 그의 부인이 죽었는데 슬픔을 느끼지 않았겠는가. 그것을 인간적으로 매도할 생각은 없다).

해를 달리해 1975년 1월, 신민당의 총재가 된 김영삼은 긴급조치가 해제된 유화국면을 타고 개헌바람을 일으키며 등장했다. 1월 22일, 박

정권은 유신헌법 찬반투표 실시를 발표하며 이에 대응했다. 김영삼과 김대중은 각각 박정희가 자신의 대통령직을 걸고 협박하다시피 실시하는 유신헌법 찬반투표는 국민에 대한 기만행위이며 이를 반대한다고 성명을 발표했다.

그럼에도 불구하고 투표는 진행되었다. 투표율 79.84퍼센트, 찬성 73.1퍼센트로 통과된 유신헌법 국민투표는 따지고 보면 전체 유권자의 58.3퍼센트만 찬성한 꼴이었다. 어쨌든 유신헌법이 통과되었으니 박정희는 또 묘한 자신감을 가지고 특별담화를 했다.

"현행헌법 질서의 역사적 당위성과 국민적 정당성이 주권자인 국민의 총의로 재확인된 이 시점에서 이들을 석방함으로써 이들에 대해서도 국민총화를 더욱 굳게 다지며 민족중흥의 역사적 과업수행에 참여할 수 있는 기회를 부여하기로 결심했다."

내용은 김동길, 박형규, 김지하, 지학순, 김찬국 등 긴급조치 위반 혐의 구속자 총 149명을 석방하겠다는 것이었다. 그러나 김지하는 석방되어 나오자 인혁당 재건위가 민청학련을 배후조종했다는 혐의는 고문으로 받아낸 허위자백이며 조작이라고 <동아일보>에 글을 기고해 폭로했다.

박정희는 크게 격분했다. 그리고 국민들이 오해하고 있다며 2월 21일 문공부 연두순시에서 이렇게 밝혔다.

인혁당은 세상이 다 아는 공산주의자들이다…(중략)…폭력으로 정부를 뒤집어 엎어도 공산당만 아니면 죄가 안 되는 줄 착각하고 있다. 합법정부를 뒤집어 엎는 것은 세계 어느 나라 법에서도 극형으로 처벌하고 있다…(중략)…반공을 국시로 하는 대한민국에서 왜 이렇게 되었는지 이상하다. 홍보를 잘 하라. 아무리 얘기해도 못 알아들으면 법대로 다스리겠다.

이 무렵 박정희를 위협하던 두 가지 세력을 살펴보려 한다. 하나는 천주교 정의구현 사제단이고 다른 하나는 <동아일보>다. 둘의 행보는 얼마 가지 않아 엇갈렸지만 여러 조건과 맞물려 인혁당 재건위 관련자 여덟 명을 단숨에 사형에 처해버릴 정도의 무리수를 두게끔 박 정권을 몰아세운 것만은 확실했다.

천주교 정의구현 사제단은 70년대 민주화 운동은 물론 80년대 민주화 운동에까지 혁혁한 공을 세웠다. 주요 인물은 김수환 추기경과 지학순 주교, 함세웅 신부 등이다. 천주교 정의구현 사제단이 생긴 계기는 지학순 주교의 구속 때문이었다. 지학순 주교는 박정희 소유의 5.16 장학회를 비롯 정권의 부정부패를 비판하면서 민주화 운동 대열에 가담했는데, 그에 대한 응보로 1974년 7월 민청학련 관련자에게 자금을 댔다는 혐의로 구속되었다. 지학순은 구속 기소된 상태에서 "유신헌법은 민주헌정을 파괴한 것"이라고 양심선언을 했다.

지학순의 구속에 항의의 뜻을 담아 300여 명의 신부가 모여 발족한 것이 바로 천주교 정의구현 사제단이다. 그 중에서도 김수환 추기경은 인권문제에 관심을 기울이면서 박 정권의 고문 공화국에 두고두고 갈등을 촉발했다.

그 다음은 <동아일보>인데, 앞서 말했듯 김지하가 1975년에 <동아일보>에 게재한 '고행-1974'는 인혁당 사건 조작에 대한 내용을 담고 있다. 언론이 박 정권 치하에 놓여있던 때에 어떻게 이런 일이 가능했을까?

<동아일보> 기자들은 이미 비공식 노조를 결성해 언론 탄압에 저항

하고 있었으며 다른 언론사에도 이를 퍼트렸다. 1974년 10월 24일에는 각 부의 기자들 180여 명이 모여 자유언론실천선언을 채택하고 '10.24 선언문'을 낭독했다.

  "국가를 발전시키기 위한 기본적인 사회 기능인 자유언론은 어떠한 구실로도 억압될 수 없으며, 어느 누구도 간섭할 수 없는 것임을 선언한다…(중략)…우리는 자유언론에 역행하는 어떠한 압력에도 굴하지 않고 자유민주 사회의 존립의 기본 요건인 자유언론 실천에 모든 노력을 다할 것을 선언, 결의한다…(후략)"

  그러자 12월 16일, 박 정권은 <동아일보>를 탄압하기 시작했다. 광고주들로 하여금 <동아일보>에 광고를 주지 말라고 압력을 넣은 것이다. 연말까지 <동아일보>는 대기업, 중소기업, 출판사, 극장 등 대광고 계약이 전면 중단되면서 큰 경제적 어려움에 봉착했다. 이것이 이른바 <동아일보> 광고 탄압 사태, <동아일보> 백지 광고 사태다.

  하나 감동적인 것은 그 빈자리를 국민들의 격려 광고가 채웠다는 점이다. 유신독재에 항거하는 시민들이 모두 뜻을 함께했다. 정치인 김대중의 소신 표명이나 천주교 정의구현 사제단의 성명 및 호소, 구속자 가족협의회(민청학련 사건 관련 구속자들의 가족들이 만든 단체) 그리고 익명의 시민에 이르기까지 각계 각층의 사람들이 참여해 격려 광고로 <동아일보>의 빈 광고란을 채웠다.

"안타까운 마음으로 이 여백을 삽니다."

"해마다 1년간 모든 돼지 저금통을 깨서 불우한 이에게 전해 왔으나 이번에는 광고 해약으로 어려움을 겪는 <동아일보>를 돕는 데 쓰기로 했습니다."

"작은 광고들이 모두 민주 탄환임을 알라."

"동아! 너마저 무릎 꿇는다면 진짜로 이민갈 거야."

"빛은 어두울수록 더욱 빛난다."

그러나 결국 <동아일보>는 굴복하고 말았다. 정확히는 <동아일보> 사주 김상만의 굴복이었다. 기자들은 공무국을 점거하고 제작 거부 및 단식농성으로 대항했으나 사측의 폭력을 동원한 축출 작업으로 쫓겨 났다. 113명의 기자가 해직되었고, 이후 <동아일보>는 박 정권의 수하 로 다시 들어갔다. 그리고 박 정권이 끝나고 전 정권이 들어서고 나서 도, 그 이후에도 계속 친정부적 기조를 유지한다.

이 무렵 <조선일보> 쪽에서도 자유언론 투쟁을 벌이다 해직된 기자 가 수십 명이 나왔다. 해직기자들은 생계를 유지하는 데 고역을 겪었 다. 출판을 통해 대안언론 활동을 해나가는 사람들도 있었지만 그것만 으로 자식 딸린 가정을 부양하는 데는 한계가 있었다. 그래서 양복점 외판원부터 한약방 종업원, 스웨터 납품업자까지, 이들은 양심 있는 언 론 활동을 하려 했다는 이유만으로 자신들의 전문분야에서 쫓겨나 부 업을 하며 생활고를 겪어야 했다.

한편 이들의 이런 숭고한 희생은 14년 후, 시민의 강력한 염원과 기

금에 힘입어 새 언론사 창간이라는 열매를 거두기도 한다. 바로 1988년
5월 15일 창간호를 낸 <한겨레신문>이다.

작은 광고들이 모두 민주탄환임을 알라.
- ○○출판사 편집부

29.
긴급조치9호 발동

인도차이나
그리고 긴급조치9호

　　　　　　　인혁당 재건위 사법살인 사건은 26
세 젊은 청년 김상진(서울대 농대 축산학과 4학년)의 마음을 달궜다. 하루
전날에는 긴급조치7호가 선포되어 고려대에 휴업령이 떨어지고 교내
에 군대가 진주해 들어왔다. 박 정권의 퇴진을 요구하며 격렬한 시위가
벌어졌으나 언론은 잠잠했다. 국내 언론은 정권의 하수인이 되었으니
외신들이라도 보도할 법한데, 대외상황이 좋지 못했다. 인도차이나 사
태 때문에 월남 패망이 가까웠다. 이런 상황에서 4월 11일, 김상진은 구
속 학생 석방 및 민주회복을 요구하는 자유 성토대회에서 아래와 같이
외쳤다.

무엇을 망설이고 무엇을 생각할 여유가 있단 말인가! 대학은 휴강의 노예가 되고 교수들은 정부의 대변자가 되어가고 어미닭을 잃은 병아리처럼 우리들은 반응 없는 울부짖음만 토하고 있다…(중략)…무고한 백성은 형장의 이슬로 사라져가고 있다. 민주주의라는 나무는 피를 먹고 살아간다고 한다. 들으라, 동지여! 우리의 숭고한 피를 흩뿌려 이 땅에 영원한 민주주의의 푸른 잎사귀가 번성하도록 할 용기를 그대들은 주저하고 있는가!…(중략)…우리는 유신헌법의 잔인한 폭력성을, 합법을 가장한 유신헌법의 모든 부조리와 악을 고발한다. 우리는 유신헌법의 비민주적 허위성을 고발한다…(중략)…학우여! 아는가! 민주주의는 지식의 산물이 아니라 투쟁의 결과라는 것을!

그러고는 준비해간 20센티미터짜리 등산용 칼을 하복부에 깊게 찔러 넣었다. 할복자살을 한 것이다. 그는 즉시 학우들의 도움으로 수원 도립병원에 이송되어 수술을 받았지만 상태가 악화되어 다음 날 서울대병원으로 다시 옮겨가는 도중 앰뷸런스에서 사망했다.

박 정권은 김상진의 할복자살이 반 유신의 상징이자 민주화 진영의 기폭제가 되지 않도록 열과 성을 다해 방해했다. 김상진의 시신을 15시간 만에 장례도 없이 화장시켰고 서울대 농대에 휴업령이 내려 사실상 폐쇄했다.

천주교 정의구현 사제단과 더불어 민주화 진영에서 정권에 대항해온 민주회복국민회의는 김상진의 추도식을 명동성당에서 거행하려 했으나 박 정권은 경찰력을 동원해 명동성당을 봉쇄하는 방해공작을 펼쳤다. 또한 언론보도 통제로 김상진의 죽음이 대중에게 알려지지 못하도록 했다. 하지만 김상진 사건은 기사화되지는 못했어도 입에서 입으로 전해져 알만 한 사람은 다 알게 되었다.

　사실상 이미 이때 박정희의 유신체제는 수많은 공안조작 및 인권침해 사건으로 신뢰도가 바닥을 쳤다. 북한군이 파놓은 땅굴이 발견됐는데, 외신들조차 믿지 않을 정도로 심각하게 균열이 있는 상태였다. 허나 역사의 반전이 일어나는 시점에는 여러 가지 요소의 작용이 동시에 맞아 떨어져야 하는 법. 냉혹하게도 현실은 여전히 박 정권의 손을 들어주고 있었다. 흘린 피가 부족했던 것일까?

　인도차이나 반도가 공산화되는, 일명 인도차이나 사태가 벌어졌다. 이를 '월남 패망'이라고도 한다. 미국의 앞잡이를 자처하며 지리멸렬하게 붙잡고 있던 월남전이 결국 자유주의 진영의 패망으로 공산화된 것이다(자유주의 진영이 아니라 제국주의 진영이라는 말이 더 어울릴 듯하다. 그 이유는 앞에서 설명한 바 있다). 이 일로 분위기가 냉랭하게 급반전되면서 박 정권은 기사회생했다.

　5월 13일, 이 흐름을 타고 '민주정치를 박살내는 핵폭탄' 긴급조치9호가 발표됐다. 이는 긴급조치 중에서도 궁극의 결정판이었다.

· 유언비어의 날조, 유포 및 사실의 왜곡, 전파행위 금지
· 집회, 시위 또는 사전에 허가받은 것을 제외한 일체의 집회 시위 정치 관여 행위 금지
· 이 조치에 대한 비방행위 금지
· 금지 위반 내용을 방송 보도 기타의 방법으로 전파하거나 그 내용의 표현물을 제작 및 소지하는 행위 금지
· 주무장관에게 이 조치의 위반 당사자와 소속 학교 단체 사업체 등에

대해 제적, 해임, 휴교, 폐간, 면허취소 등의 조치를 취할 수 있는 권한 부여

·이런 명령이나 조치는 사법적 심사의 대상이 되지 않으며 위반자는 영장 없이 체포할 수 있다.

긴급조치9호의 항목 하나하나가 모두 '무적' 꼬마 독재자의 심술 같은 느낌이다. 국민여론을 완전히 봉합하고 입만 벙긋했다 하면 영장 없이 체포해 가둬버리는 것이 가능한 조치였다. 긴급조치9호는 1979년 12월 7일까지 4년 6개월 동안 지속되었고, 800여 명을 구속하는 대기록을 세우면서 전 국토의 감옥화, 전 국민의 죄수화라는 말이 떠돌았다.

긴급조치9호는 그야말로 대한민국을 "얼음!"하게 만들었다. 누가 감히 이런 조치가 내려진 상태에서 움직일 수 있었을까? 그러나 그것도 잠시, 얼마 지나지 않아 5월 22일이 되었다. 서울대에서 학생 1천여 명이 모여 김상진 추도식을 열고 긴급조치9호 철폐를 요구하는 직격탄을 날렸다.

칼은 칼집에 꽂혀있을 때 가장 위압적인 법이다. 긴급조치9호라는 수를 썼는데도 수그러들지 않은 시위 열기를 보고 박정희는 적잖이 당황했을 것이다. 그럼 칼을 휘둘러야지 어쩌겠는가. 박 정부는 5.22 시위 관련 학생들을 구속하고 제명하는 조치를 취했다.

하지만 얼어붙은 정국에서도 학생들은 5~10분 단위의 교내시위를 산발적으로 전개했다. 그러자 박 정권은 아예 서울대 앞에 큰 규모의 (기동경찰 300여 명이 대기할 수 있는) 파출소를 건립해 5분대기조를 편성

했다. 그래서 그렇게 짧게 시위를 하는데도 첫 마디를 떼기가 무섭게 경찰차가 들이닥쳐 시위하는 학생을 끌고 가는 일이 허다했다.

박 정권은 긴급조치9호로도 모자라 3개월 후, 4대 전시 입법이라는 것까지 통과시켰다. 사회안전법, 민방위기본법, 방위세법, 교육관계법 등 네 가지였는데, 하나같이 국가를 앞세워 국민을 자신에게 복종하도록 만드는 내용이었다. 사회안전법은 국가보안법 위반자가 출옥할 경우 보안처분을 받아 2년 단위로 계속해서 옥살이를 할 수 있게 만드는 법이었다. 박정희 3선 때 간첩으로 조작당해 억울하게 옥살이를 하게 된 서승, 서준식 형제는 이 법 때문에 무려 17년 동안 감옥에 있었다. 서준식의 경우 스물네 살에 감옥에 들어와 40대가 넘어서 출감한다. 찬란한 젊음을 감옥에서, 그것도 죽음보다 더한 고통 속에서 보낸 이 사람의 인생은 누가 책임지는가?

이들 말고도 이 법에 소급적용을 받은 사람들 중에는 60세 넘은 노인도 많았다. 사회안전법을 통한 보안감호처분의 명분은 '현저한 재범위험성의 방지'였으나 그것은 명분일 뿐, 현실은 가증스럽게도 노인들을 감옥 속에서 늙어죽게 만드는 것이었다.

민방위법은 17~50세 남성을 대상으로 준군사적 성격의 민방위대를 조직하는 것이었고, 방위세법은 베트남 공산화에 따른 북의 남침위협에 대처하기 위한 국방력 강화를 취지로 방위세를 신설해 추가 징세하는 것이었다.

교육관계법 개정안은 교수 재임용제에 관한 법인데, 다음 해(1976년) 2월 28일, 이 법에 의해 민주화 진영 측에서 활동한 교수들이 재임용에서 탈락하는 일이 벌어졌다. 당시 교수 대부분은 정권의 말에 고분고분 따랐는데, 그 와중에 5퍼센트도 안 되는 의식 있는 교수들은 교수직을 잃어야 했다. 해직교수들은 이를 계기로 박 정권에 더욱 열을 다해 투쟁하게 된다.

3.1 민주구국선언과
프레이저 청문회

1976년 1월 15일, 박정희는 기자회견에서 포항에서 석유가 나왔다는 이야기를 해 세간을 들썩이게 만들었다. 기름 한 방울 나지 않아 그동안 사방천지(베트남으로, 일본으로, 중동으로……)로 자본을 찾아다니던 대한민국에서 석유가 나왔다니! 신문은 이 일을 연일 대서특필했고, 사람들은 설레발에 젖어 붕 떠있었다. 3년 전, 1차 오일쇼크(1973)가 터져 원유값이 폭등한 탓에 공장 가동시간이 줄고 거리가 암전 되는 일을 겪은 한국은 결코 이 사건을 가볍게 넘길 수 없었다.

석유 열기가 대한민국을 뒤덮은 지 약 1주일, 어느 샌가 석유 이야기는 잠잠해졌다. 뚜껑을 열어보니 경유가 지하수를 타고 들어간 것을 석유로 착각한 것이었다. 석유 쇼로 비롯된 시추작업은 2년 만에 완전히 끝났고, 이 일을 주도적으로 벌이던 중앙정보부는 망신을 당했다.

한편 이 사건을 대중의 관심을 돌리려는 '물타기'였다고 보기도 하는데, 이 사건이 일어날 즈음 교수 재임용제에 따라 민주화 진영 교수들이 해직되었기 때문이다. 물론 의도적인 만행이었다기보다 박정희와 그 정권의 실수라고 보는 의견도 있다. 중요한 것은 긴급조치9호가 발효되고 있는 이상 국민여론은 정권 및 언론의 뜻에 반하는 입장을 표하기가 매우 어려웠다는 점이다. 포항에서 석유가 발견됐다는 설레발이 없었어도 교수 해직 건을 가지고 누가 감히 용기를 내 맞는 말을 할 수 있었을까?

그 누군가가 있었기에 오늘날이 있는 것이겠다. 3월 1일, 명동성당에서 함석헌, 윤보선, 김대중 등 유명인사들을 비롯한 각계 인사들이 긴급조치 철폐와 투옥 인사 석방, 사법부 독립 및 의회 정치 회복을 외쳤다. 그러자 검찰 측은 이를 정부전복 선동으로 규정하고 지도자급 인사들을 구속기소했다. 이것이 일명 3.1민주구국선언 사건이다.

박 정권과 그 세력들은 월남 패망이라는 대세를 타고 민주화 세력을 마음껏 정부전복 세력으로 매도할 수 있었다. 김대중이 초안을 작성한 3.1민주구국선언문은 분명 공산정권에 대항할 민주역량의 중요성을 밝혔으나 그들에게 그런 것은 안중에 없었다. 언론, 검찰, 국회 등 모든 정권우호 세력이 월남 패망을 외치면서 3.1민주구국선언을 국가전복의 중대 범죄행위로 규정지었다. '명동사건은 사전 모의된 조직적 범죄다', '정부는 언론에 관여한 일이 없으며 언론의 자유는 지켜지고 있다', '교수 재임용 과정에 정부가 관여한 일이 없으며 재임용에 억울하게 탈락한 교수들도 존재하지 않는다' 등. 물론 모두 거짓말이었다.

이때 언론계에서 정권의 나팔수 역할을 톡톡히 한 것이 <조선일보>다. <조선일보>는 3월 14일자 사설에서 '월남 패망이 벌어진 상황에서 가장 중요한 것은 질서와 안정인데 정치적 사건(명동사건)을 일으킨 것은 눈치 없는 처사'라는 논조를 펼쳤다. 이 중 <조선일보>가 논조의 근거로 내건 '전체주의와 대처해 방위의 제일선에 서 있는 나라 가운데 과연 완전한 민주주의를 유지할 수 있는 나라가 있을 수 있는가?'는 차라리 설득력이 있어 보인다. 다만 뒤로 갈수록 <조선일보>의 주장은 자신의 소신보다는 현 정권이 요구하는 바를 맞는 말로 열심히 포장하는 것에 지나지 않았다. 결국 검찰이 구속기소를 하면서 김대중을 포함한 3.1민주구국선언 핵심 관련자들은 징역 5년, 자격정지 5년을 구형받았다.

여기까지 보면 이 사건은 민주화 세력이 그저 바른 말을 했다가 탄압받은 것 같아 보일 수 있다. 하지만 3.1민주구국선언 사건은 고문과 여론조작으로 점철된 70년대의 인권 운동 활성화 및 공론화에 지대한 영향을 끼친 사건으로 평가받는다. 국내 여론이 막혀있는 상황에서도 해외언론이나 해외 정치인들이 이 사건에 많은 관심을 보였으며 이 사건을 한국의 민주주의 발전의 장래를 좌우하는 중요한 전기를 마련할 수 있는 사건으로 여겼다. 그렇다. 박 정권의 도가 넘은 인권 탄압 술책에 대항하는 목소리가 커질 때쯤 터진 월남 패망으로 다시 잠잠해진 분위기를 누군가는 깨야 했다. 산산조각난 수많은 계란이 울부짖는 소리에 견고한 바위가 점차 깨져가고 있었다.

박 정부의 유신체제를 통한 인권 말살과 국가여론 조작을 하나의 거대한 국가 조직적 범죄행위로 간주해보자. 범죄 수사에서 목격자 및 피해자의 증언은 매우 중요하다. 그리고 그에 못지않게 조직적 범죄행위를 잡아내는 데 결정적인 역할을 하는 것 중 하나는 내부고발자의 등장이다.

박정희 정권 임기 중 3분의 1을 장식한 전설의 중앙정보부장 김형욱을 기억하는가? 그는 1969년 3선 개헌 이후 박정희에게 버림받고 그 이후로 불안한 생활에서 벗어나고자 망명을 준비했다. 그의 존재감이 수면 위로 올라온 것은 코리아게이트 사건 이후였다. 1976년 10월 24

↑긴급조치 바위를 깨는↑
3.1민주구국선언의 계란들

일, 미국 <워싱턴포스트> 지는 한국 정부 요인 박동선이 연간 50만 내지 100만 달러 상당의 뇌물을 써 미국 정치인 및 공직자들을 매수했다는 톱기사를 내보냈다. 한국정부는 이에 관련 없는 사실이라며 발뺌했으나 10월 27일, <워싱턴포스트> 지는 다시 미 중앙정보국^{CIA}이 청와대를 도청해 입수한 사실이라고 밝히는 무리수를 던졌다. 결국 이는 새로운 외교문제로 비화되어 한·미 양국간의 갈등이 거셌다. 이것이 일명 코리아게이트 사건이다.

왜 한국은 미국을 상대로 100만 달러 상당의 돈을 뿌리면서까지 로비를 하려 했을까? 주한미군 철수 문제가 컸다. 11월, 미국 대선에서 인권 대통령을 표방한 지미 카터가 당선되었다. 아니나 다를까 지미 카터는 1977년 2월, 한국과 상의 한마디 없이 주한미군 철수 계획을 발표했다. 돈질을 해가며 간신히 유지해온 주한미군인데, 코리아게이트 사건으로까지 사태가 커진 마당에 이렇게 나오는 카터가 박 정권 마음에 들지 않은 것은 당연지사였다. 하지만 미국여론은 한국정부를 맹비난하고 있었고, 이 와중에 중앙정보부 워싱턴 실무책임자인 참사관 김상근이 망명하는 일이 벌어졌다. 김상근은 과거에 김형욱의 비서를 지낸 인물인데, 그의 망명 배후에는 김형욱이 있었다.

둘은 6월 22일 미 프레이저 청문회에 참석해 박 정권에 불리한 증언을 쏟아냈다. 프레이저 청문회 이전에 이미 김형욱은 <뉴욕타임스> 독점 인터뷰에서 박동선 로비사건을 폭로하며 박정희 하야를 주장했다. 김상근의 망명으로 중앙정보부장 신직수가 물러나고 김재규가 그 자리에 앉게 되었는데, 그가 받은 첫 번째 막중한 임무가 김형욱의 처리였다.

　원래는 회유-귀국 종용 공작이 첫 번째였으나 김형욱이 이런 행보를 보이자 '유신 공공의 적 1호'로 규정해 그를 처단하기에 이른다. 김형욱은 박정희의 죽음으로 유신이 종결되기 20일 전쯤 실종되었다. 그 전까지 김형욱은 박정희의 여자관계를 폭로하는 회고록을 작성 중이었는데, 복사지 2000장의 방대한 분량이었다. 박정희는 중앙정보부 해외담당 차장 윤일균을 시켜 회고록 출판을 저지했다. 그 전까지 거진 여덟 번에 달하는 특사파견 끝에 김형욱을 회유하는 데 성공한 것이다.

　그러나 김형욱은 원래 회고록을 출판키로 한 일본 출판사 말고도 다른 출판사와 계약을 해 『권력과 음모』라는 제목으로 책이 출판되었다. 김형욱의 이런 이중 플레이에 놀아난 박 정권은 모욕감을 준 그가 응당 값을 치르게 만들었다. 아직까지 그가 어떻게 죽었는지에 대한 자세한 정황은 설이 분분하다. 어쨌든 그 역시 박정희 유신체제의 부도덕성과 비정당성을 폭로하며 박정희에게 큰 굴욕을 주었다. 역사의 큰 흐름이 유신의 종결로 가는 데 한 역할을 한 것이다.

새마을운동의 진실

박정희는 그가 5.16 군사정변 때 대변하고자 한 계층을 배신했다. 그가 대변했던 계층은 농민과 노동자였다. 박정희의 출신성분과 공약, 참신성을 보고 많은 사람이 그를 지지했다. 그러나 유신체제가 강화되면서 그는 '국익'을 위해 스스럼없이 농민과 농촌, 그리고 노동자를 제물로 삼았다. 이러한 박 정권의 국정 운영 방향성은 새마을운동과 동일방직 사건에서 뚜렷하게 드러난다.

새벽종이 울렸네/새아침이 밝았네/너도나도 일어나/새마을을 가꾸세/ 살기 좋은 내 마을/우리 힘으로 만드세.

'새마을 노래'의 가사 일부다. 들어본 사람도 꽤 있을 것이다. 새마을운동은 우리가 대한민국의 지도자 박정희를 떠올릴 때 함께 생각나는 대표적인 국가사업이다. 사람들 대부분은 새마을운동 하면 막연히 긍정적인 느낌을 받는다. 나 역시 잘 모를 때는 그랬다. 워낙 규모가 크고 오랜 기간 동안 이루어진 사업이라서 대한민국에 막대한 영향을 끼친 만큼, 그에 대한 평가도 엇갈린다.

허나 이 운동이 긍정적이든 부정적이든 하나 분명한 사실이 있다. 새마을운동이 곧 10월 유신이었다는 점이다. 박정희 자신이 그렇게 말했고, 역사적으로도 그렇게 평가된다. 그 이유는 무엇일까?

1969년 8월, 박정희는 경상남도의 수해를 입은 지역의 수해 복구 사업을 살펴보러 가던 중 경북 청도군 청도읍 신도리 마을 사람들이 자발적으로 마을을 재건하는 모습을 보고 감명 받아 새마을운동을 제안하게 되었다고 한다. 정식으로 '새마을 가꾸기'라는 이름의 사업을 추진하겠다고 밝힌 것은 이듬해 4월이었다.

물론 단순히 감명을 받았다는 이유로 대규모 사업이 막 추진되지는 않는다. 직접적인 발단은 시멘트 과잉 재고 사태였다. 그 당시 박정희의 주된 정치자금 창구는 공화당 재정위원장 김성곤이었는데, 그는 쌍용시멘트의 소유주이기도 했다. 이 무렵 쌍용시멘트는 시멘트 재고가 너무 많아 어려움을 겪고 있었고, 김성곤은 박정희에게 대책 마련을 호소했다. 이에 박정희는 시멘트를 정부 차원에서 매입해(약 30억) 전국 3만 5000개의 마을에 각각 300여 포대씩 나누어주는 것으로 새마을운동을 시작했다. 새마을운동의 발단이 정치자금 운용줄을 관리하기 위한 것이었다는 게 놀랍지 않은가? 그 다음 해(1971년) 김성곤은 박정희 특유의 권력견제 방식에 의해 제거되지만 말이다(10.2항명사건과 공화당 4인 체제의 몰락).

이렇게 초기의 새마을운동은 남아도는 시멘트를 이용해 할 수 있는 작업 위주로 전개되었다. 초가지붕을 기와지붕으로 바꾸는 일이나 교량 건설, 마을 진입로 확장 등 다양한 사업이 시멘트 배급만으로 충분히 이루어질 수 있었다. 그리고 사업 성과에 따라 단계를 나누어 차등적인 지원을 하겠다는 방침으로 국민들의 경쟁적 참여를 부추겼다.

새마을운동을 보는 가장 중요한 관점은 '과연 이것이 농촌을 위한 정책이었는가'다. 박정희는 농촌과 농민의 가난이 그들의 글러먹은 정신 상태에서 온다고 생각했다. 그래서 새마을운동이 '잘살기 운동'이라

고 여러 차례 강조하면서 농촌의 의식 개조 필요성을 역설했다. 나태와 게으름, 패배의식을 농촌과 농민이 잘 살지 못하는 이유로 꼽았고 뜨거운 열정으로 이것을 극복해내도록 그들을 변화의 주역으로 치켜세웠다. 많은 농민이 새마을운동을 비롯해 박 정권에 우호적인 시각을 가진 이유는 다른 것보다도 자신들을 인간 대접해줬다는 감성적 차원의 것이었다. 실제 제도적인 부분에서 농민들은 철저히 수탈의 대상이었다.

함평 고구마와 영양 감자 사건은 이런 박 정권의 농촌을 향한 위선 섞인 이중잣대를 보여준다. 이 당시 천주교는 농민들을 대상으로 인권운동에 주력했는데, 가톨릭농민회에서 전체 소작 실태 표본조사를 실시한 결과, 농민들이 수탈당하고 있음이 밝혀졌다. 가톨릭농민회는 농민운동을 조직하면서 농협에 농가문제를 제기하기 시작했다. 상당수 농민들이 가톨릭농민회에 가입했고, 경찰 및 군청, 면사무소 등 당국의 입김이 닿는 곳은 이들에 대한 탄압을 본격화했다. 가톨릭농민회가 조직되고 나서 대표적으로 당국과 갈등이 빚어진 사건이 함평 고구마 사건과 영양 감자 사건이다.

먼저 함평 고구마 사건은 함평농협이 고구마를 매입하겠다 약속해 놓고 불이행해 생산 농가에 큰 타격이 오자 농민들이 투쟁한 사건이다. 1976년 11월부터 1978년 5월까지 3년을 투쟁한 끝에 결과적으로 보상을 받을 수 있었다. 반면 영양 감자 사건은 투쟁이 좌절된 사례다. 청기면 두메산골의 농가들이 영양군에서 나눠준 감자 씨를 심었는데 싹이 트지 않아 780여 만원 상당의 손해를 입었다. 이에 1978년 여름, 두메산골 농민들은 가톨릭농민회장 오원춘이라는 인물을 중심으로 뭉쳐 피해보상운동을 벌였다. 그 중심에 있던 오원춘은 정부기관으로부터 신변의 위협을 받다가 결국 1년 후인 1979년 8월, 긴급조치9호 위반 혐의로 구속되었다. 가톨릭농민회 활동과 연관이 있던 신부 정호경, 총무 정재동 등도 함께 구속되었다.

이런 처사에 가톨릭 측은 크게 반발했다. 오원춘은 구속되기 전에 자신은 피해보상운동을 벌였기 때문에 납치된 것이며 이후 자신의 발언이 번복된다면 그것은 강압에 따른 것이라며 양심선언을 한다. 그는 이후 정말로 옥중 기자회견에서 자신은 납치된 것이 아니라 자발적으로 집을 나온 것이라고 자신의 과거진술에 정면으로 배치되는 진술을 했다. 전국의 가톨릭농민회원과 신부, 수녀들이 그를 지지하고 있는 상황에서 변호인들까지 그를 위해 나섰는데, 의지가 완전히 꺾인 오원춘은 시종 검사의 편에 서서 이야기했다. 결국 오원춘이 징역 2년, 자격정지 2년을 선고받고 항소조차 하지 않는 것으로 사건은 끝났다. 하지만 이 사건은 천주교 세력의 결집과 반 유신운동에 불을 지폈다.

위 두 사례로 알 수 있는 박 정권의 특징은 농촌에 기만적인 술책으로 일관하다가 이에 항의하는 움직임이 보이면 강경대응으로 찍어 눌러 버린다는 것이다. 박 정권은 '농민들의 교육수준은 당국의 술책을 알아차릴 수 없다'를 기본전제로 깔고 들어갔다. 그리고 농가 소득과 도시근로자 가구 소득의 통계를 비교해 농가 소득이 높아졌다며 대대적으로 정권 홍보를 했다. 그러나 이는 통계적 정당성을 갖추지 못한 정보였다. 농가 소득은 자기자본, 토지, 노동 등 미분배된 제보수를 포함한 혼합적 성격을 띠는데 도시근로자 가구 소득을 계산할 때는 오로지 노동 소득만 포함했다. 또한 소득이 낮은 도시근로자와 소득이 비교적 높은 농촌가구를 표본 집단으로 선정해 비교하는 등 통계적 기만이 저질러졌다.

박 정권은 이런 허울 좋은 선전으로 농민들을 조종할 수 있다고 믿었을 것이다. 조종당하지 않더라도 문제는 없다. 숨통을 조이면 그만이니까. 또한 국가자본을 투입해 진행해야 할 사업도 새마을운동의 정신을 고취시키며 마을 단위로 진행하도록 만들어 상당한 잉여자본이 창출되는 효과를 거뒀다. 물론 마을이 자발적, 주도적으로 긍정적인 에너지를 만들어내고 다양한 사업을 벌이는 일을 나쁘다고는 볼 수 없다. 하지만 아이러니하게도 정치적으로는 굉장히 정부에 의존적인 성향을 드러냈다는 점을 볼 때, 새마을운동을 통해 국가가 만들어내고자 한 이상적인 농촌상이 결국 누구에게 이익이 돌아가게 했는가를 고민해보지 않을 수 없다.

1970년대 후반의 새마을운동은 대중을 교육·동원한 유신정치 운동의 성격이 짙었다. 공무원들을 비롯한 사회 각계각층(대학교수, 언론인, 기업인 등)이 새마을 연수 교육을 받았다. 7년간(1972~1979)합숙교육 68만 명, 비 합숙교육 연 인원 7천만 명(국민 1인당 평균 2회 교육받은 것)이라는 어마어마한 숫자의 사람이 동원되었다. 이처럼 새마을운동은 유신을 정당화하는 대중 조종 운동이라고 볼 수도 있었다.

동일방직 인분 사건

　　　　　　　노동자, 특히 여성노동자들은 이 시대 산업화의 주역이자 민주화의 주역이었다. 이들의 인권 투쟁은 유신이 막을 내리는 데 많은 기여를 했다. 뒤에서 다룰 YH무역 사태가 유신종언의 직접적인 계기가 되었다면 그 전에 노동계, 특히 여성노동자들의 인권 투쟁 롤모델을 제공한 것이 동일방직 사건이다.

　동일방직은 1930년대부터 일본의 5대 방적 업체로 꼽히던 동양방적을 모체로 두고 있는 회사다. 인천에 1300명의 노동자 규모를 가지고 있던 1970년대의 대표적인 섬유회사였다. 노동자 대다수는 여성(1383명 중 1214명이 여성)이었고 역대 노조위원장은 모두 남자였다. 그러다 1972년 최초로 여성지부장이 탄생한다. 주길자가 3회에 걸쳐 위원장을 역임했는데, 여기에는 산업선교회의 공이 컸다.

　그녀는 이전과는 다른 파격적인 방식으로 노조를 운영해 적잖이 중앙정보부와 긴밀히 협력하던 한국노총 전체에 충격을 주었다. 그 다음에는 주길자 집행부의 총무부장 역할을 하던 이영숙이 지부장으로 선출되었다.

　그러나 중앙정보부가 어용노조가 아닌 민주적인 노조의 출현을 반갑게 여길 리 만무했다. 사측과 남성노동자들은 여성 집행부에 대한 불신임안을 통과, 이영숙 집행부 노조를 깨뜨리려 했다.

　1976년 7월 23일, 이영숙 지부장은 인천동부 경찰서에 연행되었고 남성노동자들은 회사의 지원을 받아 자파 대의원만으로 대의원 의회를 열어 남성지부장을 선임했다. 여성조합원들의 저항을 막으려고 기숙사 문에 못질을 하는 등의 일을 저질렀으나 여성노동자들은 창문에서 뛰어내리는 방법으로 기숙사를 빠져나와 농성을 했다. 연행된 간부들의 석방을 요구하며 밤샘 농성을 한 여성노동조합원들은 초기에는 파업도 하지 않고 정규 근무시간을 지키면서 농성을 이어나갔다. 법의 테두리를 지킨 것이다. 여덟 시간의 작업을 끝내고 교대로 16시간씩 농성을 이어나갔는데, 사측은 잔인하게도 수도와 전기를 끊고 화장실 문을 잠그는 방식으로 이에 대응했다.

굶주림과 피로에 지친 여성노동자들은 전면파업을 하기 시작했다. 사측은 폭력경찰을 동원해 농성을 진압하려 했다. 주동자를 내놓으라는 경찰의 말에 모두가 주동자라며 저항하다가 속옷 차림으로 대항하기에 이르렀다. "아무리 무지막지한 경찰이라도 속옷 차림의 우리를 건드리지는 못할 것이다"라고 함께 뜻을 모아 내린 결단이었다. 그러나 경찰은 아랑곳하지 않고 알몸의 여성노동자들을 흠씬 두들겨 패고 연행해갔다. 충격 받아 정신병원에 입원한 이도 있었다.

이는 여성노동자의 인권을 지키려는 처절한 몸부림이었다. 이들은 여성위원장을 필두로 한 민주노조의 출범이 가져온 변화를 속옷 차림으로 투쟁해가면서까지 지켜야만 했다. 여성노동자들의 작업 강도는 매우 높았으며 작업 환경도 매우 열악했다. 그러다 생리휴가를 비롯해 식사시간 확보, 화장실을 비교적 자유롭게 갈 수 있게 되는 등 피부로 닿는 변화가 일어난 것이다.

똥물 사건이 일어난 것은 이영숙이 퇴사하고 민주노조 3기가 출범한 후였다. 집행부 측에 있다가 입장을 바꿔 사측에서 입후보한 문명순과 민주노조 집행부 측의 이총각이 대결하여 이총각이 승리, 다시 한 번 민주노조가 권력을 잡았다.

그런데 2월 21일, 노조 대의원선거에서 문명순과 박복례를 비롯한 남성노동자 대여섯 명이 야간작업을 마치고 투표 준비를 하던 여성노동자들의 노조 사무실로 들이닥쳐 똥물을 뿌리는 사건이 일어났다. 똥물을 뿌렸다 뿐인가. 고무장갑을 끼고 똥을 온몸에 바르고 입안에까지 넣었다. 돌로 얼굴을 가격하고 똥이 가득 든 양동이를 들이부어 버렸다. 노조에서는 불상사를 우려해 미리 경찰에 경비를 요청해두었다. 여자 노조원이 그들에게 도움을 요청하자 그들은 "쌍년아, 가만히 있어. 이따가 말릴거야"라며 낄낄대며 구경했다. 여성노조원들은 아무리 가난하게 살았어도 똥을 먹고 살지는 않았다며 울부짖었다.

이 사건은 중앙정보부와 사측이 공작해 남성노동자들을 사주해서 벌인 일이지만, 남성노동자들 역시 남자의 자존심을 지키려고 벌인 일이었다. 이렇게 이 사건에는 뿌리 깊은 성차별 이데올로기가 녹아있었다.

이 사건으로 섬유노조 본조가 파견한 조직행동대가 현장을 장악하고 섬유노조위원장 김영태는 동일방직 노조를 사고지부로 결정, 이총각 지부장등 간부 네 명을 반 노동조합적 활동을 했다는 이유를 들어 제명해버렸다. 결국 노조파괴 공작에 성공한 것이다.

억울한 일을 당한 여성노동자들은 근로자의 날 기념식이 전국 TV로 생중계되던 날 "우리는 똥을 먹고 살 수 없다"라는 구호를 외쳤다. 이 사건으로 관련자 네 명이 구속되었지만 포기하지 않고 명동성당에서 무기한 단식투쟁을 벌이기도 했다. 명동성당 김수환 추기경은 강론에서 이들이 당한 만행을 밝혔다. 이에 사회의 저명한 인사들이 동일방직 사건 긴급대책위원회를 구성해 노동자들의 뜻이 이뤄지도록 사측과 타협을 보는 성과를 얻었다.

처음에는 그런 줄 알았으나, 사측은 이들과 타협하는 척 무더기 해고를 자행했다. 단식농성 14일 만에 돌아온, 몸이 축나있는 노동자들에게 무단결근을 사유로 126명을 무단 해고했고 업무집행에 대한 관한 참조사항이라는 사실상의 블랙리스트를 만들어 전국 노조 및 사업장에 배포했다. 재취업 길까지 막아버린 것이다.

이렇게 된통 당한 이들은 죽음을 생각했다. 의문사 당한 최종길 교수의 동생 최종선은 중앙정보부가 똥물 사건과 블랙리스트 제작을 하는 데 깊숙이 개입했다고 2001년 3월 19일 민주화 운동 관련자명예회복 및 보상심의위원회에서 밝혔다.

언론은 이런 동일방직 여성노동자들의 서러움을 알지도 못한 채 침묵을 지켰다. 여성노동자 여섯 명은 필사적으로 방송을 통해 이런 고통을 호소하고자 3월 26일 여의도광장에서 열린 부활절 예배의 라디오 생방송에 시위투쟁의 목소리를 담는 시도까지 감행했다. 이들은 동일방직, 원풍모방, 방림방적, 남영 나이론, 삼원섬유 등 제각기 다른 조직에 몸담고 있었다. 동일방직 똥물 사건이 여성노동자 인권 탄압 참상의 공개와 이에 대한 회복이라는 의지로 이들을 묶고 한 목소리를 내게 만들었다.

45만 명의 개신교 신자가 모여 있는 자리에서 이들은 마이크를 빼앗아 "노동3권 보장하라", "우리는 똥을 먹고 살 수 없다" 등을 외쳤다. 이후 이들은 집시법 위반과 예배방해죄로 구속되었고 실형을 선고받았다. 항소공판에서 이들이 남긴 진술은 사람들에게 큰 슬픔을 주었다. 노동자는 죄인보다 못하다, 구치소 생활이 공장생활보다 낫더라. 언론은 이들의 고통을 외면했고, 보수 개신교 측은 침묵했다.

동일방직 사건 대책위원회 실무자 중 조세희라는 소설가가 있었다. 우리가 잘 아는 소설,『난장이가 쏘아올린 작은 공』을 쓴 소설가다. 그는 이 동일방직 사건을 비롯해 박정권의 인권유린 사태에 참을 수 없는 분노를 느끼고 노트를 사 글을 옮겨 적으며『난쏘공』을 집필했다. 그는 『난쏘공』을 고통스러운 시대에 사는 자신의 피맺힌 절규라고 정의했다.

30.
박정희 체제 종언

YH 무역 사태,
김영삼 의원직 제명

1978년 12월 27일, 박정희가 마지막으로 취임했다. 약 5개월 전의 선거 과정은 공산주의의 그것과 매우 흡사했는데, 이를 조롱하는 한국인권운동협의회의 지하유인물이 매우 절묘하다. 먼저 유인물의 앞부분에는 <한국일보> 기사를 인용한다.

· 통일주체국민회의는 6일 상오 서울 장충체육관에서 오는 84년까지 재임할 임기 6년의 제 9대 대통령을 선출한다. 국민회의는 6일 상오 10시 개회식을 한 뒤 단일 후보인 박 대통령에 대한 제 9대 대통령 선

출 투표에 들어간다.(7월 6일 한국일보 1면)

· 제2대 통일주체국민회의 제 1차 회의는 6일 상오 10시 서울장충체육
관에서 개회식을 갖고 현 박정희 대통령을 제 9대 대통령으로 선출했
다. 제2대 국민회의 대의원 2583명 가운데 2578명이 참석, 박정희 후
보가 2577표(무효 1표)를 얻어(99.9퍼센트) 임기 6년의 제9대 대통령으
로 당선됐다.(7월 7일 한국일보 1면)

그 다음, 문교부가 발행한 중학교용 교과서『승공통일의 길 2』47,
52, 53페이지에서 발췌한 북한 공산정권의 선거에 대해 싣는다.

공산국가에서도 형식상 선거를 치른다. 그러나 그 선거는 민주주의 국
가에서 실시하고 있는 선거와는 다른 일종의 사기행위이다…(중략)…
우선 공산국가의 선거에서는 단 한 사람의 입후보자에 대하여 찬성이
냐 반대냐 하는 것을 표시할 수 있을 뿐이다. 그러나 유권자는 찬성할
수 있는 자유는 있어도 반대할 수 있는 자유는 없다. 선거라고 하는 것
은 글자 그대로 많은 사람 중에서 적격자 한 사람을 고르는 선택 행위
인데 입후보자가 한 사람밖에 없다는 것은 벌써 선거로서의 의미가 없
는 것이다. 그들의 선거 결과는 항상 99퍼센트 이상의 투표율과 99퍼
센트 이상의 찬성으로 나타난다. 이런 선거 분위기 속에서 반대를 한다
는 것은 상상조차 할 수 없는 일이다. 따라서 공산당의 명령에 복종하
여야 할 의무만이 있을 뿐 다른 어떤 권리도 인정되지 않는 것이 바로
공산주의 국가임을 알 수 있다.

그저 객관적인 자료의 나열만 있을 뿐, 일체의 주관적 서술도 없는
유인물 한 장이 유신체제의 허구성을 낱낱이 폭로했다. 아무리 공산국

가와 대항하기 위해 유신이라는 국론의 통일을 이룬다고 해도 민주주의를 포기한 자유주의 진영이란 이미 그 자체로 정체성이 무너져 내린 모순을 가진 무언가였다. 그만큼 유신체제, 오로지 박정희 1인을 위한 체제는 일체의 반대를 허용하지 않는 극도의 경직성을 보였으며 결국 파국으로 치달았다.

김영삼이 박정희와 여야 영수회담을 가지고 타협적인 자세를 취할 때 신민당은 내분을 겪고 이철승이 총재로 선출되었다. 이철승은 '사쿠라' 정치꾼으로, 여당에 협조적이었다. 그러다 1978년 12.12총선으로 민심이 바라는 바대로 박 정권의 말기적 발악을 수습할 야당의 필요성이 대두되었다. 신민당(32.3퍼센트)이 공화당(31.2퍼센트)보다 1.1퍼센트 앞선 것이다. 그럼에도 불구하고 사쿠라 정치에 안주하던 이철승 대신 신민당의 새 총재로 김영삼이 당선되었다. 이는 김대중과 김재규의 지원이 있었기에 가능했다. 김재규는 가택 연금 상태에 있던 김대중이 외출하도록 눈감아주었고, 김대중은 전당대회 전 대의원 단합대회에 참석해 김영삼을 지지해달라 호소했다. 김영삼은 다시 정신을 차리고 선명야당을 표방하는 길을 걸었다. 한편 당시 중앙정보부장인 김재규가 한마디로 반 유신세력을 돕는 길을 자처한 것은 그가 박정희 암살이라는 극단적인 선택 이전에 체제 내 개혁을 해보려고 나름의 노력을 했다고 볼 수 있는 대목이다.

박정희 체제의 종언으로 가는 길에는 몇 개의 돌다리를 밟아볼 수 있다. 김영삼과 YH무역 여성노동자들의 농성, 그리고 부마항쟁과 10.26 김재규의 발포다. 김영삼이 신민당의 총재로 당선되었다는 이야기는 했다. 그 다음은 YH무역 여성노동자들의 이야기다.

1960년대 말 이후 한국의 수출 팽창 신화에서 가장 중요한 것 중 하나는 가발이었다. 1966년 미국 재무성의 중공 봉쇄 기본정책이 유효됨에 따라 원료와 원산지 증명이 없는 가발을 일체 수입하지 않겠다는 조치가 취해졌다. 덕분에 미국시장의 90퍼센트를 차지하던 이탈리아 가발산업은 몰락해버렸다. 중국제 원료를 사용하고 있었기 때문이다. 당시 뉴욕의 한국무역관 부관장으로 있던 장용호는 이 틈을 타 발 빠르게 가발공장을 차렸다. 회사 이름은 자기 이름을 딴 YH무역이었다.

시대흐름을 잘 공략한 덕분에 가발 산업은 단기간에 부흥했다. 10명 내외 소규모로 창립한 회사가 창사 4년 만에 종업원 수 4000명을 넘어서는 기업이 되었고 장용호 개인도 1972년 고액개인소득자 8위에 오르는 등 벼락부자가 되었다.

그 이면에는 열악한 근무조건과 저임금을 받으며 열심히 일한 여성노동자들이 있었다. 노동자 처지 개선을 위해 노조 활동의 필요성이 대두되었다. 우여곡절 끝에 YH에도 민주노조가 세워지고 노조활동으로 상여금 쟁취라는 작은 성과도 거두었다. 그러던 중 문제가 생겼다. 1977년, 사측은 정부 당국의 시책에 따라 가발과를 충북 청산 두메산골로 이전한다고 다짜고짜 공고했다. 연고가 없어 현실적으로 일할 수 없는 여건에 있는 노동자 500명 이상이 사표를 냈고, 해고수당도 받지 못한 채 쫓겨나야 했다. 이것도 모자라 사측은 가발 산업이 사장되었다며 아예 가발부를 폐쇄시켰다. "임금은 최저임금 생산량은 초과달성연근, 야근 다 해줘도 폐업이라니 웬 말이냐"라고 노래를 부르던 노동자들의 심경은 허탈하기 그지없었다.

속사정을 알아보니 이는 사측의 꼼수 및 횡포였다. 당시 국내에서 너도나도 가발 사업에 뛰어들어 과당경쟁이 일어나 가발 산업이 급격히 내리막길을 걸었다는 것은 사실이다. 가발 산업의 시대적 흐름이 그랬던 것도 있지만, 결정적인 이유는 무리한 사업 확장에 따른 경영실패로 진 큰 빚이었다. 회사는 저임금에 열악한 노동환경에서 노동자들의 등골을 빼먹은 것으로도 부족해서 종업원 수를 줄이고 본 공장은 휴업시켜놓은 후 작업 물량을 하청공장으로 빼돌려 수출실적을 유지하는 짓을 했다. 게다가 미국에서 외상으로 수입한 15억 상당의 물품을 대금 체불하고 있었고 그 부담을 힘없는 여성노동자들이 지게 했다. 회사 정문에는 경영부실 때문에 1979년 4월 30일자로 폐업한다는 공고문이 붙었다.

임금체불에 다짜고짜 폐업까지, YH노동자들은 장기간 투쟁하기로 결심했다. 처음엔 공장에서 농성을 벌이다가 곧 경찰력이 투입되어 초박살이 나고 말았다. 이에 남성노동자들까지 가세해 농성을 이어나갔는데도 사장은 사정을 들어주겠다며 사태를 마무리짓는 듯싶더니 농성만 중지되자마자 노동자들의 요구를 어느 것 하나도 들어주지 않고 다시 배 째라는 식으로 나왔다. 회사는 통보한 기한 안에 퇴직금과 해고수당을 수령하지 않을 시 법원 쪽으로 넘긴다고 했다.

궁지로 내몰린 YH노동자들은 고민 끝에 이 문제를 전국 방방곡곡에 알리자는 심정으로 신민당 당사를 농성장소로 채택하기에 이르렀다. 1979년 8월 9일, 비빌 언덕이 없는 YH여성노동자들은 김영삼에게 찾아가 사정을 호소했다. 5분간의 면담 끝에 김영삼의 직감은 박정희 유신체제에 대한 끝장승부를 치르는 결단으로 이어졌다. 새벽에 기숙사를 몰래 빠져나온 여공 187명은 무사히 신민당 당사에서 재회해 감격해하고 있었다. 그들을 앞에 두고 김영삼은 "여러분이야말로 산업 발전의 역군이며 애국자인데 이렇게 푸대접을 받아서야 되겠느냐"라며 YH여공들을 고무시켰고 일의 사이즈를 키웠다. 사장을 불러다 앉혀놓고 노동자 대표와 담화를 나누게 했는데, "여공들의 작업 성적이 나쁘기 때문에 고용할 수 없다"는 말도 안 되는 핑계를 대다가 "회사가 부품공급을 제때 해주지 않았기 때문 아니냐"며 된서리를 맞았다.

이들 문제는 신문에 크게 실렸고, 학생데모조차 일어나기 어려웠던 얼어붙은 정국에서 신민당사의 여공들은 큰 주목을 받았다. 그동안 노동계에서 벌어지는 일에 눈 하나 깜짝하지 않고 빨갱이로 몰아버리거나 강경진압을 일삼던 박 정권은 당황했다. 정국이 얼어붙어 아무 말 못했다 뿐이지 국민여론은 유신체제에 이미 질려있었다. 팽팽해 질대로 팽팽해진 밧줄에 칼집이 나 찢어지기 일보직전이었던 것이다. 그리고 그 밧줄에 칼질을 한 것이 YH였다.

하루도 되지 않아 청와대에서 고위대책회의가 열렸다. 박 정권에 심적 여유가 있었다면 신민당이 자진해산토록 시간을 끄는 신중론을 펼수도 있었을 텐데, 즉각 강제해산이라는 강경론이 다른 의견을 다 묻어버렸다. 경찰이 강제진압을 결정하자 YH노조 측은 투신하겠다고 이에 대응했다.

8월 11일 새벽 두 시, 101호 작전이 거행되었다. 경찰 1000여 명이 동원되어 신민당 당사를 습격했다. 진압 작전은 매우 폭력적이었다. YH 여공들은 말할 것도 없고 함께 있던 당원과 기자들에게까지 무차별 폭력이 휘둘러져 코뼈에 금이 가고 갈비뼈가 부러지는 등 부상자가 속출했다. 그런 도중 스물두 살 김경숙이 사망했다. 경찰은 김경숙이 동맥을 끊고 투신했다고 발표했으나. 그러나 부검결과 동맥 끊은 흔적은 발견되지 않았고 둔기로 가격당한 흔적이 발견된 것으로 미루어 진압 과정에 동원된 폭력 때문에 숨진 것으로 보였다.

김경숙의 사망이 TV로 보도되었다. 김경숙 사망이 보도되자 박정희는 문공장관을 통해 '내리갈굼'을 했고 동양방송의 회장 홍진기는 혼쭐이 났다. 그러는 한편 언론은 YH 사건 배후에 도신산업선교회라는 좌경 용공 단체가 있다며 왜곡보도를 서슴지 않기도 했다. 언론은 아직 시대의 흐름을 읽어내지 못했던 듯하다. 김영삼과 신민당 당원 및 의원들은 박 정권의 폭력진압에 항거해 농성을 시작했다. 이때 박 정권은 한 번 더 무리수를 두었다. 김영삼의 신민당 총재직을 박탈시켜버린 것이다.

밖에 YH 여공들이 찾아왔습니다.

OK, 안으로 모셔라.

근데 자세가 왜그래?

김영삼

여러분이야말로 대접받아 마땅한 이 나라 산업 성장의 역군인데, 대한민국이 이래서야 되겠습니까!

소리 질러!

우와아아

김영삼

오너라, 박정희! 한판 붙어보자.

김영삼

띵동

영삼아, 나 왔어.

어? 벌써?

우르르

우당 탕 탕 탕 탕 탕

신 민 당

이야, 좀 센데……

김영삼 의원직제명

부마항쟁과
10.26

김영삼은 9월 10일 기자회견에서 박 정권을 타도하며 범국민적 항쟁을 전개할 것이라고 말했다.

"우리 국민은 1인 체제하에서 18년을 살기에도 지쳤는데, 일당 독재하에서 살기를 강요당하는 오늘의 중대한 국면에 처해서도 궐기하지 못한다면 우리 모두가 함께 역사의 죄인이 된다는 것을 잊지 말아야 할 것이다."

김영삼 본인은 자신의 회고록에서 몇 달 되지 않아 유신이 종결될 줄은 전혀 몰랐다고 밝혔으나, 이때의 그는 무언가 큰 바람을 타고 현 국면을 뒤집기로 작정한 듯 보였다.

이런 그의 발언에 공화당 및 유정회 의원들은 김영삼의 의원직마저 박탈하자는 징계책을 내놓았다. 국회 경호권이 발동된 상태에서 김영삼 제명 결의안이 변칙으로 통과되었다. 무책임한 선동으로 폭력혁명 노선으로 치닫는 반민주적 정치 폐풍을 추방한다는 것이 그 이유였다. 김영삼의 의원직이 제명 처리되자 신민당 의원 전원이 국회의원직 사퇴로 함께했다.

이런 일이 일어나는 동안 10월, 부마항쟁이 터졌다. 그 배경에는 여러 이유가 있었으나 주요한 것은 박 정권의 군사작전식 경제 개발로 해결할 수 없는 경제위기의 도래였다. 바꿔 말하면 한국의 경제가 성숙기

국면으로 들어섰다는 의미였다.

60년대~70년대 초에는 개발에 박차를 가하는 것만으로 경제성장이 가시적으로 나타날 수 있었다. 그러나 1978년, 이전과는 다른 성격의 경제위기가 대두되었다. 1978년 말 제2차 오일쇼크가 터져 세계적인 경제위기가 온 것이다. 1979년 4월, 박정희 정권은 경제 개발이 아닌 경제 안정화 정책을 채택했다. 그러나 그것은 쉬운 일이 아니었다. 유신헌법 발효의 명목이자 체제를 유지할 수 있었던 주체가 독점자본과 재벌 위주 성장책이었는데 이를 다시 거스른다는 것은 자살행위였다. 그렇다고 소득 불균형을 불사한 기존의 정책을 밀고 나갈 수도 없었다. 진퇴양난이었다. 중화학공업 부문 과잉 ,중복투자 문제를 맞닥뜨리며 대자본은 정권의 통제를 벗어났고, 자연히 경제 안정화에 따르는 비용은 일반 대중에게서 거둬야 했다. 중소기업의 부도율이 솟구쳤고 특히 부산 지역은 신발, 의류, 합판과 같은 저부가가치 제조업 종사자가 많아(1975년 기준 77.3퍼센트) 이런 피해를 직격탄으로 맞았다. 부가가치세 등의 세금 과중 징수 또한 원인을 촉발했는데, 전년도(1978년) 대비 32퍼센트나 증가했다. 부산대 학생들의 시위가 이후 일반 대중이 대폭 가세하면서 몸집을 불려 정국을 뒤흔든 항쟁으로까지 번진 것은 결코 이런 상황과 무관하지 않다.

10월 16일, 학원 병영화가 기승을 부리던 당시 정황에서 4년간 데모 한 번 하지 않던 착한 부산대 학생들이 먼저 들고일어났다. "유신독재 정권에 맞서 우리 모두 피 흘려 투쟁하자!"를 외치며 겨우 200명 남짓한 인원으로 시작했는데, 금세 거리 시위가 되며 인원이 5000명을 넘어갔다. 고신대 학생들이 합류했고, 밤이 되자 사회 다양한 계층의 시민들이 합류했다. 오후 일곱 시에는 5만여 명이 부산시청과 광복동 일대 거리를 누비면서 "유신철폐", "언론자유", "김영삼 총재 제명을 철회하라"는 구호를 외쳤다. 파출소, 언론기관, 경찰서, 중부세무서, 경남 도청 등을 파괴하고 박정희 사진을 짓밟았다.

부산의 아들 김영삼의 의원직을 제명시킨 것은 시위의 표면적인 이유 중 하나였고, 본질적인 것은 결국 박정희 자신이 스스로 인권보다 중요하다고 강조한 그 '먹고사니즘'이었다. 칼에 흥한 자 칼로 망한다고 했던가. "잘 살아보자"고 외치며 자신의 집권정당성을 주창한 박정희는 나라가 더 이상 잘 살지 못하게 되자 국민에게 '용도폐기'되었다. 부산에서 불이 붙은 시위는 마산으로까지 이어졌다. 이른바 부마항쟁이다.

물론 박정희는 이때까지도 자기 시대가 곧 끝나리라고는 전혀 예상하지 않았다. 10월 18일 0시를 기해 부산에 계엄령이 선포되었고 10월 20일에는 마산과 창원에 위수령이 발동되었다. 공수부대와 해병대가 파견되어 시민들을 폭력으로 무자비하게 진압했다. 부산과 마산에서 총 1563명이 연행되었고 100명 넘게 군사재판에 회부되었다. 치안본부에서는 부산과 마산에서 일어난 시위의 성격을 불순세력의 배후조종에 의한 것이라고 여겼다. 불과 몇 주 전에 남민전 사건이 일어났는데, 그와 연계된 사건이라며 연행된 이들에 대한 고문수사도 서슴지 않았다.

현실을 부정하고 가상의 적을 만들어 집권 정당성을 확보하려는 행태는 박정희나 그의 추종자들이 계속해서 추구해온 방식이다. 때문에 박정희기 더욱 현실감 없는 정치를 구사한 것인지도 모른다. 다만 그중에서도 더 이상 이런 방식으로는 권력을 유지할 수 없겠다고 상황을 직시하고 있던 한 사람이 있었다. 중앙정보부장 김재규다. 부마항쟁이 일어나자마자 그는 부산으로 내려가 현지 상태를 확인했다. 그리고 박정희에게 이렇게 보고했다.

유신체제에 대한 도전이고 물가고에 대한 반발과 조세에 대한 저항에다가 정부에 대한 불신까지 겹친 민중봉기입니다. 불순세력은 배후에 없습니다. 위와 같은 민란은 정보자료로 판단컨대 5대 도시로 확산됩니다.

그러나 이런 보고를 받은 박정희는 오히려 김재규를 힐책했다. 박정희는 4.19와 같은 데모가 일어날 시 대통령인 자신이 직접 발포 명령을 내리겠다고 호통을 쳤다. 옆에 있던 경호실장 차지철은 한술 더 떠서 "캄보디아에서 300만 명 죽여도 까딱없던데, 100~200만 명 정도 죽여도 걱정 없습니다"라고 말했다. 김재규는 속으로 이들을 제거하지 않으면 필연적으로 수십, 수백만 명이 피를 흘릴 것을 직감했다.

10월 26일, 중앙정보부 궁정동 안가에서 '대행사'가 열렸다. 대행사란 대통령을 비롯해 권력 서열 최정상 4인(대통령, 중앙정보부장, 비서실장, 경호실장)이 함께 모여 여성들과 함께 술을 마시는 자리를 일컫는다(대통령이 혼자 은밀하게 여자를 만나는 것은 '소행사'였다).

저녁 일곱 시 30분, 김재규는 이 자리에서 권총을 꺼내 먼저 차지철에게 한발 쐈다. 피를 흘리며 도망치는 그를 뒤로 하고 박정희의 가슴을 향해 다시 한 발 발포했다. 그 다음 다시 한 발을 쏘려 방아쇠를 당겼으나 나가지 않았다. 그래서 거사 30분 직전에 함께 모의한 자신의 심복 박선호의 총을 가져와 화장실에서 나오는 차지철을 쏴 죽였고, 쓰러져있는 박정희의 뒷통수에 다시 한 발을 발포했다.

10.26암살 사건이라고 불리는 이 사건은 처음부터 끝까지 김재규의 단독거사였다. 그는 함께 움직일 자신의 부하들에게도 거사 당일, 그것도 직전에 계획을 알렸다. 그래서 우발적인 발포라고 보기도 하지만, 그렇다고 하기에는 김재규는 꽤 오래전부터 체제 내 개혁을 도모한 바(유신체제를 종료하고 직선제로 개헌하자, 긴급조치9호는 실효성이 떨어진다 등의 건의를 올렸음) 있으니 나름의 소신을 가지고 민주주의와 양립 불가능한 존재가 되어버린 박정희를 제거해야겠다고 마음먹은 것으로 봐야 하지 않을까 싶다.

이렇게 김재규가 허술하게 보일 정도의 급작스러운 계획으로 단독 거사한 이유는 '한 번 입 밖으로 나오는 말은 모두 대통령 귀에 들어가고야 마는' 권력 시스템에서는 이것이 어쩔 수 없는 선택이었기 때문이다. 이 권력 시스템은 박정희 특유의 인사관리 술책이다. 박정희는 중앙정보부, 보안사, 경호실, 치안본부, 수경사(혹은 비서실)의 다섯 정보 기관이 권력을 분리해 서로를 견제하도록 만들었다. 외국 언론에게 '펜타곤의 댄서'라는 별칭까지 얻은 이 인사 술책은 어느 한쪽이 독주하지 못하도록 계속해서 서로를 감시, 견제하도록 만들었다. 때문에 팀을 위뤄 치밀하게 계획된 범행을 저지른다는 것은 불가능에 가까웠다.

계획은 허술하기 짝이 없었지만 김재규는 결과적으로 목표인 박정희 살해에 성공했다. 그러나 그는 그 뒤의 계획에 대해서는 아무런 안도 짜놓지 못했다. 90퍼센트는 거사 중 죽을 목숨이라고 생각한 그는 스스로가 그 상황에서 살아남은 자체가 당황스러웠을 것이다.

살아있는 국가 그 자체로 군림하던 박정희가 하루아침에 총탄에 목숨을 잃으니 바로 어제까지도 유신체제를 찬양, 미화하던 세력들조차 유신헌법 개헌에 대해 감히 이의를 제기하지 못했다. 국민들은 카리스마적 통치 속에 견고히 유지되어 온 모든 체제가 일순간 붕괴하기 직전이 되어버린 아이러니함을 목격하고 있었다. 그래서 충격과 불안에 휩싸인 채 저마다 새로운 살길, 밥줄을 찾기에 급급했다.

4장
신군부 쿠데타 세력,
전두환 정권기

31.
12.12 쿠데타와 5.17

새로운 파시즘의 도래

앞서 천주교 정의구현 사제단과 함께 등장한 민주회복국민회의는 민주주의와 민족 통일을 위한 국민연합이라는 단체로 확대 개편되었다. 윤보선, 김대중, 함석헌, 함세웅, 박형규 등이 주요 참여 인물이었다. 이들은 11월 24일, 결혼식으로 위장해 YWCA 강당에서 통일주체국민회의에서의 대통령 보궐선거를 저지시키기 위한 국민선언문을 발표했다. 즉 거국중립내각 구성과 조기 총선을 주장한 것이다.

거국중립내각이란 주로 대통령제를 채택해 운용하는 나라에서 국가 비상 사태가 일어나 정상적인 국정수행이 불가능할 때 특정 정당에 한정되지 않은 중립적 성격의 내각을 구성하는 것을 말한다. 그리고 조기 총선을 주장한 것은 유신의 핵심인 통일주체국민회의 대통령 선거를 철폐하기 위함이었다. 카리스마 권력의 화신 박정희가 급사한 상황에서 이는 어찌 보면 지극히 당연한 대응이었다. 박정희가 죽고 적어도 민주주의에 관한 한 모든 문제가 해결된 것처럼 보였기 때문이다. 해빙 무드였다.

그러나 사태는 예상과 다른 전개로 흘러갔다. YWCA 집회에 참여힌 민주인사 200여 명은 포고령 제1호 1항에 의해 닭장차에 실려 중부경찰서로 갔다. 여기까지도 그리 심각하지는 않았다. 중요한 분기점은 이들이 중부경찰서에서 서빙고 보안사 분실로 끌려가면서부터였다. 누가 봐도 해빙 무드 속의 당연한 권리주장(거국중립내각 구성과 조기 총선 요구)인데 국가 반역 및 내란음모죄라는 덤탱이를 씌운 것이다. 심각한 수준의 고문수사도 함께였다. 11월 27일, 계엄사는 14명을 구속하고 네 명을 불구속하는 등 18명을 군사재판에 회부하고 122명은 즉심 또는 훈방조치를 취하면서 이와 같이 발표했다.

"유신 체제의 조기 종식으로 헌법 개정과 개인적 신분 제약 해소를 기대하고 나아가 집권까지 기대하는 환상 세력이 주도한 탐욕의 불법집회였다."

신군부의 등장을 예고하는 일련의 사건에 민주화 진영은 바짝 긴장했다. 박정희가 부재한 상황에서 민주화를 요구하는데 모진 고문을 당하게 될 줄은 차마 몰랐다. 거국내각 구성과 조기 총선 그리고 유신 잔당 퇴진을 내걸었던 민주화 진영은 방향을 비교적 수위가 낮은 계엄 해제로 수정했다.

　김대중은 앞서 이런 신군부의 출현을 예고한 바 있다. 그는 대통령 권한대행 최규하를 퇴진시키고 보궐선거를 저지하면 무정부상태가 오며, 신군부 쿠데타가 일어날 가능성이 있다고 했다. 이런 까닭에 김대중과 그의 측근인 동교동 재야인사들은 YWCA 집회에 회의적인 시각을 갖고 참석하지 않았다.

　이 신군부 세력의 정체는 무엇인가? 12월 6일 통일주체국민회의에서 참석 의원 2549명 중 무효표 48표를 제외한 2501표를 얻어(98.1퍼센트) 최규하가 대한민국 제 10대 대통령으로 당선되었다. 최규하는 신현확을 국무총리로 세우고 12월 14일 정식으로 과도정부 새 내각을 출범시켰다. 그렇다면 그가 실세였나? 아니었다. 신군부 실세의 중심 인물은 12월 12일에 모습을 드러냈다. 속칭 12.12쿠데타로 불리는 이 사건의 핵심은 육군참모총장직과 계엄 사령관직을 동시에 겸임한 정승화를 박정희 살해 사건과 연루, 강제 연행한 것이었다. 이 사건의 주체는 박정희 살해사건 관련 합동수사본부장을 맡은 보안사령관 전두환과 그의 군내 사조직 하나회 세력이었다.

　그렇다면 하나회 세력이란 무엇인가? 육사 11기의 영남 출신 생도들의 친목모임이 시초로 핵심 인물은 전두환과 노태우 등이다. 이들은 점차 조직을 확대 개편하면서 서약 위반 시 인격말살을 감수하는 내용 등이 포함된 가입절차 서약을 받는 등 마피아 조직을 방불케 하는 성격을 띠었다. 다른 말로 하면 그만큼 11기 전두환을 중심으로 충성, 단합되어 무슨 일이든 저지를 수 있는 집단이었다. 정승화는 처음부터 이런 하나회 소속 장교들을 분산시키려고 합수본부장 교체를 건의하는 등의 일을 했다. 정승화의 연행으로 얻을 수 있는 결과를 보면 12.12쿠데타를 일으킨 하나회 세력의 목적은 명확하다. 결과적으로 그들은 쿠데타 직후 대대적인 군 인사개편을 이루었다. 노태우는 수도경비사령관을 맡았고 그와 함께한 전두환 충성파 육사 11기 출신들은 대다수 군 핵심 요직을 꿰찼다.

당연히 이는 '쿠데타'이자 하극상이라 기본적으로 권력을 잡을 수 있는 정당성이 결여되어 국내·외적으로 반발을 샀다. 아니, 정확하게 이야기하면 혼란을 주었다.

신군부와 전두환은 최규하 대통령에게 재가를 받지 않고 군사력을 동원해 정승화를 강제 연행했다. 최규하는 거절했지만 결국 계속되는 압력에 굴복해 뒤늦게 재가를 내렸다. 미국 또한 신군부가 정승화를 연행한 것에 반발했다. 주한 미 대사 글라이스틴은 이들의 쿠데타를 '망나니들의 반란'이라고 표현할 정도였다.

그러나 전두환은 현 육군참모총장을 연행해감으로서 사실상 한국 군부 지휘권을 꿰찼음에도 현 정부를 해산시키지 않고 그대로 두었다. 바로 이것이 국내와 국외에서 전두환을 바라보는 관점에 혼선이 생기는 결정적인 부분이다. 전두환은 다음 해 8월에야 최규하가 권력을 포기하게 하고 대통령에 취임한다. 그래서 그의 쿠데타는 '세계에서 가장 오래 걸린 쿠데타'라는 수식어가 붙었다.

12월 21일, 최규하 대통령의 취임식이 거행되었다. 하지만 국내 민주화 진영은 아무도 최규하가 실세라고 생각하고 있지 않았다. 비록

YWCA 사건이 터졌지만 박정희가 죽었고, 필연적으로 민주화와 직선제 개헌이 이루어지리라 전망했기 때문이다. 이런 상황에서 민주화 진영의 큰 양대 축 김영삼과 김대중은 다가오는 1980년 서울의 봄에 각자의 집권에 열을 올리며 분열한다. 아직 전두환의 존재가 수면 위로 올라오지 않은 상태였기 때문에 직선제 개헌이라는 과업이 그로부터 7년이 더 지나서야 가까스로 이루어지게 된다는 것을 그 당시에는 아무도 예상하지 못했다.

박정희의 죽음과 그 빈자리는 꽤 컸다. 때문에 정치적 관점으로만 이 시기를 보고 누가 봐도 민주화는 필연이라 예견해도 할 말은 없다. 하지만 사실 1979년 말 상황은 새로운 파시즘이 등장하기 좋은 조건 또한 갖추고 있었다. 앞서 이야기했듯 1979년 말, 제2차 오일쇼크가 터져 기름값이 폭등했고 물가고는 극심했으며, 경상수지가 41억 5000만 달러 적자라는 사상 최악의 수치를 기록하는 일 등이 벌어졌다. 이런 경제적 혼란과 민심의 분열은 박정희의 5.16 때와는 그 성격이 사뭇 다르긴 하지만 새로운 군부의 쿠데타가 등장하기 좋은 조건이 되었다.

그의 별명은 **허수아비 대통령.**

K공작에서
5.17 계엄 확대까지

　　　　　　전두환은 타고난 정치 감각을 가진 정치군인의 면모를 과시했다. 게다가 사조직 하나회는 그를 절대 지지했으며 12.12쿠데타로 그들이 군부 요직을 꿰찼다. 10.26사건 직후 실권을 장악하다시피 한 보안사령관이자 합동수사본부장 전두환은 계속해서 신군부가 집권할 수 있도록 물밑 작업에 착수했다. 여기서 물밑 작업이란 'K공작'이라고 불리는 신군부의 언론장악을 통한 여론 조작술, 즉 '전두환 대통령 만들기'였다. K공작이라는 이름은 King의 앞 글자 이니셜 K를 따서 지은 것이다.

　80년대의 대한민국은 여러모로 박정희가 집권하던 60년대와는 차원이 다른 집권공작이 필요한 시기였다. 경제 문제도 그 성격이 달랐다. 적어도 60년대처럼 배 굶주려 죽어나가는 사람들이 수두룩하지는 않았다는 말이다.

　차원이 다른 공작이라고 하면 수준 높은 무엇을 기대할 수 있는데, 방법은 의외로 간단했다. 언론을 통해 민주화 세력의 두 거목 김대중과 김영삼을 혼란 속 추악한 정치야욕의 발산세력으로 매도하고 전두환과 신군부 세력을 신뢰와 안정의 아이콘으로 미화하며 급부상시키는 것이었다.

　<조선일보> 기자 출신 허문도는 전두환에게 접근해 "언론을 장악해야 천하를 얻는다"라고 조언하며 충성을 맹세했고, 그것이 K공작의 시작이었다고 알려져 있다. 박정희로 상징되는 절대 권력이 갑자기 사

라지자 귀신같이 권력의 냄새를 맡은 기회주의자들은 전두환에게 과잉 충성 경쟁을 하면서 줄을 섰다. 허문도도 그 중 하나였고, 언론도 마찬가지였다.

'언론장악책'이라고 하면 말은 그래도 언론이 신군부에 그렇게 쉽게 넘어갈 것인지 의문을 품을 수도 있다. 하지만 박정희 집권기 18년 동안 부정부패는 사회전반에 걸쳐 DNA화되었다. 이 당시의 언론은 '썩은 호박'이었다고 표현할 수 있다. 신군부가 권력이라는 칼을 들이밀자 별 저항 없이 쑥하고 들어가 버리는 그런 호박 말이다. 특히 <조선일보> 같은 언론은 언론인의 신념을 '강한 놈이 우리 편'으로 두고 있었는지도 모른다. 자발적으로 신군부의 나팔수가 되려고 발 벗고 나선 언론의 대표가 바로 <조선일보>다.

물론 80년대 초 유화국면을 타고 언론인들은 다시금 자유언론 실천 운동을 벌이며 해직 기자의 복직 요구와 유신언론 청산 및 자유언론으로의 회복 요구를 기치로 걸고 나왔다. 그러나 이마저도 5.17 계엄 확대라는 본격적인 신군부의 긴장 분위기 조성으로 좌절되고 말았다.

신군부 세력의 5.17 준비는 혼란 정국 속에서 막연한 기대에 취해있던 김영삼이나 김대중과는 달리 기초부터 탄탄하게 이루어지고 있었다. 김영삼은 YH 사건과 신민당 농성 및 자신의 총재직·의원직 제명, 그리고 부마항쟁으로 이어지는 과정을 들며 그의 집권을 역사의 순리로 여겼다.김대중은 비교적 냉철한 시각을 가지고 신 군부의 쿠데타까지 점쳤지만, 그 역시 야권의 힘을 모은다거나 하는 큰 그림을 그리지는 못했다. 그런 와중에 국내언론은 "김영삼은 능력이 부족하며, 김대중은 너무 과격한 것으로 생각되고, 김종필은 너무 때문어있다(<뉴스위크> 4월 3일자 기사 '한국의 변화바람')"며 이른바 '3김'을 싸잡아 매도했다.

3월 말, 전두환은 신현확 총리를 찾아가 사형선고를 받은 김재규의 부재로 떠버린 중앙정보부장 자리까지 꿰차겠다고 말한다. 현역 군인은 중앙정보부장을 겸직할 수 없다는 규정에 전두환은 중앙정보부장 '서리' 자리를 맡겠다는 변칙술을 구사했다. 더불어 전두환은 자신의 군 계급을 소장에서 중장으로 진급시켰다. 보안사령관에 중앙정보부장 서리직을 겸하게 된 전두환은 국무회의에 참석할 수 있는 자격을 얻었다. 더군다나 중앙정보부에서는 정치자금을 끌어 쓸 수 있기 때문에 자금줄도 획책한 것이었다. 그는 실제로 집권 과정에서 중정 예산 800억 원 중 120억 원을 정치자금으로 유용했다.

어떻게 이런 전두환의 막무가내식 권력 흡수가 가능했느냐고 묻는다면, 글쎄, 이미 청와대를 신군부가 완전히 장악한 상태였기 때문이지 않을까 싶다. 일반인 앞에 그 모습이 드러나지 않았다 뿐이지 이미 전두환은 박정희의 권력을 거의 이어받은 상태였다.

신군부 집권 가능성을 점치고는 재계에서도 움직였다. 삼성 이병철과 현대 정주영은 신군부와 밀착할 수 있는 줄을 놓고 언론으로 서로를 까내리는 경쟁을 하기까지 했다. 이를 테면 삼성의 <중앙일보>가 현대건설의 부실공사를 폭로하면 현대는 이병철과 <중앙일보> 회장 홍진기의 과거 비리를 폭로하는 식이었다. 서로 치고받고 하며 재계도 결국 신군부에 머리를 조아렸다.

1980년 3월 봄, 학생들이 움직였다. 먼저 18개 대학이 어용교수 퇴진을 요구했고, 4월에는 성균관대에서 병영 집체 훈련 거부 사건이 터졌다. 학생을 대상으로 한 교련 교육을 거부하는 움직임이 서울대와 서강대 등으로 번졌다.

이승만 하야 때처럼 박정희 체제 종식 이후 해결해야 할 적폐와 문제가 한두 가지가 아니었기 때문에 운동권 학생 측 입장에서는 선택과 집중이 필요했다. 이를 위해 5월 2일 서울대에서 1만여 명이 참석한 비상학생총회가 열렸는데, 여기서 병영 집체 훈련 거부는 철회하고 계엄 해제 및 유신잔당 퇴진으로 의견을 모았다.

이때까지 학생들은 섣불리 나섰다가는 신군부의 쿠데타 명분을 만들어 줄 수 있다는 생각에 교내시위만 전개하면서 상황을 지켜보고 있었다. 그러던 중 항간에 5.12군부 쿠데타설이 나돌았고 동요한 총학생회와 학생들은 5월 13일부터 본격적으로 거리로 나서기 시작했다.

신군부 측은 북한의 남침 위협설을 퍼뜨리고 학생들의 시위를 배후 북한의 사주에 의한 불순분자 책동으로 규정지었다. 사실 집권 세력의 이런 대응은 커다란 틀에서 보면 별로 새로울 것 없는 주장이었으나 3김은 이를 심각하게 받아들여 질서유지와 사회 안정화를 지지한다는 입장을 밝혔다. 거기에 한술 더 떠 휴전선 총격전이 발표되면서 위기감은 더욱 고조되었다.

국내의 이런 상황은 사실 부풀려진 것이었다. 존 위컴 주한미군 사령관은 북한의 남침 징조는 없었으며 이는 단순히 신군부 측의 권력 장악 구실이었다고 이야기했다. 그럼에도 신군부가 일단 언론을 손아귀에 넣고 보니 국내 여론은 쉽게 쥐락펴락할 수 있는 것이었다. 이 상황에서 학생들은 5월 15일 오후 세 시, 서울역 앞에서 계엄 철폐를 외치는 대형 시위 집회를 열었다. 총 30개 대학에서 10만여 명의 대학생이 모였다. 허나 해가 질 때쯤 되자 야밤에 군과 학생이 충돌하게 될 것을 우려해 해산 후 교내로 돌아가기로 뜻을 모았다. 언론장악으로 일반 시민들이 학생들의 움직임을 불순분자의 과격한 책동으로 인식해 호응하지 못하는 상황에서 군부를 자극하는 것은 현명하지 못한 결정이기 때문이었다.

이 '서울역 회군'으로 군과 학생의 마찰이 유보되고 이는 곧 5.18 광주학살 참상으로 이어진다. 그래서 5.18광주 민중 항쟁의 쓰라린 아픔을 이날 시위를 해산한 학생들은 잊지 못한다.

이틀 후 5월 17일, 비상국무회의가 소집되었고 5.17전국 계엄 확대가 의결되었다. 최규하는 이미 신군부의 꼭두각시 노릇을 하고 있었다. 정부 대변인으로 문공부 장관 이규현이 5월 17일 0시를 기해 비상 계엄이 전국으로 확대된다고 발표했다. 이미 신군부는 계엄 확대와 권력 장악에 반발하는 시위세력에 강경 대응할 태세를 준비하고 있었다. 공수특전단을 폭동 강경 진압이라는 충정명령을 수행하는 인간 폭탄으로 만들고자 그들의 외출과 외박을 전면 금지하고 정신교육과 가혹한 훈련을 수행하게끔 했다. 5.17계엄 확대가 이루어지자 그나마 존재하던 민간 정부의 공식적 내각 기능마저 소실되었다. 군부가 마음대로 국내를 마구 휘저을 수 있는 토대가 마련된 것이다.

32.
1980.5.18, 전라도 광주

5.18 광주,

그 참혹한 진실

수없이 많이 들어본 5.18 광주 민
주화 투쟁, 그 사건이 터진 지점이 이때다. 생각보다 많은 사람이 5.18
이라는 이름은 들어봤지만 그 내용은 제대로 모른다. 개인적으로는 진
보와 보수라는 정치 성향을 떠나 대한민국에 살아가는 한 인간으로서
5.18광주 민중 항쟁 이야기는 그 내막을 자세히 알고 함께 그 참혹함을
느껴야 한다고 본다.

5.17계엄 확대로 세상은 급 조용해졌다. 그러나 한 곳, 광주에서 만
큼은 연일 시위가 이어지고 있었다. 그러자 특전사 소속 7여단과 11여
단 병력이 작전명 '화려한 휴가'를 수행하려고 광주로 투입되었다. 앞

서 이야기한 '인간 폭탄'들이 살의를 가득 품고 광주로 향한 것이다.

5.18광주 민주화 항쟁은 이후 꽤 오랜 시간 동안 언론의 왜곡보도로 '폭도들의 국가 전복 시도'로 알려진다. 그러나 이는 사실과 다르다. 광주의 학생과 시민들은 신군부의 전국 계엄 확대, 그리고 정통성 없는 군부의 집권 및 강경 무력 진압에 반발했다. 한마디로 정당한 시민 투쟁이었다.

앞에서 말했듯이 신군부는 처음부터 정권에 도전받는 상황을 대비해 초 강경대응을 마련해두었고 광주 사람들은 그 제물이었다. 이것이 이후 5공을 뒤집는 1987년 6월 항쟁이 있기 전까지 남겨진 자들이 '5.18 광주'라는 말에 양심의 가책을 느끼는 이유다. 아직도 5.18을 두고 '민주 항쟁'이 아니라 중립적인 말로 '5.18 사태'라는 단어를 쓰며 '퉁'치는 경우가 있다. 하지만 그렇지 않다. 5월 18일, 잘못된 권력에 대항해 그들이 흘린 피가 있었기에 1987년 6월 대통령직선제 쟁취가 가능했다.

하지만 영광스러운 피흘림이라고 평하기 부끄러울 정도로 5월의 광주는 참혹했다. 계엄 확대가 이루어진 다음날 5월 18일, 전남대학교 정문 앞에서 시위가 촉발되었다. 신군부는 계엄 포고 제10호를 발동했고 대학교에는 휴교령이 내려진 상태였다. 각 대학에 계엄군이 진주해 이 사실을 모르고 등교하던 학생, 도서관에서 공부중인 학생들을 잡아들여 무자비하게 폭행했다. 이윽고 정문에서 학생들은 "계엄 해제", "휴교령 철회"등의 구호를 외치며 무장 공수대원들과 대치했다. 공수대원들은 쇠심 박힌 살상용 곤봉으로 학생들의 머리를 강타했다. 학생들은 돌을 던지며 이에 대항하였고, 이윽고 시내로 나가 사람들에게 계엄군이 대학에 진주해 만행을 저지르고 있음을 폭로하려 했다. 학생들은 금남로를 거쳐 가톨릭센터에 모였다가 전남도청으로 향했다. 모이는 곳마다 연좌농성을 벌였으나 최루탄 발사로 해산되기를 반복했다. 이런 상황에서 최초 희생자가 발생했다. 청각장애인 김경철이었다.

5.18 최초 희생자는 청각장애로 말을 하지 못하던 김경철金敬喆(24세)다. 18일 아침, 김경철의 집에는 백일을 갓 지난 그의 첫딸을 축하해주기 위해 온 가족이 모였다. 김경철과 황종호, 박인갑 셋은 모두 청각장애인인데 친구로 지냈다. 그들은 백운동 까치고개 부근에 상점을 두고 광주시내 다방이나 가게를 돌아다니며 구두를 닦거나 신발을 만들어서 팔았다.

18일 오후, 그날도 그들은 평소처럼 함께 일감을 찾아 시내 중심가 이곳저곳을 돌아다녔다. 충장로 제일극장 골목 입구에서 갑자기 나타난 3~4명의 공수부대원이 김경철의 머리를 진압봉으로 후려쳤다. 그는 피를 흘리면서 그 자리에서 쓰러졌다. 황종호와 박인갑은 겁에 질려 골목에 몸을 숨긴채 김경철이 맞는 장면을 목격했다. 그들도 곧 반대편에서 나타난 계엄군에 붙잡혀 소총 개머리판으로 두들겨 맞고 군화발길에 짓밟히는 등 구타를 당했다

'우리는 말을 못하는 청각장애인입니다! 살려주십시오.'

두 손을 비비며 손짓 발짓으로 의사전달을 하기 위해 안간힘을 썼다. 비비는 손 사이로 피가 흥건히 떨어져 손이 피범벅이 되었다.

"이 자식들, 병신 흉내 내면 살려줄 줄 알아!"

빌면 빌수록, 구타는 더욱 심해졌다. 계엄군은 정신이 가물가물한 둘을 질질 끌고 가 장갑차 속에다 집어던졌다. 뒤늦게야 그들이 진짜 청각장

애인이라는 사실을 눈치 채고 밤 열한 시경 풀어줘 황종호와 박인갑은 집으로 돌아올 수 있었다.

18일 오후에 적십자 병원으로 실려간 김경철은 다시 국군통합병원으로 옮겨져, 19일 새벽 세 시에 사망 판정을 받았다. 광주지방검찰청과 군 당국이 합동으로 작성한 김경철 시신 검시서에는 '후두부 찰과상 및 열상, 좌안상검부 열상, 우측 상지전박부 타박상, 좌견갑부 관절부 타박상, 전경골부, 둔부 및 대퇴부 타박상'이라고 적혀 있다. 뒤통수가 깨지고, 왼쪽 눈알이 터지고, 오른쪽 팔과 왼쪽 어깨가 부서졌으며 엉덩이와 허벅지가 으깨졌다는 의미다. 사망진단서에는 후두부 타박상에 의한 뇌출혈이 직접 사인으로 적혔다.

(『죽음을 넘어 시대의 어둠을 넘어』 79~80페이지)

청각장애인 김경철의 사례에서 볼 수 있듯, 공수대원들은 시위 학생처럼 보이는 청년을 발견하면 무조건 죽이려 들었다. 닥치는 대로 곤봉으로 머리를 갈기는 등 과격한 폭행을 가하고 포승줄로 묶어 차에 던져 올렸다. 또 공수대원들은 총에 대검을 착검하고 무자비하게 폭력을 휘둘렀다. 그들의 폭력에 항의하는 할아버지 할머니들을 걷어차 쓰러뜨리고 군홧발로 얼굴을 뭉개는 짓까지 저질렀다.

19일이 되자 적극적인 공세로 전환되었다. 학생들이 주도한 시위는 어느새 민중의 난으로 변모해있었다. 계엄군 측에서는 11공수여단이 증파되었다. 공수대의 진압은 점점 더 난폭해졌다. 시위가 거세지자 실탄 발포 상황도 발생, 사상자를 냈다.

18일, 전남대학교 정문 앞 시위 촉발

공수대원은 3~4명이 1조가 되어 주변 건물들을 이 잡듯이 뒤졌다. 길가로 끌려나온 포로들은 여러 사람들이 보는 앞에서 발가벗겨졌다. 군대 유격훈련장처럼 가혹한 기합이 이어졌다. 공수대원들은 그들을 팬티만 입히고는 알몸으로 화염병 조각과 돌조각이 널려있는 거리 한복판에서 손을 뒤로 묶은 채 엎드려서 아랫배로만 기어가게 하는 올챙이 포복과 통닭구이, 원산폭격을 시키는 등 잔인한 방법으로 괴롭혔다. 여자들이 붙잡혀 오면 겉옷은 물론 속옷까지 북북 찢고 군홧발로 차며 머리카락을 휘어잡아 머리를 담벽에다 쿵쿵 소리가 나도록 찧었다. 그러다 군용차량이 오면 체포된 사람들을 쓰레기처럼 던져 올렸다. 마치 살육을 즐기는 것 같았다. 성한 포로들은 원산폭격을 시켜놓고 노래를 부르게 하고, 서로 교대로 트럭에 올라가 두들겨 패다 내려가곤 했다. 폭력 테러가 아니라 생지옥 풍경이었다. 목격자 중에는 그들이 결코 같은 국민이라는 생각이 들지 않았다고 말하는 사람도 있었다.

(『죽음을 넘어 시대의 어둠을 넘어』 93~94페이지)

그때 장갑차 뚜껑이 열리고 M16 총구가 나오더니 군인 한명이 고개를 내밀며 공중에다 총을 두 발 쏘았다. 총소리에 놀라 다들 순식간에 흩어졌다. 누군가 "공포탄"이라고 외치자 사람들이 다시 모여들었다. 그 순간 다시 총성이 울렸다. 고교생 한 명이 픽 쓰러졌다. 사람들이 순식간에 흩어져 골목에 찰싹 붙어 몸을 숨겼다. 잠시 후 장갑차의 시동이 걸렸다. 공수대원들은 총을 겨눈 채 장갑차를 몰고 그곳을 빠져나갔다. 쓰러진 학생은 김영찬(18세, 조대부고 3학년)으로 항쟁기간 중 발생한 최초의 총상환자로 기록되고 있다. 김영찬은 주위에 있던 공중보건의 정은택 등 시민들에 의해 부근 외과 병원으로 옮겨져 응급수술을 받은 뒤 다시 전남대병원으로 이송되어 이틀 뒤인 21일에야 혼수상태에서 깨어났다. M16 총알이 복부 오른쪽을 관통하여 좌측 엉덩이로 빠져나간 중상을 입었다. 장출혈이 심했는데, 2미터 이상 장을 잘라내고, 다섯 번 이상 수술을 받는 동안 20여 명으로부터 수혈을 받아 겨우 목숨을 보전할 수 있었다.

계엄군이 광주에서 벌인 짓은 일반적인 의미의 시위 진압과는 거리가 멀었다. 증언에 의하면 무자비한 짓을 저지르는 공수부대원들의 모습이 인간 사냥을 즐기는 짐승이나 악귀의 모습과 같았다고 한다. 이들의 행동은 다분히 의도적이었으며 잔혹행위를 하며 서로 신이 나서 낄낄대기도 했다. 광주 시민군에게 붙잡힌 공수부대원의 자백에 의하면 광주에 투입되기 전 3일 동안 식량 배급을 받지 못해 굶었고, 투입 바로 직전에는 소주를 공급받았다고 했다.

20일, 광주에서 이런 극악무도한 짓이 일어나고 있는데 TV속 세상은 평온했다. 관제 언론은 광주에서 일어나고 있는 이 혈투를 완전히 모른 체하고 있었다. 시민들은 분노해 밤 여덟 시에 광주 MBC 건물을 불태워버렸다. KBS 건물과 세무서도 함께였다. 이를 두고 계엄당국은 공산당 폭도들의 짓이라며 광주를 제외한 지역에 열심히 선전해댔다. 그러나 실상은 참혹한 진실을 보고도 외면하는 썩어빠진 언론에 대한 시민들의 한 맺힌 응징이었다. 이 날 밤 열한 시 30분에는 최초의 집단 발포 상황이 벌어졌고, 수 명의 사상자가 나왔다.

하루 전날 있었던 택시기사 폭행 사건으로 동요된 택시기사 및 운전수들이 힘을 합쳐 차량 시위를 벌이기도 했다. 터미널 로터리에서 시위 진압 부상자를 실어 병원에 데려다 주던 택시기사를 공수대가 불러 세

20일, 썩어빠진 관제언론을 불태우다.
MBC, KBS 건물 방화

워 내놓으라고 했는데, 이에 "당신이 보다시피 지금 죽어가는데 사람을 우선 병원으로 운반해야 되지 않겠느냐"라고 반문하다가 끌어내려져서 총 개머리판과 진압봉에 당한 것이다. 공수대원은 "데모하는 놈을 실어주는 놈도 똑같다"라며 택시기사를 곤봉으로 구타했다. 이런 일이 광주 곳곳에서 비일비재하게 일어나 운전수들의 분노가 폭발한 것이다.

무등 경기장에서 집결한 택시와 고속버스, 화물차 운전수들은 금남로를 지나 전남 도청 앞 군경 저지선으로 향했다. 시위대와 군의 격렬한 충돌 끝에 희생자가 속출했다. 공수대는 버스 창문을 깨고 최루탄을 넣었다. 눈물 콧물 범벅이 된 사람들과 기사가 내리면 끌려가 구타를 당했다. 택시도 마찬가지였다. 결국 군 저지선을 뚫지는 못했다.

21일, 대낮인 오후 한 시, 금남로에서 애국가와 함께 벌어진 집단 발포 현장은 생지옥을 방불케 했다. 이 집단 발포로 최소 54명의 사망자 및 500여 명의 총상자가 나왔다.

오후 한 시 정각, 도청 옥상에 설치된 스피커를 통해 애국가가 울려 퍼졌다. 그 순간 일제히 사격이 시작됐다. 한 시 이전의 발포가 급작스러운 상황에서 이뤄졌다면 한 시부터는 명령에 따라 '집단 발포'가 시작된 것이다.(중략)
금남로는 순식간에 아수라장이 됐다. 여기저기서 피를 흘리며 사람들이 쓰러졌다. 10분쯤 지난 뒤 다시 1천여 명의 군중이 한국은행 광주지점과 금남로 3가 양쪽 보도에 슬금슬금 모여들었다. 지하상가 공사장

위 인도에 모여든 젊은이들은 대형 태극기를 흔들며 구호를 외치기 시작했다. 그리고 볼멘소리로 애국가를 불렀다. 숙연하고 비장했다. 이때 5~6명의 젊은이가 갑자기 큰길 한복판으로 뛰쳐나갔다. 그 가운데 한 명이 태극기를 흔들며 "전두환 물러가라", "계엄령 해제하라"는 구호를 외쳤다. 도청광장으로부터 3백여 미터 떨어진 금남로 한복판이었다. 시민들의 긴장된 시선이 그 광경을 지켜보고 있었다. 그때였다. 요란한 총성이 잇따라 울렸다. 태극기를 흔들던 청년의 머리, 가슴, 다리에서 붉은 피가 쏟아졌다. 태극기에도 피가 흥건하게 젖어들었다. 총탄은 주변 건물 옥상에서 날아오고 있었다. 저격수들이 조준 사격을 하고 있었다.

집단 총격이 벌어진 금남로는 마치 '피와 통곡의 바다' 같았다. 이 장면을 목격한 광주 시민들은 이제는 더 이상 사태를 돌이킬 수 없다는 느낌을 받았다. 무기가 필요했다. 무기와 탄약을 구해 분배했고, 시민군을 편성했다.

시민군이 편성되자 계엄군 지휘부의 진압 방침이 달라졌다. 계엄군을 시내에서 한 발 물러나도록 철수시키고 광주시 외곽에 배치해 광주를 고립, 봉쇄한 후 자위권을 발동한 것이다.

광주는 일시적으로 해방 상태가 되었다. 동시에 무정부상태에 놓인 광주는 상무충정작전이 실시되기 하루 전인 26일까지 시민들의 자치로 유지되었다. 도청을 탈환한 시민들은 분수대 앞에 모여 앉았고, 할 이야기가 있는 사람은 자연스럽게 한 사람씩 나와 했다. 이는 의도치않게 시민들의 성토대회가 되었다. 공수부대의 만행을 규탄하는 사람, 자기 가족의 죽음을 슬퍼하며 오열하는 사람, 앞으로 계엄군에 어떻게 대

응해야 할지 체계적으로 이야기한 사람, 쉰 목소리로 크게 구호만 외치고 들어가는 사람 등 다양했다. 모두 개인적인 이야기와 경험을 이야기했으나 그것은 서로의 마음에 불을 질렀다. 계엄군은 군용헬기에서 '폭도들에게 알린다'라는 내용의 전단을 살포해 분열을 일으키려 했으나 시민들은 이미 큰 희생을 치르고 두려움을 넘어 불의에 대한 분노와 서로에 대한 의기투합으로 똘똘 뭉친 상태였다.

부상자에게 수혈할 피가 부족해 헌혈을 촉구하자 시민들은 팔을 걷어붙이고 헌혈에 앞장섰다. 부녀자들은 주먹밥을 만들어 시민군을 먹였다. 남겨진 군용트럭은 청소차량으로 사용되어 길거리에 방치된 쓰레기과 훼손차량, 핏물자국 등을 씻어냈다.

신군부는 공권력의 진공 상태에 놓인 광주를 '치안 부재 상태'로 지칭하며 마치 극렬분자들의 폭압 아래 평범한 시민들이 고통 받는 것처럼 매도했다. 그러나 실상은 완벽한 반대였다. 광주사람들은 군부의 인간성을 저버린 진압을 함께 겪으며 서로를 누구보다 더 가까운 가족처럼 생각했다. 지도자는 없었지만 자치는 질서 있게 이루어졌다.

하지만 큰 희생을 치렀음에도 언제까지고 사태가 해결되지 않은 채로 있을 수는 없었다. "더 이상 피를 흘려서는 안 된다"는 입장을 밝히며 수습대책위원회가 구성되었고 다음과 같은 일곱 가지 조항을 내걸고 계엄당국과 협상에 들어가기로 했다.

· 계엄군의 과잉 진압 인정.
· 구속 학생 및 민주인사 연행자 석방.
· 시민의 인명과 재산 피해 보상.

· 발포 명령 책임자 처벌과 국가 책임자의 사과.

· 사망자 장례식은 시민장으로 치를 것.

· 수습 후 시민. 학생들에게 보복하지 말 것.

· 이상의 요구가 관철되면 무기 자진 회수 반납 및 무장해제.

그러나 계엄당국은 협상을 외면한 채 사실상 즉각 무기를 회수, 반납하고 무조건적인 투항을 요구했다. 광주시민들은 협상 경과를 함께 공유하고 몹시 분개했다.

이 수습대책위원회는 애초부터 그 구성원들이 공무원 등 관변이라는 한계를 내포하고 있었다. "광주사람들의 희생이 이렇게 큰데 무조건적인 투항 및 사태수습은 얼토당토 않는 이야기다"가 시민들의 지배적인 입장이었다.

수습대책위원회가 그중에서 시민들의 지지를 받을 수 있는 사람들로 개편되었다. 그럼에도 불구하고 시간이 지나면서 총기 오발 사고 등의 우발적 사고를 방지할 수 있도록 총기를 회수해 관리하자는 의견이 동의를 얻었다. 그전에는 시민군이 아닌 일반 시민들, 청소년과 초등학생까지 총과 수류탄 등을 가지고 있었기 때문이다. 협상을 맡은 지도부는 무기를 회수할 것인가 말 것인가, 투항할 것인가 투쟁할 것인가 등으로 분열할 수 있는 시민들의 마음을 다잡고 협상력을 높이고자 범시민 궐기대회 개최 및 홍보에 주력힌다. 그리고 조직적이고 체계적인 민주수호 범시민 궐기대회를 열어 사람들의 마음을 한데 모았다.

그러나 문제는 여전히 존재했다. 무기 회수와 계엄군에 반납하는 것은 완전히 다른 문제였다. 계엄군과의 협상에서 돌아오는 것은 묵묵부

답이었다. 무기 반납에 대해 항쟁 지도부와 수습위원회 측의 입장이 엇갈렸다.

한편 더욱 견고한 항쟁지도부를 준비하던 청년들은 투쟁노선을 새롭게 정하기 위해 논쟁을 벌였다(편의상 항쟁지도부 준비팀 쪽을 '항', 수습위원회 쪽을 '수'로 한다).

항: 현재의 상황을 어떻게 생각하는가?

수: 어떠한 명분으로도 더 이상 피를 흘려서는 안 된다.

항: 더 이상 피를 흘리지 말아야 한다는 점에는 동감이다. 그렇지만 지금 상태에서 무기를 반납하고 항복한다면 어떤 결과가 벌어지겠는가.

수: 일단 계엄군을 믿어볼 수밖에 없지 않겠는가. 계엄군은 정부 당국과도 여러 가지 사후처리 문제를 협의해본다고 했다.

항: 계엄군을 모르고 하는 소리인가. 바로 엊그제까지 계엄군이 벌인 잔혹한 학살은 우리에게 무슨 죄가 있었기 때문이라고 생각하는가. 지금 시점에서 계엄군은 누구인가? 우리의 주장, 피 흘리며 죽어간 사람들이 외쳐댄 요구사항은 한 가지도 관철되지 않았는데, 여기서 항복해버리자는 말인가? 이것은 투쟁과정에서 죽은 투사들을 매도해버리는 일이다. 싸울 무기도, 사람도, 명분도 잃어버리고 저들에게 학살과 진압의 명분만 안겨주자는 말인가?

수: 우리도 역시 우리의 주장이 관철되었다고는 생각하지 않는다. 하지만 더 이상 피를 흘려서는 안 된다. 앞으로 싸움이 더 계속된다면 승산이 있단 말인가. 만약 이길 가능성만 있다면 나도 계속 투쟁하겠다.

항: 승리의 의미에는 여러 가지가 있다. 먼저 가신 투사들은 누구보다도 그점을 잘 알고 있었다. 그러면 좋다. 승리를 확신하고 싶은가. 만약

지금이라도 우리 모두가 합심해서 투쟁한다면 충분히 가능할 것이다. 그 근거는 다음과 같다.

첫째, 전 세계의 여론이 모두 우리에게 집중되어 있다. 서울에서 온 사람들의 전언에 따르면, 세계여론은 현 정부를 비난하고 있으며 심지어 미국의 여론도 광주시민의 편이다. 우리나라의 민주화가 미국의 이익과 일치된다고 생각하기 때문에 그들도 한국 군부의 강경자세를 무조건 지지하지는 않을 것이다.

둘째, 현재 최규하 과도정권은 진퇴양난이다. 나라 안으로는 우리를 중심으로 한 민주세력들이 공격하고 있고, 군 내부에서도 우리의 투쟁에 동조하고 기회를 보는 움직임도 있다. 31사단만 해도 그렇지 않은가. 우리의 항쟁이 알려지기 시작하면 다른 군부대에서도 시간이 갈수록 동요하게 될 것이다. 최소한 우리를 학살한 자들의 집권은 저지해야 한다.

셋째, 군부정권이 들어서면 외국에서도 우리와의 경제적 관계를 단절해버릴 것이다. 우리나라 경제구조는 매우 취약해서 외국이 무역을 단절하면 더 이상 버틸 수가 없게 된다. 경제가 악화되면 노동자들도 참지 않을 것이다. 사북사태와 같은 일들이 번지게 된다.

넷째, 만약에 현 상태에서 계엄군을 묶어두고 우리가 앞으로 1주일만 더 버티면 전남뿐만 아니라 전국 각 지역으로 항쟁이 파급될 것이다. 지금은 국민들이 우리의 상황을 잘 모르고 있기 때문에 가만히 있지만, 진상이 알려지게 된다면 참지 않을 것이다. 만약 다른 도시에서 광주와 같은 투쟁이 시작된다면 저들은 일시에 무너지고 말 것이다.

다섯째, 이 같은 상황이 벌어진다면 미국으로서는 더 이상 한국 군부를 방치할 수 없을 것이다. 왜냐하면 한반도는 미국의 태평양 전략에서 사활이 걸려있는 곳이다. 미국은 태평양을 포기할 수 없듯이 한반도를 포기할 수 없을 것이며, 북한의 위협을 무시할 수 없기 때문에 차라리 현 정권과 정치군부 대신 민주화 세력을 지지할 것이다.

여섯째, 만일 위의 모든 사항이 이루어지지 않더라도 우리가 시간을 오래 끌면 끌수록 유리하다. 왜냐하면 현재 군부가 과거의 박정희처럼 정치를 하려고 마음먹고 있으므로 더 이상 많은 사람을 죽일 수는 없을 것이다. 그렇기 때문에 우리는 정부 당국과의 협상에서 현재보다는 훨씬 더 많은 것을 얻어낼 수 있고 우리의 요구사항을 관철 시킬 수 있다. 만약 지금 무기를 반납하고 항복해버린다면 우리는 희생 이외에 아무 것도 얻을 것이 없다. 지금 우리가 할 일은 무기반납이 아니라, 우선 시민들을 조직화 하여 계엄군이 공격해오지 못하도록 완벽한 방어태세를 갖추는 일이다.

항쟁지도부의 말과 통찰이 결코 틀린 것이라고는 말할 순 없다. 광주에 잠입해 함께한 외신기자들 덕분에 세계 여론이 광주항쟁을 주목한 것은 사실이다. 영화 <택시운전사>는 광주항쟁 현장 영상 대부분을 촬영한 독일공영방송^{NDR}의 아시아 특파원 외신기자 힌츠 페터와 주인공 택시운전사(배우 송강호 분) 사이 이야기를 다룬다. 서울에 상주하고 있던 프랑스 <르몽드> 지의 기자 필립 폰스^{Philippe Pons}와 <뉴욕타임즈> 서울 주재 기자 심재훈 또한 광주에 들어와 취재했다. 이들의 기사는 23일 <뉴욕타임즈>와 <르몽드> 지에 보도되어 전 세계 여론의 호응을 받았다. 이 밖에도 AP통신, <아시안 월스트리트 저널>, <아사히신문>, <요미우리신문>, 미국 NBC, ABC 기자들의 취재는 광주를 고립된 죽음의 땅에서 건져내는 데 일조했다. 국내 언론이 전부 광주의 상황을 외면한 상태에서 외신기자들의 이런 노력과 기록이 없었다면 5월의 광주는 이렇게 널리 회자될 수조차 없었을 것이다.

허나 현실은 훨씬 더 냉혹하고 절망적이었다. 미국은 신군부의 편이었고, 그들의 군대 사용을 지지했다. 25일, 계엄군 지휘부는 광주를 소탕하는 일명 '상무충정작전'을 확정지었다.

광주는 고립되어 있었고, 항쟁지도부가 말한 항쟁이 확산되기까지 시간을 끄는 것, 그리고 미국의 태평양 전략까지 고려하기에는 현실적으로 시민군 세력은 미약하기 그지없었다.

5월 27일, 광주에서의 싸움에 종지부가 찍혔다.

"점거당한 광주시의 평온을 되찾고 선량한 시민을 보호하기 위해 광주 시내에 진주한다. 선량한 난동자는 불순분자에게 더 이상 속지 말고 총을 버리고 자수하라. 시민은 거리로 나오지 말라. 반항하는 자는 사살한다. 학부형들은 자녀를 단속하라. 작전은 금일 중으로 실시한다."

이는 23일에 살포된 전단에 적힌 계엄군의 메시지이지만 작전이 지연되어 결국 27일 새벽으로 정해졌다. 상무충정작전 실시 하루 전 시민 궐기대회를 통해 계엄군의 진입 계획이 공개적으로 밝혀졌으나 아직 많은 사람이 도청을 지키고 있었다. 오후 궐기대회와 가두행진 이후에 끝까지 도청을 지키겠다고 남은 투쟁인원은 2백여 명 남짓이었다. 고등학생과 대학생, 젊은 노동자 등이 주 구성원이었다.

죽음을 감수한 투쟁의 자리였기 때문에 각자 스스로가 자신의 운명을 받아들이는 선택을 내려야 했다. 항쟁지도부의 지도자 격이었던 윤상원은 대변인을 통해 나이 어린 학생들의 귀가를 권유했다.

일시적으로 해방 상태에 놓인 광주

"학생 여러분의 충정은 이해합니다. 하지만 이 싸움은 어른들이 해야 합니다. 나이 어린 학생들은 살아남아야 합니다. 오늘 여러분이 목격한 이 장면을 그대로 다른 사람들에게 이야기해줘야 합니다. 우리가 어떻게 싸우다 죽었는지 역사의 증인이 되어주시기 바랍니다."

그럼에도 불구하고 학생 대부분이 고집을 피워 그 자리를 지켰다. 모인 사람들은 총기교육을 받고 총과 실탄을 지급받은 뒤 도청, 계림초등학교, 한일은행 등의 주요 시내 거점에 배치되었다.

27일 새벽 세 시 50분쯤 도청 옥상의 스피커에서 마지막 방송이 흘러나왔다.

"시민 여러분, 지금 계엄군이 쳐들어오고 있습니다. 사랑하는 우리 형제, 우리 자매들이 계엄군의 총칼에 숨져가고 있습니다. 우리 모두 계엄군과 끝까지 싸웁시다. 우리는 광주를 사수할 것입니다. 여러분 우리를 잊지 말아주십시오. 우리는 최후까지 싸울 것입니다. 시민 여러분, 계엄군이 쳐들어오고 있습니다."

새벽 네 시 10분쯤부터 공수부대는 도청을 완전히 에워싸 공격 개시 준비를 완료했고, 교전 시간은 오래가지 않았다. 한 시간 남짓한 시간, 윤상원을 비롯한 다수 시민군이 교전 끝에 사망했다.

상무충정작전이 실시된 다음날 5월 28일, KBS는 계엄군과 경찰이 광주를 탈환했고, 그 과정 중에 200명 이상의 학생이 항복, 끝까지 투쟁하던 두 명만 사살되었다고 보도했다. 더 가관인 것은 신군부의 작전

평가였다.

"주도면밀한 계획과 대담한 실시로 시민의 희생 없이 완수한 작전으로서 사상 유례없는 성공적인 작전이었다."

공수특전부대 사령관 정호용 및 66명의 작전 가담자에게 훈장이 수여되었다. 신군부의 언론 장악은 심각한 수준이었기에 광주학살을 겪은 호남지역을 제외한 다른 지역에서는 광주에서의 일을 언론이 말해주는 대로 믿을 수밖에 없었다. 이는 곧 광주와 호남의 억눌린 한이 되었다. 반대로 정보의 부재와 왜곡으로 이 한에 공감하지 못한 타 지역은 신군부의 지역감정 분열 조작에 의해 호남 배제 감정을 갖는다.

최장집 교수는 '적敵의 창출 효과'라는 말로 이를 설명한다. 그는 독일 히틀러가 나치즘으로 유태인을 적으로 돌려 국민 통합을 이끌어냈듯, 유난스러운 호남을 심리적 적으로 상정시켜 나머지 지역 사람들에게 통합성을 부여했다고 보았다. 또한 신군부는 정적인 김대중을 내란음모 사건과 광주 사태의 배후로 지목함으로써 함께 '왕따 당하도록' 했다.

5.18광주 민주화 투쟁 속에서 희생된 사람들의 숫자는 공식적 통계로 밝혀진 것보다 훨씬 더 많다. 5월 31일자 계엄사령부가 공식 발표한 데 따르면 사망자는 민간인 144명, 군인 22명, 경찰 4명, 부상자는 민간인 127명, 군인109명, 경찰 144명이라고 되어 있다. 그러나 이 발표는 신빙성이 하나도 없었다. 일단 너무나도 많은 시민이 죽고 다쳤는데 공수부대원들이 사상자들을 트럭에 싣고 비밀리에 암매장한 경우가 많

아서 얼마나 죽었는지 정확히 알 길이 없었다. 암매장된 시신이 곳곳에서 발견되었고 그 중에는 신원이 확인되지 않는 시신도 많았다. 항쟁 기간동안 직접적으로 격전이 일어난 도청에서뿐만 아니라 주변 마을에서도 심각한 학살이 자행된 바 있었다(주남마을 학살, 송암동 양민학살 등).

국가보위 비상대책위원회와
김대중 내란음모 사건

                    5.18 민주 항쟁이라는 참혹한 학살
극이 끝날 때 즈음, 전두환은 권력 장악의 종지부를 찍었다. '국가보위
비상대책위원회(이하 국보위)'가 탄생한 것이다. 광주사건에 대한 책임
을 지고 사직서를 제출한 국무총리 신현확을 비롯, 최규하 내각이 개편
되는 과정에서 전두환은 강압적으로 최규하에게 국보위의 발족을 요
구했다.

신군부 세력의 간부들이 각 부 장관실에 한 명씩 파견되어 확실하게
내각을 장악했다. 국보위는 대통령 자문 보좌기관이었고 국보위가 위
임받은 사항을 심의 조정하는 상임위원회가 또 설치되었다. 최규하는
국보위 의장을 맡았고, 전두환은 상임위원회 위원장 자리를 맡았다. 앞
서 이야기한 바와 같이 최규하는 얼굴마담 역할이었고, 전두환은 중앙
정보부장 서리, 보안사령관에 이어 국보위 상임위원장까지 3관왕을 차
지하며 따지고 보면 이미 모든 실권을 장악하게 된 셈이었다.

국보위는 어떤 일을 하는가? 쉽게 말해 청와대보다 높은 자리에서
국가업무 모든 부문을 관할, 통제하는 일을 했다. 국보위는 기본 목표
로 안보태세 확립 및 경제난국 타개, 정치발전, 사회악 일소라는 명분
을 내걸고 신군부가 대대적인 지배구조 개편을 이루게 되는 계기를 만
들었다. 말만 그럴싸하지, 국보위의 공직자 '마구잡이 숙청'은 이미 새
로 집권할 신군부의 도덕성 파탄을 예견한 것이었다. 다음은 국보위 사
회정화분과위원 전체회의 대화 내용 중 일부이다.

"국장급만 넣을 것이 아니라 장차관도 몇 사람 넣어야 하지 않느냐?"

"감사원장을 숙청하려면 명확한 근거가 있어야 한다."

위 몇 마디만 보아도 이들이 사회혼란의 수습을 위해 구악일소의 숙청작업을 하는 걸로 보긴 어려웠다. 대중에게 그럴듯한 보여주기 식 개혁을 단행해야 명분이 서기 때문에, 손에 쥔 권력을 마구 휘둘러댄 것이다. 하지만 대중들의 눈에는 정권의 나팔수가 된 언론이 예쁘게 포장해준 정보가 전달되었다. <조선일보>는 "성실하게 일하는 공무원이 보장받고 잘 사는 그런 공무원 사회를 건설하는 바탕이 마련되었다"라며 이들의 마구잡이 숙청을 미화, 찬양했다. 뭐, 이것도 이후에 나오는 <조선일보>의 '용비어천가'로 불리는 5공 찬양에 비하면 새 발의 피 정도에 불과하다.

국보위로 정치판을 뒤집어 흔들어놓고는 언론으로 포장하는 기술을 구사한 신군부. 그들에게는 또 한 가지 과업이 남아있었다. '5.18 광주'의 처리문제였는데, 이때 김대중을 제물로 삼았다. 이른바 김대중 내란음모 사건을 터뜨린 것이다.

신군부는 민주주의와 민족통일을 위한 국민연합(이하 국민연합)을 조직한 김대중과 문익환을 비롯한 재야 세력 20명 등을 구속기소했다. 광주 사건이 예상외로 악화되자 전두환과 신군부는 무리한 날조를 동원해서라도 '급진적 배후세력'의 지목이 필요했다. 그들은 고문수사를 통해 5.18 광주 민주화 운동은 김대중과 그 일당이 정권을 획책하기 위해 학생과 민중들을 선동한 질 나쁜 국가전복 시도로 발생했다고 밝혔다. 광주학살과 김대중의 연결고리에는 전남대 복학생 정동년(38)이라는 인물이 이용되었다. 5.18 한 달 전쯤 정동년의 김대중 자택 방문 기록을 확보한 신군부는 혹독한 고문수사를 바탕으로 그를 김대중에게 거사자금을 받아 급진소요사태를 일으킨 인물로 만들어 시나리오를 짰다. 물론 사건은 완전히 날조된 것이었다.

동아 자유언론수호투쟁위원회(이하 동아투위)의 위원장 이병주 및 정연주 등의 인물들이 수배지에 얼굴을 올린 것도 김대중 내란음모 사건과 관련이 있다. 아니, 신군부가 있게 만들었다. 민주 언론인의 활동을 봉쇄하고 그 중에서 또한 관련성을 조작해 김대중을 빨갱이로 몰았다. TV매체는 이 기회에 정치인 김대중을 '불순사상자', '공산주의자', '무자비한 강령론자' 등으로 매도하며 아예 매장시키려 했다.

김대중과 그를 비롯한 37명의 측근 인사에게 행해진 고문은 매우 잔혹했다. 구둣발로 손톱, 발톱을 밟는 것은 기본이었고 온몸에 피멍이 들 정도로 맞고 그 상흔에 날 쇠고기를 붙여 더운 날씨에 피부와 함께 썩어 들어가게 했다. 고정된 의자를 뒤로 젖혀 얼굴에 수건을 덮고 주전자로 물을 부어 숨을 틀어막는 물고문을 당한 피해자들은 졸도하기를 반복했다. 김대중 또한 하루 18시간씩 잠을 재우지 않고 욕설과 폭언과 함께 행해진 강경조사 그리고 옆방에서 나오는 고문소리를 들으며 피폐해져갔다. 결국 이들은 신군부가 기존에 계획해둔 시나리오를 바탕으로 진술서를 작성해 내려가지 않을 수 없었고, 대법원 재판에서 김대중에게 사형선고가 내려졌다.

광주 시민들은 자신들이 당한 똑같은 수법에 당하는 김대중을 보면서 마음속으로 무언가를 느꼈을 것이다. 더군다나 그 혐의 또한 5.18광주 항쟁의 배후 조종자였으니 자신들이 직접 들고 일어나 싸운 그 항쟁에 대한 모욕과 매도임을 앎은 당연한 것이고, 갖은 수난을 당하는 정치인 김대중에게 묘한 동질감 또한 느꼈다.

그 후 전라도 사람들은 각종 선거 때마다 김대중과 그의 측근 후보들에게 몰표를 줬다. 대규모로 행해진 대중 여론 조작에 광주를 제외한 전국의 시민들은 왜곡된 정보 속에서 고통받으며 소외된 그들의 처절한 외침을 이해하지 못했다.

언론통폐합과 7.30 교육 개혁안,
세계에서 가장 오래 걸린 쿠데타.

앞서 언론은 썩은 호박이었다고 한 바 있다. 언론에 대해 자신감이 생긴 신군부는 권력 장악체계가 어느 정도 자리를 잡자 다시 언론계에 큰 타격을 입히는 개혁을 감행했다. 그 개혁의 요는 민주언론인 제거와 언론 폐간조치, 그리고 나아가 언론 통폐합이었다.

6월 9일, "악성 유언비어를 유포시켜 국론통일과 국민적 단합을 저해하고 있는 혐의가 농후하여 부득이 8명의 현직 언론인을 연행, 조사할 방침"이라고 밝힌 계엄당국은 <경향신문> 보도국장, 외신부장, 문화방송 보도국장 등 여덟 명을 연행했다. 7월 30일에는 이른바 '자율정화결의'라는 것을 터뜨렸다. 이에 따라 수백 명의 기자들이 해직되었고 172종의 정기간행물이 폐간되었다. 전체 정기간행물 수의 10퍼센트를 상회하는 숫자였다.

정기간행물 폐간과 언론인 해직의 기준은? '사회 정화'를 위한 정기간행물 폐간, 반체제적 성격을 띤 언론인, 용공혐의가 짙은 언론인, 부조리 및 부정축재를 저지른 언론인, 정치와 유착된 부패한 언론인 등의 해직이었다. 글쎄, 그렇다고 하기에는 당시 민주 세력을 대변한 영향력 있는 정론지가 많이 폐간 당했다. 그 중 함석헌의 <씨알의 소리>도 폐간 대상이었음을 보면, 그들의 기준이 어떤 기준인지 잘 알 수 있을 것이다.

언론인 또한 신군부의 보도 검열을 어기거나 광주항쟁에 대해 이의를 제기한 이들이 탄압을 받았다. 이렇게 선정된 해직 대상자는 336명이 되었고, 이 가운데 해직된 사람은 298명이었다. 그런데 실제로는 각 언론사들의 해직자 끼워넣기 때문에 1000명에 가까운 언론인이 해직되었다. 그 중에는 호남출신 기자들이 다수 포함되어 있기도 했다. 이는 '언론저항의 현황과 대책'이라는 K공작 관련 문건에서 '호남 출신 기자들이 주동자'라는 근거를 내세워 신군부가 실행에 옮긴 것이었다.

신군부는 또한 7.30교육 개혁안을 발표했다. 과외 금지와 졸업 정원제가 주 내용이었다. 당시 국민들은 높은 교육열 때문에 과외비 부담이 매우 컸는데, 개인 및 집단 과외 비용이 연간 2조 1000억 원, 학원비 지출이 1조 1000억 원에 달했다. 과외 비용이 과도하게 들자 저축이 줄고 투자도 위축되어 전체 경제에 악영향을 끼칠 뿐만 아니라 학생 개인의 학업 스트레스가 커지고 가정의 생계도 위협받았다.

이에 8월 7일부터 엄격한 과외 단속 지침이 시행되었다. 불법과외를 했을 경우 과외를 받은 학생은 학교에서 정학 혹은 퇴학 조치를 받았고, 학부모는 직장에서 잘렸으며, 가르친 대학생은 구속되는 일까지 발생했다. 그럼에도 불구하고 '몰래바이트'라는 신조어가 생길 정도로 불법과외는 당국의 눈치를 피해가며 계속되었다. 그만큼 당시의 입시, 교육 문제는 국민들에게 무엇과도 바꿀 수 없는 최우선순위였다. 인생의 계급이 결정되는 문제였으니 말이다.

여하튼, 그래도 이런 조치들은 국민의 환영을 받았다. 신군부는 국민들이 원하는 것을 들어주면서 자신들의 부정한 쿠데타 권력을 눈감아주기를 바랐다. 박정희도 마찬가지였지만, 이런 포퓰리즘이 작용하는 배경에는 쿠데타라는 정당하지 못한 권력 창출의 콤플렉스가 내재해 있는 법이다. 그렇게 가려운 부분은 긁어주면서 자신들을 유리하도록 만드는 제도를 끼워 넣었다. 졸업 정원제가 그런 케이스다.

졸업 정원제란 각 대학별로 정해진 졸업 정원에서 일률적으로 30퍼센트 을 더한 수를 입학 정원으로 정하고, 초과 모집인원은 재학 중에 중도수료 시킴으로 졸업 시 인원을 졸업 정원에 맞추는 제도다. 쉽게 말해 입학 인원은 늘리되 졸업 인원을 제한해 재학생들에게 학업 부담을 지우는 제도다. '들어올 땐 마음대로였지만 나갈 땐 아니란다' 같은 느낌이랄까. 정부는 기대효과로 고급인력 양성 및, 입학생수 확대로 인한 입시부담 완화, 입학 후 경쟁을 통한 대학교육의 질적 향상 등을 들었다. 이유는 그럴듯해 보이지만 운동권 학생들이 학점 경쟁하느라 바쁘도록 만들려 한 것이라는 평가를 무시할 수 없다. 더불어 학생 어용단체인 학도호국단을 부활시켰고, 국민윤리라는 과목을 창설해 학생들이 정부에 대항하는 이념을 갖지 못하도록 무력화시키는 데 심혈을 기울였다.

이런 배경 속에서 K공작의 종지부를 찍을 때가 되었다. 드디어 전두환이 전면에 나서기 시작한 것이다. 1980년 8월 27일, 그는 통일주체국민회의에 단일후보로 나왔다. 총 투표자 2525명 중 2524표의 찬성과 1명의 무효표를 받아(99.9퍼센트의 지지율) 제 11대 대통령에 당선되었다.

5일 뒤 9월 1일, 전두환의 대통령 취임식이 열렸다. 12.12쿠데타로부터 164일이 지난 다음에야 그는 청와대에 입성할 수 있었다. '세계에서 가장 오래 걸린 쿠데타'라는 수식어가 붙는 전두환의 권력 장악 과정은 그 미묘한 타이밍 때문에 국내외로 어떻게 반응해야 하는지에대한 논란이 많이 일었지만 일단은 결국 성공했다.

9월 말에는 대통령 간선제 및 대통령 7년 단임제를 주요 내용으로 하는 개헌을 감행했다. 개헌안은 95.5퍼센트의 투표율과 91.6퍼센트의 찬성률을 기록하며 통과, 공포되었다. 이 개헌안은 국회의 해산과 국가보위입법회의의 국회 기능 대체에 또다른 방점이 찍혀있었다. 국가보위입법회의는 제11대 정식국회가 개원하기까지 약 5개월간 국가보안법을 비롯한 언론 악법 등을 통과시켜 파시즘적 노선을 확고히 했다. 그 중에서도 눈여겨볼만한 것이 언론통폐합 조치와 언론기본법이라 불리는 언론 악법의 제정이다.

11월 12일, 보안사령부에서 각 언론사 대표들을 호출해 45개의 언론사 사주들로부터 52장의 각서를 받았다. 건전 언론 육성과 창달을 위한 결의문을 빙자, 언론통폐합을 단행한 것이다. 그 결과 KBS가 TBC TV, TBC 라디오, DBS, 전일방송, 서해방송, 대구FM 등을 흡수해 TBS TV가 지금의 KBS-2TV가 되었고, 기독교방송 CBS는 보도 기능이 박탈되고 선교방송만 전담하는 등의 일이 행해졌다. 일본의 <요미우리>, <아사히>, <마이니치신문> 등 3대 신문이 세계적인 지위를 확보했듯, 언론통폐합을 하면 국익이 증강한다는 앞뒤가 안 맞는 예증을 들어 언론통폐합의 근거로 삼았다.

통폐합이 이루어지는 과정에서도 상식적으로 이해가 되지 않는 일이 속출했다. 자본이나 수익 면에서 훨씬 규모가 큰 <국제신문>을 5.16 장학회 소속 <부산일보>가 흡수한 것이다. 통폐합 때문에 방송이 흡수되어 없어지게 되자 여기저기서 강제 고별방송이 나왔다.

언론통폐합은 언론매체 시장을 독과점 제도화시켰고, 이는 곧 언론의 거대 기업화를 심화하는 효과를 가져왔다. 거대 기업화된 언론사의 사주들은 권위주의 통치 아래 말 잘 듣는 개였다. 선두주자는 단연 <조선일보>였는데, 격동기에 성장하는 <조선일보>라며 스스로를 치켜세웠다. '전두환 대통령 만들기'에 지대한 기여를 하고 권력과 깊이 유착해 얻은 지위가 그렇게 자랑스러울 수 있다는 것이 신기하다. 이는 자기 기만의 끝이었다.

언론계 정책은 언론통폐합에 이어 언론기본법 제정까지 나아갔는데, 신문통신 등의 등록에 관한 법률, 방송법, 언론 윤리위원회법을 통합했다. 문공부 장관에게 언론사를 정·폐간 할 수 있는 명령권을 부여했고, 방송위원회, 한국 방송광고공사, 한국언론연구원, 언론중재위원회 ,방송심의위원회 등의 법정 언론 유관기관을 설립해 행정적 통제 및 지원 체제를 마련했다. 또한 프레스 카드제로 언론인들의 언론자격을 제한했고, 동시에 공익자금을 조성해 언론인 복지, 지원 체계를 만들어 당근을 주는 등 들었다 놨다하는 전략으로 언론을 쥐고 흔들었다.

이를 다 누구한테 배웠겠는가. 이미 박정희 때 한 번 거쳐간 코스다. 언론은 권력을 견제해야 하는데, 5공 당국은 언론인들에게 국가관 확립이라는 이름으로 강제 주입식 의식화 교육을 단행했다. 언론을 '굿보이'로 만들려 한 것이다.

33.
삼청교육대와 녹화사업

관제 야당 설립과 총선,
전두환 취임

5공의 위대함은 실로 대단했다. 이미 잘 다져진 고기를 다시 한 번 믹서에 갈듯이 권력이 먹혀들 수 있는 토양 만드는 데는 전문이었다. 그 중에서도 대단한 코미디가 있었으니 바로 관제야당 설립이다. 소위 말하는 1대대, 2중대, 3소대라는 말은 여기에서 나온 것이다. 헌정을 파괴하더라도 모양새는 갖추고 해야 할 필요성을 느낀걸까.

해가 밝고 전두환은 1981년 1월 15일, 자신을 총재로 하는 민주정의당(이하 민정당)을 창당한 후, 민주한국당(이하 민한당), 한국국민당(이하 국민당)을 차례로 창당했다.

이 중 두 당은 창당 준비 작업 과정만 보아도 관제야당임을 알 수 있었다. 제1당(민정당)은 보안사에서, 제2, 3야당(민한당, 국민당)은 중앙정보부에서 주로 담당했다. 쉽게 말해 야당의 모습을 하고 있는 여당 세력이 등장한 것이다. 철저하게 국민들 기만하고 헌정을 유린하는 행위였다.

그 배경에는 신군부의 주요 공작이 있었다. 1980년 말 즈음 국보위가 전대 국회의원 중 835명을 정치규제 대상자로 발표했는데, 이 중 수백 명을 구제해주는 대가로 5공에 대한 협조를 합의했다. 하지만 굳이 이런 공작이 없었더라도, 신군부 세력이라는 새롭게 뜨는 핫한 정치권력에 줄 설 사람은 차고 넘쳤다. 박정희 집권 때와 마찬가지로 정치격변이 일어날 때, 기회주의의 향연은 으레 있기 마련이다.

박정희의 정치를 가까이서 지켜본 전두환 역시 그를 배워 정치를 위해 '돈질'을 아끼지 않았다. 관제야당인 민한당, 국민당과 정부여당은 밀월관계를 유지했으며 관제야당은 충성을 맹세했고, 전두환은 박정희보다 큰 돈 씀씀이를 보여주며 그들의 니즈를 충족시켰다. 전두환 스스로도 청와대 조찬 대화 중 야당이라는 단어가 나오자 "야당이 지금 어디 있습니까? 1, 2, 3당이지요"라는 말을 해 관제야당의 존재를 인정했다.

국내 정치권을 관제야당을 만들면서까지 장악하는 데 열심이던 전두환과 신군부는 밖으로도 시선을 돌려야 했다. 박정희도 그랬듯, 대한민국의 권력 꼭대기에 군림하려면 국내 상황 못지않게 대외적 상황을 신경 써야 하기 때문이었다. 즉, 미국이 정치 권력을 인정해주는 것이 매우 중요했다. 더군다나 전두환의 정치 출신 성분이 쿠데타였기에 권력의 비정당성을 고발당하지 않으려면 상응하는 거래와 묵인이 있어야 했다. 바로 미국과!

그런 상황에서 기분 좋은 소식이 들린다. 미국 제40대 대선에서 공화당의 도널드 레이건이 당선된 것이다. 일전에 지미 카터와 물밑으로

접촉시도를 몇 번 했으나 상황이 여의치 않자 레이건에게로 갈아탔던 신군부는 환호성을 내질렀다. 더군다나 지미 카터는 인권 대통령을 표방한 터라 부도덕함을 일삼는 5공이 어울리기는 부담스러운 상대였다.

앞서 내란음모 사건의 총본산으로 지목되어 사형을 선고받고 감옥에 있던 김대중은 크게 좌절했다. 전두환은 이런 분위기에 힘입어 "법원의 결정이 존중되어야 한다"라는 말로 김대중의 사형 집행을 서두르려 했다. 그러나 레이건 측 국가안보보좌관 리처드 앨런의 견해는 조금 달랐다. 그는 신군부가 김대중 사형을 집행하면 미국 내 여론이 크게 반발할 것이라고 했다. 이에 신군부 측은 김대중 형량을 대폭 감형하는 조건을 걸고 전두환 방미 카드를 내밀었다. 이를 바탕으로 신군부는 1월 21일, 레이건 대통령이 취임한 바로 다음날 전두환이 미국을 방문하는 쾌거를 이룬다.

물론 거래는 여기서 끝이 아니었다. 21세기 분단국가로서 늘 북한의 핵 위험에 불안해하며 살아가는 대한민국의 국민이라면 이런 생각을 한 번이라도 해본 적이 있을 것이다. 북한은 핵을 가지고 있는데 왜 우리나라는 핵이 없나? 우리나라는 언제부터 핵 무기가 없었지? 그 이유가 지금부터 나온다. 전두환이 대외적으로 집권 명분을 인정받기 위해 내건 카드 중 하나는 대한민국의 핵 개발 포기 선언이었다. 이에 따라 원자력 연구소와 한국핵연료개발공단이 통폐합되어 에너지 연구소라는 이름으로 변했다. 더불어 쌀 수입 및 F-16 전투기 구입 등을 약속하고 주한미군 철수안 백지화 약속을 받아냈다. 전체적인 그림을 보면 핵 개발과 자주국방을 포기하는 조건으로 미국으로부터 권력의 정당성을 부여받은 것이었다. 박정희 때도 그랬지만 이래서 쿠데타는 그 자체의 정당성 확보를 만족시키는 데만 해도 대내외적 손실이 크다.

어쨌든 미국의 든든한 후원을 입고 전두환은 새 헌법을 바탕으로 다시 제 12대 대통령으로 취임했다. 3월 25일에는 제11대 국회의원 선거가 치러졌다. 이 선거에서 민정당이 151석, 민한당이 81석, 국민당이 25석을 차지했다. 모르는 사람이 보면 3당이 고루 의석을 차지해 다양한 목소리가 나올 수 있는 정치풍토가 조성되었다고 생각할 수 있었다. 허나 이들은 이름만 다를 뿐 근본이 같은 정치세력이었고, 모든 것이 민주주의를 가장한 쇼에 지나지 않았다.

무시무시한 삼청교육대

5공은 사람을 개 패듯 패서 국가가 원하는 인재상을 만드는 일을 일삼았다. 이런 심각한 도덕적 결함을 가지고 있었음에도 이들이 집권할 수 있었던 이유는 어디에 있을까?

세계적으로 현대사에서 중요한 몇몇 순간을 되짚어보자. 언제 어디서나 대중은 자기 민족이 긴급한 문제에 처하면 공감과 배려와 수용, 윤리라는 덕목을 잊어버린다. 극단적인 배타주의를 바탕으로 이기심이 똘똘 뭉친, '국가'라는 이름의 거대한 집단으로 변모한다. 이런 대중이 필요로 하는 것은 공감능력이 높은 사려 깊은 지도자보다, 하나의 단결된 목표를 향해 수단과 방법을 가리지 않고 카리스마적 리더십을 발휘하는 지도자다. 전두환은 그런 시대적 배경과 대중의 심리에 잘 파고들어 대규모 여론 조작과 함께 부도덕한 정치를 마음껏 저질렀다. 그중 대표적인 것 두 가지를 소개하려 한다.

8차 개정헌법으로 다시 국회가 개원될 때까지 국보위가 입법기능을 대신하는 동안, 광주학살에 버금가는 인권유린이 행해졌다. 바로 삼청교육대다. 아래 시는 박노해의 '삼청교육대'다.

…김형은 체불임금 요구하며 농성중에/사장놈 멱살 흔들다 고발되어 잡혀오고/열다섯 난 송군은 노가다 일나간/어머니 마중길에 불량배로 몰려 끌려오고/딸라빚 밀려 잡혀온 놈/시장 좌판터에서 말다툼하다 잡혀온 놈/술 한잔하고 고함치다 잡혀온 놈/춤추던 파트너가 고관부인이라 잡혀온 놈/우리는 피로와 아픔 속에서도/미칠 듯한 외로움과 공

포를 휘저으며/살아야 한다고 꼭 다시/살아 나가야 한다고/얼어터진 손과 손을 힘없이 맞잡는다…

…민주노조를 몸부림 치다/개처럼 끌려온 불순분자 이군은/퉁퉁 부은 다리를 절뚝이며/아버지뻘의 노약한 문노인을 돌봐주다/야전삽에 찍혀 나가떨어지고/너무한다며 대들던 제강공장 김형도/개머리판에 작살나 앰뷸런스에 실려나간다/잔업끝난 퇴근길에 팔뚝에 새겨진 문신 하나로 잡혀와/가슴 조이며 기다릴 눈매 선선한 동거하던 약혼녀를 자랑하며/꼭 살아 나가야 한다고 울먹이던 심형은/끝내 차디차게 식어버리고/일제시절 징용도 이보단 덜했다며/손주 같은 군인들에게 얻어맞던 육십고개 송노인도/홧통에 부들부들 뻗어버리고/아무 죄도 없이 전과자라는 이유로 끌려왔다며/고래고래 악쓰던 사십줄 최씨는/끝내 탈영하여 백골봉에 올라/포위한 군인들과 대치하다가/분노의 폭발음으로 터져 날아가버린다…

…동상에 잘려나간 발가락의 허전함보다/철야 한번 하고 나면 온통 쥐어뜯는/폐차 직전의 내 육신보다 더 뼈저린 지난 세월 속에/진실로 진실로/순화되어야 할 자들은/우리가 아닌 바로 저들임을./푸르게/퍼렇게/시퍼런 원한으로/깊이깊이 못박혀/화려한 조명으로/똑똑히 밝혀오는/피투성이 폭력의 천지/힘없는 자의 철천지 원한/되살아나/부들부들 치떨리는/80년 그 겨울/삼청교육대

1980년 8월 4일 불량배 일제 검거라는 내용으로 계엄포고13호가 발표되었다. '삼청교육'이라는 사회악 일소 특별조치를 행하겠다는 것이었다. 국보위의 사회정화분과위원회에서 이를 전담했는데, 위치가 삼청동에 있어서 이런 이름이 붙었다. 박정희 때도 사회악 일소 차원에서 불량배들을 일명 '조리돌림'한 것을 기억하고 있을 것이다. 이처럼 쿠

데타 권력은 대중들에게 가시적인 변화의 모습을 보여줘 대대적인 지지를 얻어야 할 필요가 있다.

삼청교육대의 경우 그보다는 공포 분위기를 조성하는 데 일조했다. 8월 1일부터 11월 27일까지 네 번의 단속으로 총 6만여 명이 연행되었고, 그중 심사 및 분류를 통해 A, B, C, D 등급(구속, 훈방, 삼청교육 대상)으로 나뉘어졌다. A등급 3252명이 구속되었고 D등급 1만 7717명이 훈방조치, 그리고 B, C등급을 받아 삼청교육대로 넘겨진 사람은 자그마치 3만 9786명에 달했다.

박노해의 시 '삼청교육대'를 보아도 알 수 있듯, 조직폭력배뿐만 아니라 사회 각계각층의 사람들이 저마다의 사정으로 잡혀 들어왔다. 경찰서 별로 강제 할당제를 채택했기 때문인데, 경찰서 당 일률적으로 정해진 숫자만큼 사람들을 검거해야 했다.

삼청교육 대상에 대한 기준도 모호했기 때문에 억울하게 끌려간 사람이 정말 많았다. 짜장면 내기 화투판을 구경하다가 잡혀간 가정주부, 길거리 패싸움을 지켜보다가 잡혀간 이까지. 사회악을 일소한답시고 명확한 기준도 없이 민간인을 마구잡이로 잡아가다니, 이 정권의 도덕성이 얼마나 파탄났는지 굳이 더 설명할 필요가 없을 듯하다.

삼청교육대에서는 어떤 일이 행해졌는가? 일명 '순화 교육'이라는 미명하에 고된 육체훈련을 받았다. 남자건 여자건 상관없이 욕설, 구타는 기본이고 구보, 포복훈련, 원산폭격(뒷짐을 지고 머리를 바닥에 박는 것), 쥐잡기(내무반 마루 밑바닥으로 기어들어갔다 나오는 것), 한강철교(내무반 이쪽과 저쪽 마루 끝을 엎드린 상태로 짚어 견디는 것)등 가혹행위가 가해졌다.

행동이 늦거나 반항하는 행위를 할 시에는 몽둥이로 두들겨 맞고 물고 문을 당하는 일도 잦았다. 삼청교육대의 생활수칙 제1조가 "선동 및 도 망치는 자는 사살한다"였다는데, 이것만 보아도 그곳이 어떤 분위기였 는지 짐작하기 어렵지 않다. 삼청교육대 관련 통계에 잡힌 것으로만 따 져봐도 후유증으로 사망한 사람이 339명, 장애자 및 부상자는 2700여 명이었다(국방부는 삼청교육으로 사망한 사람이 52명이라고 발표했다).

한편, 모호한 기준 덕에 삼청교육대는 노동자를 탄압하는 데도 안성 맞춤이었다. 1970년대 말 파업을 주도한 원풍모방, 반도상사, 대한전 선, 콘트롤데이타, 청계피복 등의 노조 지도자를 비롯한 노조 관련자들 이 삼청교육대에 끌려가 모진 순화교육을 받았다.

삼청교육대에서 순화교육을 받고 나온 사람들의 주민등록 등·초본 에는 '삼청교육 이수자'라는 이력이 남았다. 이 이력이 있으면 취업에 제한이 걸리고 이사할 때마다 동사무소에서 조사를 받는 등의 불이익 을 받았다.

1988년, 노태우 대통령이 삼청교육 관련 피해자들에게 명예회복 및 보상에 관한 특별담화를 했다. 이에 89년까지 3221명이 신고했는데, 사망자가 200여 명, 2800여 명이 부상 및 상해자로 신고했다. 그러나 노태우는 예산이 부족하다며 약속을 이행하지 않았고 적절한 보상은 이루어지지 못했다.

이후 국회에서 관련 특별법안이 지속적으로 제출됐으나 폐기되었 고 2001년이 되어서야 대법원에서 피해자들에 대한 정신적 위자료 지 급 판결이 떨어져 개인당 1천만 원 상당의 피해보상금이 지급된 것으로 알려져 있다.

　순화교육 때문에 죽거나 평생을 불구로 살아가는 등 극심한 인권유린을 겪었는데 보상받는 명목이 '정신적 위자료'뿐일 수밖에 없었던 이유는 5공이 삼청교육 관련 기록을 전부 말소시켰기 때문이다. MBC < 이제는 말할 수 있다> 다큐멘터리 방송 취재팀은 2002년 삼청교육대 관련 다큐 제작에 대해 국회와 정부의 관련 자료 조직적 은폐 및 폐기 때문에 취재할 때 어려움이 컸다고 토로했다. 남은 것은 피해자들의 아픔과 그들의 생생한 증언, 피맺힌 절규뿐이었다.

강제징집과 녹화사업
그리고 유시민의 항소이유서

        5공의 파탄난 도덕성과 무자비한 인권유린을 볼 수 있는 또 한 가지 작품은 강제징집과 녹화사업이었다. 강제징집의 경우는 박 정권 때도 실시되었던 바 있었다. 시위주도 학생들을 무력화시키기 위해 말 그대로 그들을 강제징집하여 군복무를 시킨 것이다. 다만 5공의 강제징집에는 녹화사업이라는 인간성파괴공작이 첨가되어 훨씬 악랄하단 평가를 받는다. 강제징집으로 군대에 보내진 대학생들을 대상으로 '빨간 물을 빼고 푸른 물을 들이는 순화작업'이라는 뜻의 녹화사업이 전개되는데, 이 과정 속에서 가혹행위와 함께 '역의식화' 교육을 받는다. 그리고 교육이 끝난 학생들에게 그 교육성과를 검증하기 위한 임무가 맡겨지는데 바로 학원 프락치가 되는 것이었다. 쉽게 말해 학원 민주화 진영에 투입되어 정보를 빼내어 군에 보고하는 등의 일을 시킨 것이다. 인간성 파괴공작이었다. 직접적으로 프락치 공작 지시를 내린 담당 보안사 요원은 그 작업이 출세에 직접적인 영향을 끼쳤다.

 후일 5공 청문회에 이르러서 담당 보안사에 책임을 물을 때 그들은 녹화사업 대상 사병들에게 '단순 부탁'을 했을 뿐이라며 잡아뗐으나, 말도 안 되는 변명이었다. 녹화사업에 관련해 83년 5월 이윤성, 6월 김두황, 7월에 한영현, 8월에 최온순 등이 목숨을 잃는 등 사망자가 속출하는 일이 벌어졌다. 보안사 요원의 '단순 부탁'을 거절할 수 있었다면, 프락치라는 친구를 팔아넘기는 반인륜적 행동을 저질러 양심의 가책에 시달리다 자살을 택하는 일이 벌어질 수 있을까?

의문사진상규명위원회는 이런 희생들을 낳은 녹화사업을 조사했다. 1981년 11월부터 1983년 말까지 447명의 대학생을 강제로 입영되었고, 이중 256명이 녹화사업을 받았다. 의문사 조사위는 실제로는 직접대상자 1000여 명에 관련자 5000여 명이라는 방대한 숫자라고 밝히기도 했다. 특수학적변동자라는 붉은 낙인까지 찍혀 군 복무를 하는 도중 모진 고초를 겪어야하기도 했다. 한편 전두환은 <'대통령각하 지시사항철'이라는 문서철에서 문제 사병을 전방부대에 배치하라는 지시를 내리는 등, 녹화사업과 깊은 관계를 가지고 있었던 것으로 드러난다.

강제징집과 녹화사업에 관련해 일어난 유명한 사건 하나가 있다. 바로 유시민의 '항소이유서' 사건이다. 사건의 전말은 이러하다. 때는 1983년 말 학원자율화 조치가 내리지고 난 다음, 민주적 성격을 지닌 총학생회가 대학별로 부활하고 있었다. 그런 상황에서 1984년 9월, 서울대에 복학생협의회 총회에 프락치로 의심되는 학생(임신현, 78학번 공법학과)이 참석했고, 이를 수상히 여긴 학생들이 조사한 결과 가짜 학생임이 밝혀졌다. 조사하는 과정에서 폭력이 사용되었음을 인정하고 학생들은 임 군을 가족에게 인계하며 사과했다. 서울시 경찰은 학생들이 임 군을 감금하고 구타 및 물고문을 자행하며 철야심문을 이어나간 사실을 발표했다. 그리고 이와 관련해 복학생협의회 회장 유시민(경제학과 4학년)을 비롯한 복협의 학생들을 구속해 징역을 선고했다. 이때 유시민은 1985년 5월 27일 서울형사지방법원 항소 제5부 재판장에게 항

소이유서를 제출한다. 항소이유서에는 유시민이 1980년 5월 17일 '서울의 봄' 당시 강제 징집되어 군복무를 하고 나와 복협에서 활동하다가 다시 위의 임신현 사건과 연루, 징역살이를 하게 된 경위가 담겨있다. 그리고 그 과정 가운데 5공이 자행한 강제징집 및 녹화사업, 고문수사 조작, 여론 조작 등의 부도덕을 낱낱이 고발하고 있다.

 잊을 수 없는 그 봄의 투쟁이 좌절된 5월 17일, 본 피고인은 갑작스러이 구속학생이 되었고, '교수와 신부를 대려준' 일을 자랑삼는 대통령 경호실 소속 헌병들과, 후일 부산에서 '김근조 씨 고문살해'사건을 일으킨 장본인들인 치안본부 특수수사대의 수사관들로부터 두 달 동안의 모진 시달림을 받은 다음, 김대중 씨가 각 대학 학생회장에게 자금을 제공했다는 어처구니없는 조작 때문에 결국은 그 중 기십만 원을 나눠 받았다는 허위진술을 해주지 않을 수 없었습니다.

(중략)

구속 석 달 만에 영문도 모른 채 군법회의 공소시각 결정으로 석방되었지만, 며칠 후에 신체검사를 받자마자 불과 40시간 만에 변칙 입대 당함으로 써 이번에는 '강집학생'이 되기에 이르렀습니다. 입영전야에 낯선 고장의 이발소에서 머리를 깎이면서 본 피고인은 살아있다는 것이 더 이상 축복이 아니요 치욕임을 깨달았습니다. 그날 이후 제대하던 날까지 32개월 하루 동안 본 피고인은 '특변자(특수 학적 변동자)'라는 새로운 이름을 가지게 되었으며 늘 감시의 대상으로서 최전방 말단 소총중대의 소총수를 제외한 일체의 보직으로부터 차단당하지 않으면 안되었습니다. 그리고 영하 20도의 혹한과 비정하게 산허리를 갈라 지른 철책과 밤하늘의 별만을 벗 삼는 생활이 채 익숙해지기도 전인 그해 저물녘, 당시 이등병이던 본 피고인은 대학시절 벗들이 관계한 유인물사건에 연루되어 1개월 동안 서울 보안사 분실과 지역 보안부대를 전전하고 대학생활 전반에 대한 상세한 재조사를 받은 끝에 자신의 사상이 좌경되었다는 마음에도 없는 반성문을 쓴 다음에야 부대로 복귀할 수 있었으며 동시에 다른 연대로 전출되었습니다.

(중략)

 그런데 제대를 불과 두 달 앞둔 1983년 3월 또 하나의 시련이 기다리고 있었습니다. 지난 해 세상을 놀라게 한 '녹화사업' 또는 '관제 프락치 공작'이 바로 그것입니다. 인간으로 하여금 일신의 안전을 위해서는 벗을 팔지 않을 수 없도록 강요하는 가장 비인간적인 형태의 억압이 수백 특변자들에게 가해진 것입니다. 당시 현역 군인이던 본 피고인은 보안부대의 공포감을 이겨내지 못하여 형식적으로나마 그들의 요구에 응하는 타협책으로써 일신의 안전을 도모할 수는 있었지만 그로 인한 양심의 고통은 피할 수 없는 일이었습니다. 이처럼 군사독재 정권의 폭력 탄압에 대한 공포감에 짓눌려 지내던 본 피고인에게 삶과 투쟁을 향한 새로운 의지를 되살려준 것은 본피고인과 마찬가지로 강제징집당한 학우 중 여섯 명이 녹화사업과 관련해 잇달아 의문의 죽음을 당하거나 스스로 목숨을 끊었다는 충격적인 사건이었습니다. 동지를 팔기보다는 차라리 죽음을 택한 순결한 양심의 선포 앞에서 본 피고인도 언제까지나 자신의 비겁을 부끄러워하고 있을 수는 없었습니다. 그것이야말로 순결한 넋에 대한 모욕인 탓입니다.

(중략)

그리고 지난해 9월 여러 가지 사정으로 복학하게 되었을 때 본 피고인은 민주화를 위한 투쟁은 언제 어디서나 어떤 형태로든 계속되어야 한다는 소신에 따라 복학생협의회를 조직하였습니다. 그러나 불과 복학한지 보름 만에 이 사건으로 다시금 제적 학생 겸 구속학생이 되었을 뿐만 아니라 본 피고인의 이름은 폭력학생의 대명사가 되어버리고 말았습니다. 본 피고인은 이렇게 하여 5.17 폭거 이후 두 번씩이나 제적당한 최초의 그리고 이른바 자율화 조치 이후 최초로 구속 기소되어, 그것도 '폭행법' 위반으로 유죄선고를 받은 '폭력과격학생'이 된 것입니다. 그러나 본 피고인은 지금도 자신의 손이 결코 폭력에 사용된 적이 없으며 자신이 변함없이 온화한 성격의 소유자임을 의심치 않습니다.

(중략)

빛나는 미래를 생각할 때마다 가슴 설레던 열아홉 살의 소년이 7년이 지난 지금 용서받을 수 없는 폭력배처럼 비난 받게 된 것은 결코 온순한 소년이 포악한 청년으로 성장했기 때문이 아니라 이시대가 가장 온순한 인간들 중에서 가장 열렬한 투사를 만들어내는 부정한 시대이기 때문입니다…(중략)…모순투성이기 때문에 더욱 더 내 나라를 사랑하는 본 피고인은 불의가 횡행하는 시대라면 언제 어디서나 타당한 격언인 네크라소프의 시구로 이 보잘것없는 독백을 마치고자 합니다.

– 슬픔도 노여움도 없이 살아가는 자는 조국을 사랑하고 있지 않다.–

팩트체크를 해보자면, 서울대 복협에서 임신현을 조사하는 과정 중 감금 및 폭행이 사용된 것은 맞다. 그러나 정작 복협 회장인 유시민은 이를 지시하거나 가담하지 않았고 누구보다 정황을 잘 알고 있는 담당 조사경찰관이 그렇게 밝힌 바 있다. 또한 유시민은 복학생협의회 집행위원장으로서는 폭력 부분에 대한 책임을 인정했다. 가짜학생으로 위장해 폭력을 당한 피해자들도 입을 모아 현장에 유시민은 없었으며 뒤늦게 사태를 알아차리고 수습에 힘썼다고 증언했다. 그러나 경찰 상부측에서 폭력사건을 복협회장 유시민과 엮으라는 지시를 내리고 이에 그는 1심에서 징역 1년 6개월 형을 선고받았으며 2심에서 1년형이 확정되어 복역하게 되었다.

서울대 복협 학생들이 프락치학생들의 정체를 밝히는데 폭력을 사용한 것은 분명 잘못했다고 볼 수 있다. 그러나 맥락을 바라보자. 서슬 퍼런 5공 공안 정권 아래서 민주화 운동을 벌이던 학생들이 공권력에 숱하게 고문수사, 구속, 강제징집, 녹화사업이라는 비인간적 대우를 받으면서 무얼 배웠겠는가? 애초에 고문수사, 폭력을 동원한 신원조사는 5공의 대표적인 작품 아니던가? 오랜 기간에 걸쳐 국가기강부터 인권과 도덕성을 길에 버려진 쓰레기만도 못하게 취급해왔으면서 그런 환경에서 투쟁하며 자란 학생들에게 '폭력학생'이라는 딱지를 붙이는 것 자체가 아이러니인 것이다.

유시민이 항소이유서에 밝혔듯 5공 정권이 집권한 시기는 가장 온순한 인간 중에서 가장 열렬한 투사를 만들어내는 부정한 시대였다. 이런 총체적 부패가 자행된 공간속에서 학생들이 저지른 이 정도의 폭력 정도는 용인되어야 한다는 말이 아니다. 별 수 있었겠는가? 과연 어떤 인간이 자신과 조직의 신변이 위협받는 상황에서 '프락치'를 부드러운 방법으로 교화할 수 있을까. 그런 맥락을 이해하지 않고 무조건 절대적인 기준과 잣대를 들이대며 "그건 잘못됐어!"라고 비난하는 것은 정당한 평가가 아니다. 5공은 이미 부도덕을 전제삼아 자신들의 권력게임의 판을 짜놓았으므로, 뭘 하든 결국 그 안에서 놀아나는 것이었다.

34.
스포츠 공화국의 이면

'86·88'이
모든 것을 지배한다

전두환의 권력 작동의 방식은 박정희의 그것과 못지않게 굉장히 파괴적인 것이었다. 광주학살만 봐도 그렇고 앞서 살펴본 삼청교육대와 녹화사업을 보아도 충분히 느낄 수 있다. 그러나 전두환의 5공은 이면에서 작동했던 그런 폭력과 부도덕함을 대외적으로 가릴 수 있었다. 그들이 행사하는 권력의 속성이 실제로는 굉장한 파시즘인데, 일반 대중들은 쉽사리 이를 눈치 채지 못하는 일명 '부드러운 파시즘'인 것이다. 전두환과 신군부는 언론장악이라는 수단으로 부드러운 파시즘을 가능케 했다. 대기업의 지배와 정경유착 구조에서 개인의 자유와 민주적 권리가 억압받는 상태를 묘사하는, 미국의 정치학자 버트램 그로스가 말한 '친근한 파시즘'이라는 개념이다.

언론권력은 시장권력의 형태를 띤다. 사회의 구성원들은 여론조작의 대상으로 자신이 조작된 사실이 주입된 상태에 있다는 걸 믿고 싶어하지 않는다. 왜곡된 정보를 제공받으며 세상 돌아가는 걸 제대로 깨닫고 있다고 생각하는 사람의 착각을 깨우쳐줄 수 있을까? 같은 사실도 자신이 믿고 싶은 대로 믿어버리는 것이 인간이다. 어느 날 신뢰하는 언론이 알고 보니 공적인 입장을 대변하며 가짜뉴스를 배포했다는 사실이 밝혀진다고 한들, 그 누가 지난날에 이미 견고하게 자리 잡은 자신의 정보체계를 모조리 부정할 수 있을까.

그리고 그 당시에 가짜뉴스의 진의를 밝히고자 했던 이들은 다 마이너에 속했다. "당신들은 지금 잘못된 사실을 알고 있다!" 책망 조를 띠며 대중에게 쏘아붙이는 그들의 엘리트주의는 좋게 보일 수가 없다. 그리고 최소한의 격식 또한 갖추지 못하고 부르짖는 그들의 모습은 소비주의 시대 국민의 눈에는 미개하게 비춰졌다. 원초적으로 불공정한 게임이었다.

그러면서도 이들은 툭하면 빨갱이로 몰렸고, 신변의 위협이 가득한 상황에서 대의를 위한다는 밥 한 그릇 안 나오는 신념을 위해 소리를 내야만 했다. 5공 치하 '경제동물화'된 대중은 옳고 그름에 대해 시시비비를 가리는 것 그 자체에 대해서도 불편한 심기를 드러냈다. 5공은 이런 예민한 정치 사안보다 자극적이고 재밌는 도구들을 대중에게 쥐어준다. 프로야구가 개막되었고, 86 아시안게임, 88 서울 올림픽을 유치했으며, 컬러TV 방송이 재개되고, 극장에서는 애마부인이 흥행했다. 대중은 매료되었다.

신군부가 대중들의 눈과 귀를 막고 더욱 소비체제로 진격하게 만든, 그 도구들을 소개하겠다. 5공의 다른 이름은 스포츠공화국이기도 하다. 대표적으로 86 아시안게임과 88 서울 올림픽은 이들이 집권을 정당화할 수 있는 '전가의 보도'로 알려져 있다.

기존의 88올림픽 유치는 앞서 박정희가 미 카터 대통령과의 관계개선 및 북과의 체제우위경쟁 선점을 취하려고 계획해뒀었다. 그러다 박정희가 갑자기 급서하면서 최규하 내각으로 넘어오자 최규하는 올림픽 유치를 단념하겠다고 공식발표한다. 그러나 전두환은 생각이 달랐다. 80년 11월 30일, 전두환은 IOC^{International Olympic Committee}(국제올림픽위원회)에 올림픽 유치 신청서를 제출하게끔 지시했다. 경쟁국 일본이 존재했고, 여러모로 사실상 올림픽 유치가 어려운 상황이었으나 안기부장 유학성이 나서서 올림픽유치 TF^{Task Force}까지 구성해 총대를 멨다. 현대의 정주영 또한 함께 붙어 현지 IOC위원들의 마음을 회유하기 위해 항공권과 현금 제공등 돈을 많이 썼다. 81년 9월30일 대망의 올림픽 유치 투표결과는 대한민국의 서울이 일본의 나고야를 52:27로 이기는 드라마틱한 결과를 도출했다. 그 배경에는 정주영의 로비와 개발도상국들의 지지, 그리고 의외로 독일의 아디다스^{adidas}가 있다. 국제 스포츠 기업의 입장에서는 자기 제품이 경쟁력을 발휘할 수 있는 곳이 올림픽 유치에 낙착되는 게 유리하다. 때문에 나고야보다는 서울을 택한 것이다.

이렇게 88올림픽 유치가 기적적으로 성공하자 자연히 86아시안게

5공의 친근한 파시즘 만찬

5.18이니 뭐니, 요즘 학생들은 세상 걱정을 너무 많이 해요 먼저 산 시대의 선배로서 염려가 되지 않을 수 없어요.

아이고, 이런 내가 또 꼰대같은 소릴 하고 말았군. 신경 쓰지 말고 들어요. 저 친구 너무 나무라지 말아요. 젊어서 그래요.

전두환! 이 살인마 자식아!

여러분은 지금 속고 있는 겁니다!

어머, 교양 없어!

뭐야, 저건… 미개해.

임 이야기가 나왔고, 그해 11월 AGF^Asian Game Federation(아시아 경기연맹)총회에서 아시안게임을 유치하는 데도 성공했다.

아시안게임 유치를 성공했으니 다음 문제는 올림픽 재원 마련이었는데, 5공은 땅 투기라는 방법을 통해 이 문제를 해결했다. 주택정책과 합동재개발사업을 전개했는데, 더욱 잘 살고자 하는 중산층을 포섭하면서 무주택자 및 하층민의 삶을 길바닥으로 내몰았다.

5공은 지역의료보험 확대 실시와 국민연금제도, 최저임금제 등의 복지정책도 함께 제시했다. 복지정책으로 정권의 정통성을 도전받는 상황에서 벗어나고, 동시에 주택정책으로 중산층과 빈민층을 분열시키는 효과를 거둔 것이다. 86, 88이라는 국가적 경사에 도시빈민들은 함께할 수 없었다. 오히려 희생을 강요당했다. 이미 60년대에 후암동, 대방동, 이촌동 지역에서 쫓겨난 철거민들은 그 때 당시에 황무지나 다름없었던 목동 지역에 강제로 뿌리를 내렸다. 그런데 1983년 4월, 당국이 목동 신시가지 개발계획을 발표했다. 기존에는 서민주택 대량공급을 목표로 삼았었으나, 고급아파트 건설로 계획을 변경했다. 올림픽 재원마련을 위한 정부주도의 부동산 투기였다.

1984년 8월, 목동에서마저 다시 쫓겨날 위기에 처한 빈민들은 철거반대투쟁을 벌였다. 1985년 1월 시청 앞 농성에서는 아홉 명이 중상을 입고 수백 명이 연행당하는 일이 있었다. 정당한 인권에 호소한다 한들 아무도 그들의 신음에 귀 기울이지 않았다.

예나 지금이나 가난은 죄 취급을 받는다. 86, 88을 치르는 무대로서 서울을 미화하기 위해, 도시빈민들은 계속해서 외곽으로 밀려나갈 것을 요구받았다.

무허가 주택뿐만 아니었다. 즐비하게 늘어선 노점상도 모조리 강제 철거 당했다. 대표적으로 잠실 지역 주공아파트 단지와 함께 있던 새마을시장 주변 노점상, 그리고 성남시의 모란장의 노점상이 피해를 봤다.

통행금지 해제,
애마부인 흥행, 프로야구 출범

올림픽과 아시안게임이라는 거대한 행사가 대한민국의 분위기를 주도했으나, 끝이 아니었다. 전두환의 오락을 통한 대중조종술은 다방면으로 실시되었다. 이른바 '3S 정책 Sport, Sex, Screen'이다. 이는 대중으로 하여금 윤리나 정당성, 역사적·정치적 청산의 과제를 망각하게 하고 욕망을 질주하게 만들었다.

먼저 통행금지 해제다. 1945년 9월 7일자 미군사령관 존 하지의 군정포고가 내려진지 36년 만에 야간 통행금지가 해제되었다. 그 전까지는 오직 1년에 단 두 번, 크리스마스, 연말연시 때만 통금이 해제되었다. 그래서 이때를 기점으로 열 달 후에 태어난 아이들을 '크리스마스 베이비'라고 부르기도 했다.

야간 통행금지 해제는 대중에게 무한한 해방감을 맛보여줬고, 숙박업소가 흥했다. 물론 가정주부들은 이런 조치를 크게 반기지 못했다. 대중에게 주어진 밤을 누릴 수 있는 자유는 자연히 성 욕망의 분출로 이어졌다. 그런 배경 속에서 한 달이 채 되지 않아 <애마부인>이 개봉했다. <애마부인>은 네 달 동안 상영하며 31만 명의 관객을 동원했다. 엄청난 흥행을 기록한 것이다. <애마부인>의 정인엽 감독은 영화를 통해 산업화 과정 중, 일 나가는 남편들이 빈번하게 하는 외도에 여성들이 가만히 참고 삭히며 살다가 성의식이 변화하는 모습을 그리려고 했다고 이야기했다.

감독의 의도야 어떻든, 전두환은 에로영화의 심의 기준을 대폭 낮추고 대중들로 하여금 오락을 만끽하토록 했다. 섹스라는 코드가 냉엄한 정치적 현실에 처한 대중에게 아드레날린 주사를 맞히고 있는 꼴이었다.

5공이 스포츠공화국으로 불리는 큰 이유 중 하나는 프로야구가 출범한 시기였기 때문이다. 1982년 3월 23일 전두환은 '대중들의 건전한 여가선용'이라는 슬로건을 내걸고 프로야구라는 야심작을 꺼내들었다.

문제는 재원 마련이었다. 전두환은 지역연고를 바탕으로 두어 야구단 운영에는 재벌 기업들이 붙어서 경제적인 문제를 해결하도록 했다. 이렇게 서울은 MBC청룡, 부산은 롯데 자이언츠, 대구 삼성라이온즈, 광주 해태타이거즈, 대전 OB베어즈, 인천 삼미슈퍼스타즈 등 여섯 개의 구단이 탄생했다.

전두환은 언론을 통해 대대적인 국가 단위 홍보 마케팅을 했고, 각 구단에 대한 면세조치는 물론 선수들의 병역 문제 처리와 운동장 사용료 면제, 야구단 손비 처리, 프로 야구선수 연봉 세율 대폭 인하 등 적극적으로 지원했다. 철저히 정부 주도로 야구의 프로화가 진행된 것이다. 때마침 컬러 TV가 범용화되면서 소비자본 체제가 가속화되고 있었는데, TV를 통해 야구중계가 대중에게 급속도로 퍼져나갔다. TV방송 중 프로야구를 비롯한 스포츠 중계시간은 꾸준히 증가해 나중에는 그 비중이 30~40퍼센트까지 육박했다.

지역연고를 바탕으로 하다 보니 야구라는 링 안에서 지역감정이 분출되기도 했다. 특히나 고립된 광주항쟁의 경험 및 차별로 한이 맺힌 호남인들은 그들을 대표하는 해태타이거즈의 열렬한 팬으로 변신했다. 1983년 당시 프로야구에서 해태가 우승하자 그 분위기는 극에 달했다. 호남인들은 비빌 언덕이 없는 설움을 프로야구라는 창구로 해소하고 있는 것이나 다름없었다. 그리고 해태가 이기든 삼성이 이기든 프로야구로 국민들을 탈 정치화시키려던 5공 정권의 의도는 기가 막히게 맞아떨어지고 있었다.

3S정책으로 당신의 마음을 사로잡다!

땡전뉴스와
미 문화원 사건들

　　스포츠와 섹스, 스크린의 미약으로 취해가던 대한민국 속 냉엄한 5공의 견고한 권력의 벽을 계란으로 깨뜨리려 하는 움직임이 있었다. 각종 미 문화원 사건이 터져 나온 것이다. 광주와 부산, 서울에서 미 문화원을 배경으로 방화, 점거농성 등이 벌어졌다.

　　왜 미 문화원을 배경으로 했는가? 광주학살을 저지른 5공의 잔혹성을 고발함과 동시에 그 당시 전시작전권을 가지고 있던 미국 또한 군 투입을 묵인했기 때문에 이런 참혹한 일이 일어났음을 고발하기 위함이었다.

　　그러나 이런 시도들이 대중에게 올바로 알려지기는 힘들었다. 앞서 이야기했듯 5공의 언론의 통제가 극에 달해있었기 때문이었다. 사람들은 그 당시 뉴스를 희화화해 '땡전뉴스'라고 불렀다. 정시를 알리는 "땡" 소리가 나면 바로 "오늘 전두환 대통령은……"으로 시작하는 멘트가 나오기 때문이었다. 단적인 예로 1983년 8월 31일에 일어난 KAL기 격추사건을 들 수 있다.

　　승무원을 포함한 승객 269명이 타고 있던 KAL007기가 뉴욕에서 김포로 오는 도중 항로를 이탈해 소련영공을 침범한 채로 3시간 동안 비행하다가 소련 미사일에 격추되었다. 이는 사실 미국 로널드 레이건 대통령이 정략적 목적으로 이용한 사건이었다. 소련은 미사일을 발사하기 전에 먼저 KAL기 측에 경고 메세지를 보냈으나 묵묵부답으로 일

관해 부득이하게 격추시킨 것이다.

이 사실을 모두 알고 있었음에도 불구하고 레이건은 이 사건을 '소련의 대량학살' 및 '야만적 행위'로 규정지었다. 아무런 정보도 없는 기타 영향력 있는 미 언론매체들조차 그런 공세에 가담해 소련을 비난하기에 이르렀다. 결국 일련의 사건으로 레이건은 거액의 국방예산을 통과시켰다(약 1875억 달러 상당, MX미사일 48억 달러, 퍼싱II미사일 4억 3,000달러, 레이저 무기 연구개발자금 3억 4,000만 달러, 화학무기 1억 4,460만 달러 등). 레이건이 소련이 부득이하게 KAL기를 미사일로 격추해야 했음을 이미 알고 있었다는 사실은 나중에야 밝혀진다.

이 KAL기에는 미국인 51명, 일본인 28명을 포함 수백 명의 대한민국 사람들이 타고 있었다. 국민이 미사일에 격추되어 모조리 죽어버렸는데도 불구하고 그날의 톱뉴스는 전두환이 조기청소를 했다는 내용으로 장식되었다. 오로지 전두환의 이미지 메이킹에 초점이 가 있는 언론, 이것이 1983년 당시 언론의 현실이었다. 뉴스 시간 45분 중 30분이 전두환과 관련한 내용인 적도 있었으니, 더 말할 필요가 없을 듯하다.

이런 현실을 전후해 미 문화원 사건이 비집고 나왔다. 최초의 미 문화원 사건은 1980년 12월 9일 광주에서 터졌다. 광주미 문화원 방화사건이다. 전남대 상대 3학년생 임종수를 비롯한 학생들이 그 주체였다. 미국의 신군부 네 개 대대 병력사용의 묵인 때문에 벌어진 광주참극에 대한 책임을 묻고자, 그리고 그런 그릇된 외교관계를 청산하고 올바른 한미관계를 형성하고자 미 문화원에 방화했다. 방화를 일으킨 학생들은 이 행위를 반미가 아닌 친미로 규정(올바른 한미관계 정립을 위한), 방화

가 아닌 봉화라는 의미를 부여해 자신들의 행동동기를 명확히 했다.

그러나 전두환과 5공이 가만히 있을 리 없었다. 전두환은 5.18광주항쟁이 이슈화되는 것 자체를 원치 않았기 때문에 이를 단순 전기 누전 때문에 발생한 사건이라고 발표해버렸다. 아예 사건의 본질 자체를 흐려버린 것이다.

그로부터 15개월 후, 이번에는 부산에서 터졌다. 부산미 문화원 방화사건이 바로 그것이다. 문부식을 비롯한 고신대 학생들이 부산미 문화원을 점거, 방화를 저질렀다. 이들은 "해방 이후 지금까지 미국은 한국의 독점자본과 결탁하여 경제적 수탈을 일삼는 매판문화를 조장했으며 민주화, 사회개혁, 통일과 같은 민중의 요구를 탄압함에도 모자라 지속적으로 파쇼군부정권을 지원하는 등의 일을 저질렀다"고 고발했다. 광주미 문화원 사건 때는 광주사건의 책임을 묻고 올바른 한미관계의 정립을 주창했다면 부산미 문화원 사건에서는 미국의 이런 비열한 지배로부터 완전히 해방될 것을 주창했다.

이에 국내 정권의 주구 언론 <조선일보>와 <중앙일보>는 고신대 학생들의 이런 행동의 의도를 무시하고 깎아내리기 바빴다. 한미관계를 이간하는, 민족적 수치라는 말을 썼으며, '반공과 친미는 헌법 이상의 국민적 합의'라는 제목을 걸어 기사를 내는 등 비판했다. 신문과 방송은 일제히 이들의 방화와 전단지 살포행위를 범죄로 규정, 구속했으며 잡히지 않은 관련자에게는 현상금을 걸고 공개수배를 내렸다.

부산미 문화원 사건의 당사자들은 이런 강경조치를 이미 감수하고 있었다. 문제는 방화의 가장 큰 이유인 광주가 은폐되고 있다는 것이었다. 언론부터가 이들의 행위에서 광주를 배제시켜버려 일반 대중에게까지 광주학살 청산의 메세지가 전해지지 않았다. 심지어 그들의 공소장 어디에도 광주라는 단어는 없었다.

'땡전뉴스'로 대표되는 언론은 광주를 내포한 학생들의 절규를 땅속에 사장시켜 버렸다. 오히려 미 언론이 이들의 진의를 알아보고 있었다. 뉴욕타임스의 기사다.

지난 3월, 한국의 반체제학생들은 부산 미 문화원에 불을 지르고, 전 대통령을 지지하는 미국의 역할과 1980년 5월 광주에 대한 탄압을 지원한 미국의 역할을 비난했다…(중략)…위컴 장군은 그의 지휘하에 있는 한국 군대를 광주작전을 위해 출동시켰으며 미국 대사관은 사태의 중재를 요청하는 반체제인사들의 요청을 거부했고, 그 이후로 미국은 전 대통령을 완전히 지지해왔다…(중략)…그러나 양 국민에 있어서 가장 큰 손실은 미국이 민주주의의 씨를 양육시킬 것이라는 희망에 종지부를 찍었다는 점이다. 이제는 악의 보답만이 남아있을 뿐이다.

사건의 주도 학생 문부식은 다음과 같이 말했다.

"우리는 반미주의자여서 미국문화원에 불을 지른 것이 아니다. 우리는 '부미방'을 통해 미국이 자국의 국가적 이익을 위해 이 땅의 군사독재 정권을 지원하고, 특수하고 종속적인 한미관계를 지속하려는 한 미국은 진정한 의미에서 우리의 우방이 아니라고 말하고 싶었다. 아닐 뿐 아니라 한국현대사의 가장 큰 비극인 광주학살에 대한 미국과 신군부의 공모행위에 대한 역사적 책임이 분명히 밝혀져야 한다고 주장하고 싶었다."

　이때까지만 해도 언론잠식 탓에 미 문화원 사건의 진의가 대중에게 닿지 않았으나, 시간이 지나면서 사태가 반전되기 시작했다. 1985년 5월에는 광주 문제가 민주화 학생 세력의 중심 이슈가 되었다. 민주통일민중운동연합(이하 민통련)이 그해 3월에 결성되어 광주 민주화 운동 관련 성명과 함께 농성을 시작했다. 여기에 호응하여 5월 17일에는 전국 80개 대학의 4만 명에 육박하는 숫자의 대학생이 광주 민주화 운동 진상규명을 요구하는 시위를 전개했다.

　그리고 5월 23일, 서울 미 문화원 점거 농성사건이 터졌다. 서울대 학생 함운경을 필두로 한 73명의 학생들이 미 문화원 2층 도서관을 점거해 72시간 동안 농성을 벌인 사건이다. 전학련(전국학생 총연합), 삼민투(민족통일·민주쟁취·민중해방투쟁위원회) 소속의 고려대, 연세대, 성균관대, 서울대, 서강대 학생들로 구성된 이들은 앞선 미 문화원 사건들과 맥을 같이하며 "광주학살 책임지고 미국은 공개 사과하라"라는 구호를 외쳤다.

　이에 집권여당 민정당은 이 사건을 "민주주의 혁명이 아닌 무산계급의 민중봉기 내지 사회혁명"으로 규정하는 성명을 발표했다. 쉽게 말해 빨갱이로 몰았다. 한편 신민당은 이들의 투쟁이 "반민주적 독재체제 아래 고통 받는 이들 일반의 투쟁"이라는 성명을 내놓으면서 민정당의 성명에 반박했다. 민정당 것은 말할 것도 없지만, 신민당의 성명도 서울 미 문화원 점거 농성사건을 정확하게 묘사하고 있는 것은 아니었다. 학생들은 '우리는 왜 미 문화원에 들어가야만 했나'라는 성명을 발표하면서 그들의 뜻을 소상히 밝혔다. 요는 광주학살을 묵인, 지지한 미국도 책임을 져야한다는 것이었다. 독재체제 타파는 그 다음이었다.

1. 광주학살 지원 책임지고, 미 행정부는 공개 사과하라!
2. 미국은 전두환 군사독재 정권에 대한 지원을 즉각 중단하라!
3. 미국 국민은 한미관계의 올바른 정립을 위해 진지하게 노력하라!

학생들은 위 세 가지 요구사항을 내걸고 미 대사와 면담 및 내·외신 기자회견까지 진행할 것을 촉구했으나 이는 받아들여지지 못했다.

그러나 이 과정 속에서 미국의 광주학살 묵인 문제가 일반 대중에게 알려졌다. 언론 또한 이들을 대중과 격리, 매도하려 대서특필하는 등의 노력을 기울였지만 반응은 역으로 나타났다. 물론 개중에는 정황파악을 못한 이들도 있었겠지만, 이 사건은 일반 국민들이 광주 문제의 미국 책임 이슈에 비로소 관심을 갖게 만든 중요 계기가 되었다는 평가를 받는다.

35.
균열 조짐

개헌 1천만 서명운동

1986년, 다시 한 번 큰 민주화 바람
이 불었다. 신민당이 2월 12일부터 대통령직선제 개헌 1천만 명 서명운
동에 돌입한 것이다. 그 배경에는 전두환의 1월 16일 국정연설이 있었
다. 전두환은 이 자리에서 "대통령선거 방법 변경에 대한 문제는 서울
올림픽 개최라는 긴급한 국가적 과제를 성취하고 난 뒤에 논의하는 것
이 순서"라고 이야기해 야당진영을 역으로 고무시켰다.

미 문화원 사건 때도 그랬듯이, 신민당은 독재체제 타파를 주 목표
로 삼았다. 물론 박정희 유신시대의 전유물인 '체육관 선거'라는 민주
주의의 역행에 해당하는 선거 방법은 응당 청산되어야 했다. 하지만 그

이면에 신민당의 5공에 대한 권력 견제와 집권 욕심이 동시에 존재하고 있었다고 봐도 그렇게 틀리지는 않을 것이다. 미 문화원 사건에 대한 해석도 같은 맥락에서 봐야 한다. 정치권력의 카르텔을 방지하는 중요한 요소는 권력 견제 세력의 집권야욕이라는 말이다. 실제로 김영삼은 나중 가서 자신이 정권을 잡는다면 5.18 문제를 묵인할 여지가 있었다고 공개적으로 밝히기도 했다.

집권하고 있는 정치권력을 견제하는 정치 세력은 옳고 그름과 정의를 내세우지만 그것이 자신의 욕망의 방향성과 일치해야만 행동력이 발휘된다. 뭐, 개헌 1천만 명 서명운동은 긍정적인 사례로 꼽을 수 있을 것 같지만 말이다.

어쨌든 개헌바람이 불기 시작했다. 동시에 민추협에서도 김대중이 개헌서명을 제의했다. 합동작전을 벌인 민추협과 신민당 때문에 5공 정부는 급 당황했다가 곧 개헌 서명운동에 대한 처벌지침을 내려 강경대응을 시사했다. 개헌서명을 제의하는 옥내집회도 집시법을 적용해 처벌하고, 가두 서명활동은 도로교통법을 적용해 1년 이하 징역 처벌, 집집마다 방문해 서명을 종용할 시에는 주거침입죄를 적용해 처벌, 시민 또한 서명행위를 할 경우 불법행위 방조죄로 처벌하는 등 처벌지침에는 억지논리가 가득했다.

억지논리가 가득했다는 말은 무엇인가? 동요하고 있다는 뜻이다. 신민당은 3월에 들어서 본격적으로 장외투쟁에 돌입했다. 3월 28일에는 고려대 교수 28명이 시국선언문을 발표하는 고무적인 일이 발생했다.

"오늘의 근본 문제는 민주화에 있고 민주화의 핵심이 개헌에 걸려있다는 것은 정당한 견해이다. 개헌에 대한 국민의 요구가 자유롭게 표현될 수 있게 해야 한다. 개헌은 국민 모두의 요구라고 보며 당국자와 정치인들은 조속한 시일 내에 개헌의 합의에 도달해야 한다."

잇따라 각 대학의 교수들이 시국선언에 동참했는데, 모두 29개 대학 785명의 교수가 함께했다. 여기서 어떠한 큰 변화가 일어나게 되었다면 역사가 또 한 번 조금은 달라졌을지도 모를 일이었다.

그러나 5공의 대응전략은 박정희의 그것과는 달리 치밀했다. 안 그래도 신민당과 재야단체를 비롯한 민주화 세력은 학생들의 급진적인 투쟁방식에 대한 의견이 서로 달라 파열음이 나려 하고 있었다. 그러자 전두환 정권은 이 틈새를 노리고 파고들었다. 대통령 직선제 대신 내각책임제를 대안으로 제시한 것이다. 야당에게 권력을 분배해 줘어주는 대신에 대통령 직선제는 보류함으로써 재야세력들이 반발하도록 유도한 것이다.

물론 이 여야협상은 결렬되었지만, 이를 계기로 민주화 연합이 분리되어 버렸다. 민주화연합은 5월 3일 인천에서 직선제 추진을 위한 개헌대회를 계획하고 있었다. 사흘 전 여야 간에 타협이 이루어지자 대회를 구성하는 세력들이 분리되고 각기 다른 목표를 가지고 갈등을 빚었다. 집회 한 시간 전에 학생들과 경찰이 충돌하는 사태가 일어났다. 5공 프락치의 소행이었다는 이야기도 있으나 문제는 신민당과 재야단체 간의 복잡한 갈등양상이었다. 재야 연합세력에는 민통련(민주통일민중운동연합), 민청련(민주화청년연합), 인노련(인천노동자연맹), 서노련(서울노동운동연합), 민불연(민중불교운동연합), 민민투(반제 반파쇼 민족 민주화 투쟁위원회), 자민투(반미자주화 반파쇼민주화 투쟁위원회) 등이 포함되어 있었다. 대략 50여 종이나 되는 서로 다른 유인물이 공통적으로 반미 반파쇼에 이어 반 보수 대연합을 외쳤다. 내각책임제 협상 카드를 받아들이려는 신민당의 야욕을 보고 분노한 재야단체 및 학생들의 거센 반발이었다.

인천대회는 폭력으로 점철되었다. 재야 그리고 학생 세력은 신민당을 기회주의 집단으로 보고 직선제 개헌투쟁만으로는 부족하며 정권타도 및 민주화헌법 제정을 요구했다. 정치지형의 구조적 개혁의 필요성을 요구한 것이다. 이들은 대화와 타협으로 요구사항을 취득하는 개량주의 노선으로는 상황을 타파할 수 없다고 보았다. 이런 생각과 인천 사태에서 보여준 이들의 일말의 행동은 한편으로는 급진 좌경 세력에 의한 사회혁명, 민중봉기로 비춰지기에 충분했다. 실제로도 일면 그랬으니 말이다.

이들의 급진투쟁이 '빨갱이나 하는 사회 혁명이었다'라고 말하는 것이 아니다. 이야기의 초점은 개량주의로 극복 불가능한 공안당국 체제의 견고함이다. 앞서 잠깐 이야기한 자민투의 경우 한 달 전에 반미투쟁을 벌이다가 서울대생 두 명이 분신자살하는 사건이 벌어졌다. 학생들의 죽음으로도 극복이 불가능한 공안체제에서 올바른 민주주의 체득을 위해 온건한 방법으로 할 수 있는 일이 존재하긴 할까?

허나 한국사회는 아직 그런 급진적 정치투쟁 방법을 포용하긴 일러도 한참 일렀다. 중산층이라고 불리는 일반 대중은 긴장했다. 전 정부는 5.3인천 사태를 좌경 용공 세력의 반정부 폭력행위로 규정했다. 5공은 재야세력을 불순분자 취급하면서 대대적인 검거에 들어갔다. 제도권 야당 신민당과 재야, 학생 세력의 연합을 확실히 파괴, 분리시키기 위해서였다. 경찰 측은 민통련 산하 단체 간부 10여 명에게 인천 사태 배후조종 혐의를 씌워 전국에 수배령을 내렸다. 민통련 측은 이에 기자회견에서 "학생들이 극렬, 좌경화된 것이 아니라 정부의 독재와 탄압 수위가 극심해졌음에 따른 반사작용"이라고 해명했다. 전두환과 5공 정권은 민통련 의장 문익환 목사도 구속시켰다. 학생 주모자들은 대학에서 제명시켰다. 관련 장소를 제공한 학교에 대해서는 휴교, 나아가서는 폐교도 검토해보도록 지시했다. 이렇게 86년도 상반기에 선풍을 일으킨 개헌 1천만 서명운동의 파괴력은 힘을 잃어버리고 좌절되었다.

부천 성고문 사건과
보도지침 폭로사건

이 무렵 일어난 큰지막한 사건 두 가지가 있다. 부천 성고문사건과 보도지침 폭로사건이다. 두 사건은 서로 긴밀한 연관관계가 있다. 5공 정권의 언론통제는 그 유래를 찾아볼 수 없는 지경까지 발전해 있었다. 바로 보도지침이다. 청와대 정무비서실의 지휘를 받아 문공부 홍보조정실은 각 매체의 언론 보도담당관에게 '언론보도지침'을 내렸고, 다시 이것이 언론사에게 전달되는 식이었다. 즉 중앙에서 언론을 관할 및 제한해 각 언론 매체는 그 지침에 맞는 내용을 찍어 펴나르는 심부름꾼 역할만 하게끔 만든 것이다. 그야말로 언론통제의 궁극단계였다. 이런 언론의 통제 상황 속에서 부천 성고문 사건이 일어났다. 그리고 이후 언론통제 보도지침에 대한 폭로사건이 터져 대중에게 알려지면서 5공의 이미지에 심각한 균열이 간다.

먼저 부천성고문사건은 5.3인천 사태의 연장선이었다. 사건이 있기 1년 전 서울대 의류학과 4학년에 재학 중이던 권인숙은 한 가스배출기 제조업체에 '허명숙'이라는 가명으로 '위장취업'을 했다.

여기서 잠깐, 위장취업 노동운동을 간단하게만 짚고 넘어가보자. 70년대 전태일의 분신 이후로 학생운동 세력은 노동 문제에 큰 관심을 갖기 시작했다. 동일방직 사건과 YH여공 신민당사 점거 농성사건 등을 거치며 노학연대가 이루어졌다. 학생운동가들 사이에 노동현장에서의 저항운동의 중요성이 대두되면서 80년대에 들어서는 대학생들이 노동현장으로 직접 투입되어 노동자들에게 계급의식을 심어주고 노동운동을 부추기는 일을 했다. 80년대 상반기에는 수도권 공단지역의 대학생 위장취업 노동운동가의 수가 3000~4000명에 달했다. 이런 위장취업 노동운동가들을 저지하고자 5공 정권은 1984년부터 블랙리스트를 만들어 배포하기도 했다.

권인숙 또한 이러한 위장취업자 들 중 하나였다. 그녀는 대학생활 대외활동 중 근면하게 노동하는 이들의 궁핍한 삶을 보면서 운동권에 뛰어들기로 결심했고 위장취업까지 감행하게 되었다. 문제는 그녀가 위장취업을 위해 주민등록증을 위조한 혐의를 받고 부천의 경찰서로 연행된 데서 발생했다. 5.3인천사태가 있은 지 얼마 되지 않은 시점이었다.

권인숙은 수배령이 떨어진 사건 관련인물들의 소재를 추궁받던 중 담당형사 문귀동에게 성고문을 당했다. 권인숙은 수치심에 자살충동을 느끼다가, 당당히 맞설 것을 결심하고 문귀동 담당형사를 강제추행 혐의로 인천지검에 고소했다. 하지만 문귀동 측은 적반하장으로 명예훼손 혐의를 들어 맞고소했다. 권인숙 이전에도 이미 여성 조사대상자에게 성적 수치심을 일으키는 고문행위가 자행되고 있었다는 소문이 돌았다. 그러나 성고문 행위 피해자들이 수치심 때문에 밝히기를 꺼려해 사건의 실체를 확인하는 것이 어려웠다. 그런데 권인숙은 같은 피해자가 나오지 않도록 용기를 낸 것이다.

7월 16일, 검찰은 경찰의 성 모욕행위는 없었음을 공식발표했다. 그리고 5공 정권은 언론들에게 '부천서 성폭행사건'이 아닌 '부천서 사건'으로 보도하라는 보도지침을 내려 보냈다. 언론은 이 보도지침에 충실히 따랐다. 특히 <조선일보>는 보도지침을 넘어서 운동권이 급진 투쟁 전략을 위해 성까지 도구화 했다는 식의 보도를 내보냈다. 용기를 내어 자신이 당한 성적추행을 밝혀가며 투쟁하는 피해자의 인권을 이렇게 짓밟아도 되는 것일까? 언론 이전에 인간이 아니었다.

언론사 측 간부들은 사건 보도에 대한 협조를 대가로 거액의 돈을 받아 챙겼다. 9월 1일, 권인숙의 변호를 맡은 변호인단이 결성되어 인천지검에 재정신청을 냈으나 기각되고 말았다. 다시 11월, 1심 재판에서 권인숙은 3년 형을 구형받았다. 언론은 물론 법 또한 피해자의 편을 들어주지 않았다. 결국엔 긴 싸움 끝에 1987년 4월, 권인숙과 변호인단은 대법원에 상고하는 것을 포기했다. 권인숙은 1년 6개월 형을 확정받았고, 6월 항쟁 이후 전 정권이 표면적으로 무너지고 나서야 가석방될 수 있었다.

이처럼 5공 정권 아래 세상에서 공권력을 상대로 결투를 벌였다간 뼈도 못 추리는 것이 상식이었다. 피해자가 역으로 고소당하고 매도당하는 현실이었다.

권인숙을 괴롭게 했던 보도지침과 언론은 상식적으로 말도 안 되는 것이었지만, 실제했다. 그리고 그들이 저지른 언론왜곡은 대중을 농간했다. 미 문화원 사건에서도, 성고문 사건에서도 그랬다. 아무리 5공의 부도덕을 고발하고 올바른 개혁을 위해 상식적인 투쟁을 전개해도 왜곡된 언론이라는 필터를 거쳐 대중에게 전해지는 이상 의미 없는 몸부림에 지나지 않았다.

"이 지침을 충실하게 따르는 제도언론(신문)은 취재한 뉴스의 비중이나 보도가치에 구애됨이 없이 '절대불가'면 기사를 주저 없이 빼고, '불가' 면 조금 미련을 갖다버리며, '가'면 안심하고 서둘러 실었다. 이 같은 빈 틈없는 지시와 충실한 이행과정 속에서 당시 상황은 '있는 것이 없는 것으로, 없는 것이 있는 것으로' 둔갑하는가 하면, '작은 것이 큰 것으로, 큰 것이 작은 것으로' 뒤바뀌는 어이없는 대중조작이 끊임없이 되 풀이되고 있었던 실로 미개사회의 암흑을 방불케 했다."

이것이 보도지침의 실상이었다. 해직기자들이 함께 꾸려낸 '민주언론협의회(이하 민언협)'은 1985년 6월 기관지인 <말> 지를 창간했다. 그들은 이 보도지침에 따른 언론왜곡과 대중조작에 큰 문제의식을 느끼고 세상에 폭로하기로 결심했다. <말> 지 86년 9월호에 보도지침의 실상을 실어낸 것이다. 85년 10월부터 86년 8월까지, 문공부가 각 언론사에 지시한 보도지침 584개가 폭로되어 세상이 발칵 뒤집어졌다. 곧바로 전 정권은 <말> 지의 발행인이었던 김태홍 민주언론운동협의회 의장 및 신홍범 실행위원, 김주언 기자를 국가보안법으로 구속시켰다. 각오하던 일이었다. 검찰은 법정에서 김태홍 의장에게 보도지침 폭로가 국민에게 이득이 된다고 생각하냐고 물었다. 그는 현 정권은 국내 최대의 범죄 집단이며 이들의 부도덕을 알리는 것이 애국이라고 답했다. 2만 2천 부가 아니라 22만 부를 못 찍어내는 게 아쉬울 따름이라며 당당히 소신을 밝혔다.

부천 성고문 사건과 보도지침 폭로 사건 모두 무자비한 공안정권에 무식하게 돌을 던진 사건이었다. 승산이 없는 게임인 줄 알면서도 누군가는 해야만 했던 그 일을 두려움을 무릅쓰고 희생한 것이다. '민주주의의 승리'라 불리우는 87년의 6월 항쟁은 결코 얻어걸린 승리가 아니었다. 보이지 않는 밑바닥에서부터 신음하던 이들의 피 맺힌 절규가 우연을 필연으로 만들었다고 보아야 할 것이다.

건국대 사태와
평화의 댐

　　　　　　　　　1986년 10월 28일, 전 정권은 단일
사건 구속자로 당시 최고기록을 세운 1290명 구속이라는 무리수를 또
저질렀다. 그 단일 사건이란 오후 한 시 건국대 민주광장에서 열린 전
국반외세 반독재 애국학생투쟁연합(애학투련) 발족식이 시발이었다. 전
국 29개 대학, 2000여 명이 모여서 농성을 하는 자리에 포위 경찰병력
1500여 명이 불시에 투입되어 밀어버리는 이른바 건국대 사태가 터졌
다. 경찰의 최루탄과 학생진영의 화염병이 부딪치는 가운데 학생진영
이 무력에서 밀려 건물 안으로 피신하게 되었다. 건물을 에워싼 상태에
서 경찰들은 견고한 경비장벽을 폈고, 학생들은 본의 아니게 점거농성
을 시작했다. 학생들 측은 경찰들의 철수를 요구하며 안전한 귀가 보
장 시 자진 해산할 것을 밝혔다. 그러나 공권력은 그들의 상식적인 요
구를 거절했다. 왜냐하면 아주 좋은 '꺼리'였기 때문이다. 언론은 경찰
력과 학생들이 대치상태에 놓여있는 상황에서 학생들을 '용공분자'로
몰았다. 아주 환장의 팀플레이였다. 그렇게 대치한지 4일, 10월 31일 오
전 열 시에 황소 31 입체작전이라 불리는 대규모 진압이 시작됐다. 2대
헬리콥터와 소방차 30대가 동원되어 최루탄과 최루액을 쏴댔다. 경찰
병력 투입 수는 3000명부터 18900명에 이르기 까지 자료마다 각기 다
른데, 학생 진영 수에 월등히 많은 수가 투입되어 아수라장으로 만든
것은 분명해 보인다. 1525명이 이 사건으로 연행되었고 이중 1290명이
구속되었다. 당국은 건국대 사건을 공산혁명 분자 건국대 폭력난동 사

건으로 규정지었고, 이에 따라 검찰은 11월 4일 그와 같은 이름으로 세간에 발표했다.

황소 31 입체작전으로 불리는 건국대 무력진압이 진행된 10월 30일, 전 정권은 북한의 금강산 댐 건설 소식을 대대적으로 알렸다. 북한이 짓고 있는 금강산 댐은 저수용량이 9억 톤이 넘어갈 경우 일시에 방류해 서울의 등고선 20미터까지 물에 잠기는 사태가 발생할 수 있다며 공포 분위기를 조성했다. 언론은 보다 쉽게 이를 풀어서 설명해 대중들의 공포감을 극대화시켰다.

200억 톤의 물이 서울을 덮쳐 63빌딩 절반만큼 물에 잠긴다. 이는 원폭 투하 이상의 피해이며 한강변 아파트군이 다 물속에 잠기는 재해가 닥친다.

북한은 남한의 서울올림픽을 방해하기 위해 이런 비상식적인 짓을 하고도 남을 것이라고 했다. 아무리 그렇다 해도 상식적으로 납득이 안 가는 말을 '정신 나간 짓을 일삼은 북한'으로 메꿔보려 했다. 여하튼 이런 발표를 통해 공포심을 부추긴 뒤에 즉시 이를 막을 평화의 댐 건설이 시급하다고 밝혀 모금운동을 벌였다. 남녀노소 모금운동에 동참했고 6개월 만에 700억 원에 달하는 금액이 모였다. 언론은 자조 섞인 어투로 그 당시 평화의 댐 건설 모금운동은 '앵벌이'였다고 회상했다. 평화의 댐은 다음 해(1987년 2월) 착공되어 1988년 5월에 1단계 공사가 끝났다. <워싱턴포스트>는 평화의 댐이 '불신과 낭비의 사상 최대의 기념비적 공사'라는 말로 평가했으나, 국내는 사정이 어두웠다. 93년 감사원 전면특감에 들어가서야 평화의 댐 사건이 날조되었다는 것이 드러났다. 애초에 피해규모가 상식적으로 말도 안 되는 것인데도 언론이 그렇게 진지하게 보도하는 데 아니라고 잡아뗄 수도 없었다. 공포심에 휩싸인 대중은 모금에 순순히 동참했다. 황소 입체작전으로 1200여 명의 학생이 구속되는 황당한 사건보다는 당장 내 목숨이 위협받을 수 있는 금강산 댐 방류에 눈길이 가기 마련이었을 것이다. 5공은 또 한 번 '얌체짓'으로 개헌정국을 물타기하는 데 성공했다.

단군 이래 최대 호황

　　　　　　　　　유튜브에 고 김영삼 전 대통령의 생전 모습이 편집된 영상물이 업로드되어 있는 것을 본 적이 있다. 대부분의 댓글은 민주화 투사 김영삼, 금융실명제 개혁을 단행한 김영삼으로 기억하는 사람들의 애정 어린 말들이었다. 그 와중에 반동적 댓글 하나가 있었는데, "IMF 일으킨 민주화투사 김영삼보다 경제성장 이룩한 독재자 전두환이 더 낫다"였다. 이 댓글에 열 몇 개의 답글이 달렸는데, 전부 다 심한 욕이었다. 물론 IMF는 한 지도자의 잘못이 일으킨 사태라고 보기는 어렵지만, 아이러니하게도 이 댓글은 재미있는 점을 시사한다. 어쩌면 정말 대중은 전 정권의 독재와 부도덕 같은 건 아무래도 상관 없었을지도 몰랐다. 민주주의 국가에 사는 대중은 어떠한 면에서는 파시즘의 굉장한 옹호자가 되기도 한다. 체제 내 순응하기로 결정하면 큰 흐름은 정해져 있고 복잡한 생각할 필요 없이 내가 어떻게 해야 이득을 보는지에만 집중하면 되니까 말이다. 그에 비하면 올바른 민주주의 정치는 늘 고민과 갈등을 수반하는 피곤한 체제다. 어쨌든 비겁한 파시즘일지라도 경제호황을 낳는다면 대중은 열광할 준비가 되어 있었다. 위 댓글에서 이야기한 전 정권의 경제성장이란 1986년부터 절정을 맞이한 '단군 이래 최대 호황', 3저 호황을 가리킨다.

　5공 정권에 날개를 달아준 것은 1985년 9월 있었던 G5 재무장관회담을 기점으로 열린 3저 호황이었다. 3저 호황의 3저는 저금리, 저유가, 저달러를 말하는 것이다. 플라자 회담이라고도 불리는 이 회담에서 각국의 통화를 평가절상하는 조치가 취해졌다. 이에 따라 일본의 엔화와 서독의 마르크화는 70퍼센트, 대만의 원화 또한 36퍼센트 이상 절상되었다. 이에 반해 한국의 원화는 11.2퍼센트 절상된 데 그쳤다. 이런 환율상의 이점은 한국의 수출경쟁력을 높여주었다. 더불어 국제유가가 1985년 배럴 당 28달러였던 것이 1년 만에 13.8달러로 대폭 하락했다. 세계경제침체에 의한 석유수요 감퇴, 석유소비국 들의 탈석유 산업구조로 변화 등이 주요 요인이었다. 수출에 목숨 거는, 석유 한 방울 나지 않아 전량을 수입해 국내 산업전반을 돌리는 대한민국 같은 나라에게는 엄청난 호재로 작용했다. 이는 경제지표의 수치상으로 확인이 가능했다. 1985년의 GNP 성장률은 6.6퍼센트였는데, 1986년 두 배 가까이 뛴 12.9퍼센트를 기록했다. 전년도 순 부채액만 467억 달러에 달했는데 86년도부터 경상수지가 흑자로 돌아서는 쾌거를 이뤘다. 1인당 GNP도 80년 당시 1600달러 남짓 되던 것이 1887년도에 이르러서는 3110달러로 두 배씩이나 되는 등 크게 증가했다.

이런 배경에 힘입어 대중들의 소비심리는 극에 달했다. <조선일보>를 비롯한 언론들이 '경제성장보다도 앞선 과열 소비풍조'를 비판하는 기사를 게재할 정도였다. 대중의 과열된 소비심리는 증권, 부동산, 관광 붐으로 나타났다. 87년 3월 기준으로 일일 주식거래량은 1억 주를 돌파하는 기록을 세웠다. 부동산 투기가 극심했으며, 86 아시안게임과 88올림픽을 계기로 관광도 크게 부흥했다. 86 아시안게임은 1986년 9월 20일~10월 5일까지 열렸는데 여기서 한국은 최종 우승한 중국보다 금메달 개수 한 개가 모자란 93개를 획득하면서 2위를 차지했다. 전두환과 5공은 3저 호황과 아시안게임 2위라는 쾌거를 가지고 집권명분을 획득하기 위해 저지른 광주학살의 죄책감을 넘어서는 자부심을 드러냈다. 전두환의 말이다.

> "…우리나라가 6년 연속 풍년, 외채 줄인 흑자수지, 저축33퍼센트, 아시안게임 신화를 창조한 한 해였습니다. 어떤 재일교포 말이 내가 84년 일본 방문 때 천황을 만나는 장면을 보고 감격스러워서 울었다는 거예요. 이번에 아시안게임에서 우리가 일본을 이겨버리니까 '조센징'이라는 말이 완전히 없어졌다고 해요."

86 아시안게임의 성적도 좋았지만, 무엇보다도 관광수입이 큰 한몫을 했다. 86년도 관광객 수는 전년도 대비 16.5퍼센트 증가했고 수입은 97퍼센트나 증가했다. 물론 이는 기생관광과 매춘관광을 적극 독려했던 덕분이기도 했다.

아시안게임을 성황리에 마치자 전두환은 다시 학생운동 세력에 대한 강경조치를 밀고 나갔다. 대표적인 것이 앞에서 살펴본 건국대 사태다. 그런 한편 민주화 진영은 새로운 전략으로 대응하게 된다. 전략이라기보다는 일종의 타협책이었는데, 로마에서의 김수환 추기경의 발언(1986년 10월 20일)이 계기가 됐다. 그는 김영삼과 김대중 두 야당인사가 대통령 출마를 포기해야 국가적 비극을 막을 수 있다는 발언을 했다. 5.3인천 사태는 제도권 야당이 권력의 야욕을 드러낸 순간 함께 했던 재야세력이 등을 돌린다는 귀한 교훈을 남겼다. 5공 정권의 장악력을 타도하기 위해서는 힘의 규합이 필요한데, 이런 식으로 분열되어서는 아무것도 이룰 수 없다는 것을 야당의 지도자들도 꽤나 무겁게 느꼈을 것이다. 먼저 김대중이 11월 5일 "대통령 직선제를 현 정권이 수락한다면 비록 사면복권이 되더라도 대통령 선거에 출마하지 않겠다"라고 발언해 사실상 대통령 출마 포기 선언을 했다. 그는 건국대 사태와 추기경의 충언을 언급하면서 이런 결정을 내리게 되었다고 설명했다. 김영삼은 이에 기쁘게 화답하며 자신은 김대중이 사면복권하여 후보로 나선다면 지지하겠다고 밝혔는데, 사실상 이도 김대중의 말과 궤를 같이 하는 것이었다. 둘은 서로 정치적 욕심을 배제하고 민주화를 위해 희생할 것을 결의하면서 훈훈한 결론을 만들어가는듯했다. 그러나 이는 해가 바뀌고 87년도에 나타날 본격적인 민주화 열기 속에서 예상치 못한 결과를 초래한다.

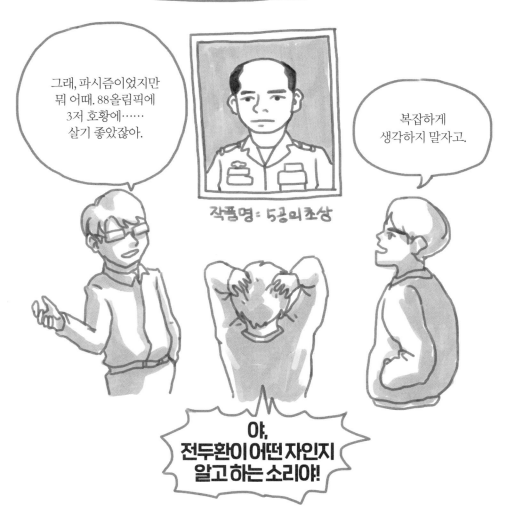

36.
'1987'과 그 한계

4.13호헌조치|

어느덧 대한민국 현대사의 중요
방점을 찍는 연도, 1987년에 다다랐다. 1987년은 전두환이 대통령 임
기 7년을 마치고 물러나 차기 대통령 후보를 선출해야하는 중요한 해
였다. 문제는 체육관 선거를 그대로 고수할 것이냐, 대통령 직선제로
개헌할 것이냐였다. 야당과 재야세력, 학생과 일반 시민들까지 대세
는 대통령직선제로 기울고 있었다. 그러나 전두환은 1987년 4월 13일,
88올림픽이 끝날 때까지 개헌논의는 일체 금지한다고 밝혔다. 이른바
'4.13 호헌조치'를 발표한 것이다. 역사학자들은 이를 두고 전두환의
대세를 읽지 못한 치명적인 실수라고 평가했다.

전두환이 그런 판단을 내린 데는 몇 가지 배경이 작용했다. 먼저는 미국의 입장이다. 앞서 미 문화원 사건은 5.18광주 학살과 관련해 전 정권을 지지, 묵인한 미국에게 책임을 물었다고 했다. 사실 미국의 암묵적인 지지가 없었다면 전 정권의 이런 자신 있는 대응은 나오기 어려웠다. <뉴욕타임스>도 말했지만, 대외적으로 자유민주주의 진영을 대변하던 미국은 역으로 대한민국의 민주주의 성장 가능성을 짓밟아버렸다.

비단 이것은 한국에만 해당되는 문제는 아니었다. 1986년에는 필리핀의 마르코스 정권이 무너져 내렸다. 어쩌다가? 미 레이건 정부는 마르코스가 독재정권과 굳건한 돈줄로 엮여있는 사이였다. 이미 마르코스는 레이건에게 두 차례 거액의 선거자금을 넘긴 바 있었다(미국의 1980 대선 때 700만 달러, 1984년 대선 때 5000만 달러를 제공).

마르코스는 21년간 장기집권을 획책하면서 부정부패를 일삼았다. 1972년 계엄령을 선포해 정당활동을 금지시키고 정치적 정적 및 언론인들을 투옥시키는 등의 일을 자행했다. 이 마르코스가 1986년도 2.7 대선에서 부정 선거로 재선에 성공했다. 미국은 이를 '쉴드' 쳐주려고 하다 전 세계 여론에게 흠씬 맞고 한 발 뒤로 빠져 마르코스를 비난했다. 마르코스는 결국 자진사퇴하고 하와이로 망명을 떠났고 그곳에서 사망했다. 이승만이 떠오르지 않는가?

아무튼 이런 배경 속에서 미국은 대외적으로 수정된 레이건 독트린을 발표했다. 친소좌파 정권의 독재자뿐만 아니라 반소친미 정권의 독재자 또한 지지하지 않을 것이 그 핵심이었다. 한마디로 이미지 관리를 했다고 볼 수 있다.

레이건 정부의 본질은 바뀌지 않았다. 때문에 필리핀 정권도 무너진 이상 미국에게는 한국의 민주화 열기도 달갑지 않은 것이었다. 실은 마음속에서 전두환을 강력 지지하면서도 대외적으로는 이미지를 생각해서 절제된 반응을 보였다. 그 '절제된 반응'이 전두환의 4.13호헌 조치를 두고 "우리는 한국의 개헌 문제에 입장이 없다. 그것은 한국민이 결정할 문제다"라고 말한 것이다. 사실 아무 말 않겠다는 말은 디폴트 값을 유지하겠다는 말이므로 지지나 다름없었다. 체육관 선거를 유지하도록 내버려둔다는 것이 자유민주주의를 칭송한다는 미국이 취할 수 있는 입장일 수 있을까? 더 말해봤자 입만 아프다.

전두환은 미국을 들쳐업고 자신의 사조직 하나회 패거리가 권력체계를 계속 이어가기를 원했다. 그래서 민정당 대표위원 노태우를 자신의 후계자로 삼았다. 사실 전두환은 7년 단임제 헌법 아래 대통령 임기가 끝난 이후의 전략을 이미 세워두고 있었다. 1983년 10월 당시 전두환은 동남아 순방 중 미얀마를 방문한 적이 있다. 사회주의 국가인 미얀마를 왜? 5공의 권력 핵심부가 준비하고 있던 집권 체제가 미얀마 체제와 매우 흡사했기 때문이었다. '88년 정권교체준비연구' 문서에 따르면 이는 '섭정식 영구집권 체제'로서, 전두환이 대통령직을 넘기고도 당의장직에 머물러 국정 전반을 통제하는 역할을 하는 방식이었다. 미얀마의 네윈 대통령이 그와 같은 권력구도를 유지하고 있었다.

이런 속사정 때문에 전두환은 최소한 하나회 패거리에서 후계자를 지명, 대통령을 삼아야 했다. 자신은 배후조종 세력으로 남아 정권 장악을 지속하겠다는 속셈인 것이다. 더군다나 권력의 주구언론, 정권의 나팔수를 자처한 <조선일보>는 이미 전두환을 '세계적지도자'급으로 띄워놓고 있었다. 사람이 자기가 보고 싶은 것만 본다고, 전두환은 <조선일보>의 아첨에 힘입어 호헌의지를 고수했다.

이처럼 4.13호헌 조치는 각계각층의 시국선언 및 농성, 시위 등 엄청난 반박에 부딪쳤다. 김영삼은 신당인 통일민주당을 창당하고 본격적으로 저항준비를 했다. 학생 세력 또한 움직였다. 5월 8일부터 각 대학의 학생회장단이 협의체 결성을 논의하고, 5월 말에는 4개 대학 1500명 규모의 학생들이 모여 6.10대회를 준비했다. '호헌철폐 및 민주개헌 쟁취'를 위한 대규모 학생시위를 기획하고 있었던 것이다.

6.10항쟁과
중산층의 반란

'조사관이 책상을 "탁" 하고 치니, 박 군이 "억" 하고 죽었다'라는 유명한 일화를 남긴 1987년의 박종철 고문치사 사건, 아마 살면서 한 번쯤은 들어봤을 것이다. 1987년 1월 14일, 서울대 언어학과 3학년에 재학 중이던 학생 박종철은 남영동 치안본부 대공분실에서 물고문을 당하고 있었다.

1985년 10월 29일 서울대학교 학생들의 비공개 운동조직 민주화추진위원회가 검찰에게 이적단체로 규정되면서 관련자들이 구속되는 사건(일명 민추위 사건)이 있었다. 수사관들은 그 중 수배 중에 있던 선배 박종운의 소재를 추궁하며 박종철에게 거진 10여 시간의 물고문을 가했다. 양손과 양발이 결박당한 상태에서 욕조에 머리를 집어넣었다 뺐다 하는 고문이었다.

그러다 고문 도중 욕조 턱에 목이 눌려 경부압박으로 박종철이 사망하고 말았다. 갑자기 박종철이 숨을 쉬지 않자 당황한 수사관들이 의사를 불러 응급처치를 시도했지만 소용없었다. 사태가 심상치 않게 돌아감을 느낀 이들은 증거를 인멸하려고 시신을 화장시키려 했다가 그마저도 실패했다.

<중앙일보>는 1월 15일자 기사에 경찰에서 조사받던 대학생이 돌연 쇼크사했다고 게재했다. 밤 아홉 시가 넘어서야 부검이 실시되었고, 국립과학수사연구소 법의학 과장 황적준은 박종철이 물고문 도중 질식사한 것 같다는 의견을 냈다. 그러나 경찰 측에게서 박종철이 심장마

비로 죽었다고 하라는 압력을 받았다. 그만큼 진실을 밝히기가 부담스러웠던 시대였음을 알 수 있다.

박종철의 사체를 검안한 의사 오연상도 고문 도중 사망 가능성에 대해 이야기했는데, 이 양심발언을 <동아일보>에서 1월 17일자 기사에 실어 내보냈다. 이 소식을 들은 학생들은 동요했으며, 박종철의 추모제를 열었다. 경찰 측은 이에 성의 없는 해명을 내보였다. 치안본부장 강민창은 피해자에게 가한 고문사실을 은폐하고 돌연 박종철이 쇼크를 일으키며 쓰러져 사망했다는 발표를 해 공분을 샀다. 그것이 바로 영화 <1987>에서도 나온 유명한 대사, '"탁" 치니 "억" 하고 죽었다'다.

언론 보도와 사실이 다르자 의혹이 증폭되는 가운데, 결국 경찰은 사건발생 5일 만에 물고문 사실을 인정했다. 그리고 물고문을 자행한 담당 조사관 조한경 경위와 강진규 경사를 고문치사 혐의로 구속하는 것으로 상황을 마무리지었다.

문제는 여기에 있었다. 사실 고문에 직접 가담한 사람이 세 명 더 있었는데, 문제를 키우지 않으려고 죗값 몰아주기를 한 것이다. 박종철의 죽음과 의혹투성이인 경찰의 발표에 반발한 야당, 종교단체, 재야단체는 박종철 죽음의 진상규명을 요구하면서 추모집회 및 농성을 이어나갔다. 대표적으로 2월 7일 추도식 집회와 3월 3일 고문 추방 국민 대행진 등이 있다.

그런데 사실 박종철의 죽음이 온 국민이 참여하는 본격적인 민주화 투쟁으로 발전하는 과정에는 명동성당에서 밝힌 박종철 고문치사 은폐조작 성명 발표가 컸다. 5월 18일 명동성당에서는 5.18 광주항쟁 희생자 7주기 추모미사가 열리고 있었다. 미사가 끝난 후 천주교 정의구현 사제단의 이름으로 성명이 발표되었는데, 박종철 고문치사 사건의 진범이 따로 있다는 내용이었다.

이 폭로는 국민을 동요하게 만들었고, 들끓는 여론에 전 정권은 곧바로 고문치사의 직접 가담자 반금곤, 이정호 경장 , 황정웅 경위 등을 구속시켰다. 더불어 사건 축소 조작을 저지른 박처원 치안감, 대공수사 2단의 유정방 5과장, 박원택 5과 2계장 등을 추가 구속시켰다. 이마저도 부족했는지 국무총리, 안기부장, 내무부 장관 ,검찰총장 문책까지 해야 했다.

그럼에도 성난 군중들의 열기는 식을 줄 몰랐다. 박종철의 죽음 그 자체보다도 고문치사 조작은폐의 폭로를 계기로 야당과 재야단체, 학생운동 진영 등 민주화 세력은 일제히 대통령 직선제 개헌을 요구하는 전국적 규모의 시위를 일으켰다.

5월 20일은 민주화 운동을 전개할 범국민적 조직의 필요성을 느낀 야당, 재야, 종교단체 등의 대표들이 모여 민주헌법쟁취 국민운동본부(이하 국본)를 결성하기로 결의했다. 국본은 일주일 뒤에 종로구의 기독교회관에서 발기인대회를 갖고 6월 10일 박종철군 고문살인조작 범국민 규탄대회를 열기로 했다. 이른바 민주주의 위대한 승리라는 6.10항쟁으로 나아가고 있었다.

1987년 상반기, 그전과는 다른, 역행할 수 없는 민주화로 대세가 기울고 있었다. 그 증거로 <중앙일보>와 <동아일보> 같은 언론들이 전 정권의 보도지침을 어기면서 사건을 폭로했다.

6월 2일, 전두환은 공식석상에서 차기 대통령 후보로 노태우를 지목했다. 아직 호헌의지를 고수하고 있었기 때문이었을까? 대망의 6월 10일, 민정당 전당대회가 열린 잠실 체육관에서 간선제 선거를 통해 노태우를 대통령 후보로 선출했다. 같은 날 전국의 도시에서는 박종철 고문살인 및 호헌철폐 규탄 시민대회가 한창이었다.

사실 여기까지도 민주화 진영의 승리는 장담하기 어려운 것이었다. 그런데 또 한 명의 무고한 목숨이 희생되면서 대중들은 전과 비교할 수 없이 강하게 결속되는 경험을 하게 되었다. 6.10항쟁 하루 전, 연세대 시위 중 이한열 학생이 최루탄을 머리에 맞아 치명상을 입은 것이다. 피 흘리며 쓰러져 가는 이한열과 그를 부축하는 친구의 모습이 사진으로 촬영되어 언론을 통해 뿌려졌다.

보도지침에 의한 언론검열 속에서는 도저히 유포될 수 없는 성질의 사진이 삽시간에 국민들에게 퍼져나가면서 사태가 심각해졌다. 이윽고 이한열이 뇌사 상태에 빠져있다는 소식이 전해졌고, 학생을 비롯한 일반 시민들까지 가세해 '반란'을 일으킨다. 수많은 사람이 거리로 나왔다. 언론의 역할이 얼마나 중요한지 알 수 있는 대목이다. 만약 5.18 광주참극의 사진이나 내용이 올바른 언론정신에 의해 전 국민에게 빠르게 퍼져나갔다면 돌이키기 싫은 비극은 일어나지 않았을지 모른다. 대중을 행동하게 만든 것은 이성과 논리 같은 것이 아니었다. 인간적 감수성, 젊은 두 청년의 무고한 죽음을 보고 느끼는 분노였다.

학생진영은 "호헌철폐", "독재타도", "직선제 쟁취 쟁취하여 군부독재 타도하자"라는 구호를 내걸고 도심을 누비고 다녔다. 경찰력이 동원되어 진압하자 이번에는 명동성당을 점거하고 농성을 벌였다.

야당과 재야세력이 결성한 민주헌법쟁취 국민운동본부는 오후 여섯 시에 대한성공회 종탑 스피커에서 애국가가 울리고 난 다음 성당 종이 42번 울리는 것을 신호로 성당 내 차량들이 경적을 울리도록 했다. 그 소리에 바깥 도시 속 차량들도 함께 경적을 울려대며 공명했다.

전국 22개의 도시, 514곳에서 50만여 명이 넘는 사람이 시위에 참여했다. 20~30대의 넥타이 부대도 가세해 규모가 그 이전에는 찾아볼 수 없는 수준의 것으로 커졌다. 경찰 측은 이런 범국민적 운동을 불법집회로 규정, 최루탄을 쏘아대며 격렬하게 진압했다.

6월 10일 하루 동안 거리는 경찰 세력과 민주화 세력의 시가전으로 아수라장이 되었다. 전국적으로 3831명이 연행되었다. 특히 최루탄을 엄청나게 쏴댔는데, 김영삼은 중산층의 반란행동을 일으킨 큰 이유 중 하나로 이 최루탄 난사를 꼽기도 했다. 이런 경찰의 대응은 일반 시민과 학생을 포함한 대중 민주화 세력의 규합을 더욱 공고하게 만들었다.

6월 13일, 경찰이 국본의 간부 13명을 구속한 데 이어 민정당은 "6.10시위로 불순 폭력 세력이 명동일대에서 활개치고 있다"는 시대착오적인 내용의 발표를 했다. 하긴 죽이 되든 밥이 되든 일단 이 난리통을 진압해야 사는 5공 정권이니 뭐라도 핑계를 댔어야 했을 것이다.

하지만 이는 그들의 희망사항이었을 뿐, 현실은 전례 없는 '중산층의 반란'으로 시대의 변화를 향해 달려가고 있었다. 6.10항쟁은 독재에 항거한 민중운동이었지만 '먹고사니즘' 및 계급투쟁과는 거리가 있었다. 그런 점에서 과거 4.19혁명이나 부마항쟁과 차이를 보인다.

6월 15일에 한 번 더 대규모 시위가 벌어졌다. 최루탄을 얼마나 쏴댔는지, 국본은 6월 18일을 '최루탄 추방의 날'로 정하고 최루탄 추방대회를 개최했다. 16개의 도시 247개 곳에서 150만여 명이 참가해 시위했다. 1487명이 연행되었다. 시위가 종료된 후 통계를 내보니 사용된 최루탄 개수가 35만 발이나 되었다.

6.29 민주화 선언과
소외된 노동자들

경찰병력으로 다 커버칠 수 없는 민주화 열기에 전 정권 수뇌부에는 군 병력 동원 이야기가 흘러 나왔다. 그러나 최종적으로 전두환은 직선제개헌의 수용을 결심했다. 왜 그랬을까? 군 병력을 투입할 정도의 시위 상황은 아니었기에 철회했다는 설도 있다. 하지만 실제로 전두환은 6월 19일 군고위회의를 주최, 안기부장 국방부 장관 3군 참모총장 보안사령관 수방사령관 등 정상들을 불러놓고 비상조치와 병력파견 계획 및 시달을 했다고 전해진다. 그러다가 이날 오후 돌연 병력동원 계획을 취소했다. 여러 가지 요인이 복합적으로 작용했겠지만 몇 개를 살펴보자면 미국의 반대와 올림픽 일정에 대한 부담, 쿠데타 가능성 등을 들 수 있다.

일단 군 병력을 투입한다고 해도 미국이 지지하지 않으면 자칫 무리수가 될 가능성이 크다. 군부 쿠데타 세력 출신은 다 비슷한 생각을 가지고 있었는지도 모르겠다. 전두환 또한 박정희와 마찬가지로 국내 여론이나 반응보다도 미국이 어떻게 나오느냐가 중요했다. 미 문화원 사건을 비롯해 학생 세력이 주목한 한국에 대한 미국의 역할과 책임에 대한 비판은 굉장히 예리한 지적임에 틀림없었다. 레이건은 군부개입을 반대한다는 것과 정권의 평화적 이양 시에 방미를 주선하겠다는 내용의 친서를 전두환에게 전달했다. 전 정권의 측근은 이것이 전두환의 직선제 수용 결심에 큰 영향을 끼쳤다고 증언했다.

또한 올림픽에 대한 부담이 일조했다는 시각도 있다. 일전에 국제올림픽 위원회 위원장이 서울에 대규모 소요사태가 발생할 시 올림픽 개최지를 변경할 가능성이 있다고 거론한 바 있었기 때문에 이에 대한 부담도 적잖이 영향을 미쳤다.

마지막으로 쿠데타 가능성인데, 이는 전두환 본인이 쿠데타로 집권했기에 언제나 따라오는 위협의 그림자 같은 것이었다. 더군다나 다수 민중들의 분노로 현 정권이 정당성을 잃어가고 있는 판에 군부를 동원했다가 신 쿠데타 세력의 등장을 자극시킬지도 몰랐다.

이러한 이유로 군 병력 동원은 포기했지만, 강경대응 노선이 아닌 회유와 전략적 대책노선으로 갈아타면서 5공 정권은 나름의 구체적인 플랜을 짰다.

6월 26일에 일어난 민주헌법 쟁취 국민평화대행진은 1987년 6월 항쟁의 절정이었다. 180만여 명이 시위에 참여했고 이 중 다수가 중산층과 사무직 시민들이었다. 전국에서 3400여 명이 연행되었으며 경찰서 두 곳, 파출소 29곳, 민정당사 네 곳 등이 파괴되었다.

3일 뒤인 6월 29일, 노태우는 민정당 대표위원으로서 기자회견에 나가 대통령직선제 개헌을 이행하겠다는 내용을 발표했다. 그 외에도 김대중 사면 복권 조치, 시국관련 사범 석방, 대통령선거법 개정, 언론자유 창달, 지방자치제 실시 등도 함께 제시했다. 그리고 이 제안이 청와대에 받아들여지지 않을 시 자신은 대통령후보직을 비롯한 모든 공직을 포기할 것을 선언하면서 깨어있는 시대의 영웅 노릇을 자처했다.

물론 이미 전두환과 입을 맞춰놓은 상태였기 때문에 이는 위장된 한 편의 쇼에 불과했다. 감독은 전두환, 노태우는 주연 배우였다. 체육관 선거를 하지 못하게 된다는 계산을 집어넣고 보니 직선제에서 한 표라도 더 유리하도록 최대한 이미지를 만들어야 했다.

김영삼과 김대중은 6.29 선언에 감격했으며 국민 대부분 또한 마찬가지였다. 꿈꾸던 민주화가 이루어졌으니 모든 게 낙관적이었다. 거리의 행동하는 민주주의 정치는 일단 직전제 수용이라는 대타협을 거쳐 제도권 안으로 들어왔다.

전두환과 노태우를 비롯한 5공 세력은 이렇게 국민들의 저항을 누그러뜨리는 한편으로 양김 민주화 세력의 내부분열 그리고 막강한 정부여당의 선거자금 지원을 동원해 대선 경쟁 승리를 점치고 있었다. 그런 속셈을 아는지 모르는지 김영삼과 김대중은 "우리 두 사람은 갈라지지 않고 철저히 단결할 것"이라며 지키지 못할 말을 늘어놓고 있었다.

6.29민주화 선언을 계기로 들뜬 것은 빈민, 노동자들도 마찬가지였다. 산업화 도구로 취급되어 쉬지 못하고 착취당하고 동원된 노동자들이 민주화 물결을 타고 더 이상 이런 대우를 받을 수 없다며 들고 일어선 것이다. 6.29선언 이후 3개월, 7~9월까지 노동자 대투쟁이 벌어졌다. 약 3000여 건의 노동쟁의 및 파업 투쟁이 발생했으며 이런 노동자들의 투쟁은 노동조합 조직화가 급속 증대되는 효과를 낳았다. 통계상으로 87년 6월 당시 노조 수는 2752개였는데, 88년 6142개, 89년 7783개로 많이 늘어났다.

그러나 노동자 계층을 제외한 모든 이가 이런 대투쟁에 냉담한 반응을 보였다. 언론은 노동자 대투쟁을 좌경 폭력적 성격의 운동으로 규정하고 탄압했다. 노동자들의 투쟁은 계급 투쟁이며, 이들의 투쟁 때문에 경제구조가 흔들린다는 식의 불안함을 부추기는 기사를 써 내려갔다.

6월 항쟁의 주도 세력인 중산층 역시 노동자들의 투쟁에 호응하지 않았다. 대통령 직선제라는 민주적 요구가 받아들여진 순간, 이들의 민주시민으로서의 의무는 끝났다. 더군다나 3저 호황으로 중공업이 날개를 달고 대한민국 경제가 마구 성장하고 있는 때에 파업 투쟁과 노동쟁의는 중산층에게 '부담스러운 것'이었다.

노태우가 왜 거기서 나와?

　　　　　　　　　　대통령 직선제가 수용됨으로 제도
권 야당으로 들어온 정치는 6월 항쟁으로 승리에 도취한 대중에게 한
바탕 찬물을 끼얹는 결과를 초래했다. 이는 결국 1987 민주화 운동의
한계였고, 대한민국의 민주적 진보를 더디게 만들고 말았다.

　대중은 행동하는 민주주의로 체육관 선거를 철폐하게 만들었지만
새로운 헌법 아래 펼쳐진 대통령 선거에서 다시금 5공의 후계자 노태
우를 뽑았다. 비유를 해보자면 학급에 위협적인 야구 방망이를 가지고
친구들을 늘 이유 없이 괴롭히던 양아치가 있다. 불만에 찬 아이들은
힘을 합쳐서 선생님께 말씀드려 그 양아치의 야구 방망이를 빼앗는데
성공했다. 그리고 그 양아치를 학급의 반장으로 뽑았다. 대략 이런 느
낌일 것이다. 어떻게 이런 일이 가능했으며, 이를 어떤 의미로 받아들여
야 할까?

　대선에서 노태우가 승리한 배경으로 크게 세 가지를 들 수 있다. 첫
째, kal 858기 폭파 사건. 둘째, 전 정권의 노태우에 대한 강력한 지원사
격. 셋째, 김영삼과 김대중의 분열이다.

　1987년 11월 29일 오후 두 시 5분, 방콕행 대한항공 858기가 미얀마
안다만 해역 상공에서 폭발하는 사건이 터졌다. 이 사고로 여객기에 탑
승한 한국인 승객 93명, 외국인 두 명, 승무원 20명 등 총 115명이 전원
사망하고 말았다. 그야말로 끔찍한 사고였다. 이 사건의 유력한 용의자
로 하치야 마유미와 하치야 신이치라는 두 일본인 남녀가 지목되었다.
이 둘은 858 여객기 수화물에 탑승해 폭발물을 위장설치 해놓고 사고

직전 기착지 아부다비에서 내린 것으로 추정되었다.

두 사람은 12월 1일, 바레인에 머물다가 탈출 직전 당국에 위조여권이 적발되었다. 남자는 그 자리에서 독약 앰플을 삼켜 즉사했고, 여자는 바레인 경찰관의 빠른 제압으로 자살기도에 실패해 붙잡혔다.

문제의 여자 하치야 마유미는 한국으로 이송되어 조사를 받았다. 그녀는 조사를 받는 내내 중국인 행세를 하다가 돌연 심경변화를 일으키며 범행의 실체를 밝혔다. 그녀의 본명은 김현희(26)고, 858기 사건 사건의 전모는 김정일의 친필 공작령에 따라 이루어진 것이었다.

김정일은 중국과 소련까지 서울올림픽 참가의사를 밝히자 국제사회에서 고립됨을 느꼈고, 내부 국면 전환을 목적으로 "88올림픽 참가 방해를 위해 대한항공 858 여객기를 폭발하라"고 지시했다.

이 사건이 88올림픽 진행에 있어서는 영향이 미미했을지 몰라도 당장 코앞 대선에는 큰 영향을 미쳤다. 대선투표 하루 전, 전두환은 김현희를 바레인에서 서울로 이송 조치해 사람들의 눈길을 끌었다. 이런 정치적 제스처는 민주화를 열망하던 시민들이 우습다는 듯 현 정권의 존속 필요성을 어필하는 것이었다.

또한 전두환은 노태우를 지원사격하기 위해 대선 정치자금 마련에 힘썼다. 30대 기업 총수들을 청와대로 불러 앉혀서 각각 50억 원씩 걷었다. 30대부터 50대 기업총수들에게는 30억 원씩 걷었다. 이렇게 손쉽게 마련한 막대한 정치자금은 노태우의 정치유세 현장에 사람들을 동원하는 등의 일에 쓰였다. 군부도 동원 세력 중 하나였다. 이들은 발 벗고 나서서 노태우의 선거운동을 도왔고, 육군참모총장이 특정 후보의

출마 반대를 공개적으로 선언하는 일까지 있었다. 당연히 그 특정 후보
란 김대중이었다.

유세에서 노태우는 '올림픽 후 중간평가'라는 파격적인 공약을 내세
웠다. 그는 "대안 없는 투쟁 경력만으로는 나라를 이끌어갈 수 없다"고
말하면서 노 정권 집권의 필요성을 정당화했다.

이런 여러 가지 노력을 기했지만, 전두환과 같은 하나회 소속 노태
우의 연장 집권은 6월 항쟁이라는 대세의 역행이었다. 욕먹는 정당이
이름을 바꿔 이미지를 세탁하듯 노태우에게 있어서 표면적으로라도
전두환 5공과의 단절 선포는 필수적이었다. 전두환에게 '허락'을 받고
노태우 측 핵심참모들이 전두환의 친인척 비리를 폭로하는 책자를 발
간하기도 했다.

노태우가 당선되는 데는 물론 위와 같은 요인들도 작용했으나, 정말
결정적인 것은 김영삼과 김대중의 분열이었다. 앞서 1986년에 김영삼
과 김대중은 서로 화합하는 무드를 취했다. 김대중은 대통령 직선제 개
헌이 되면 자신은 사면복권이 되어도 대통령에 출마하지 않겠다고 이
야기했고, 김영삼도 마찬가지로 김대중을 지지했다.

그러나 1987년 7월 9일, 김대중은 사면복권 처리되자 "작년의 불출
마 선언이 전 대통령의 자발적 대통령 직선제 개헌에 전제를 둔 것이
며, 전 대통령이 4.13호헌 조치로 호헌 의지를 고수한 순간 이미 약속은
파기된 것"이라고 했다. 국민들의 압력으로 직선제 개헌이 이루어졌으
니 자신이 불출마 약속에 얽매일 이유는 없다는 것이었다. 객관적으로
이 논리가 완전히 틀렸다고 보긴 힘들지만, 아무래도 '불출마 번복'은

좋은 이미지를 주기 어려웠다. 5공의 이미지 조작으로 이미 많은 사람들의 미움을 받고 있던 김대중은 이로써 '말 바꾸기 선수'라는 딱지가 붙었다.

비슷한 성질의 발언을 한 김영삼은 그런 책임에서 비교적 자유로웠다. 특정 대상에 대한 TV와 언론의 이미지 훼손 및 조작의 영향이 그만큼 컸다는 말이다. 김영삼과 김대중은 8월 11일에 대통령 후보 단일화 문제로 협의를 시도했지만 결렬되고 만다.

10월 말, 대통령 직선제 개헌안을 포함한 신헌법이 통과되었다. 그리고 김영삼은 당내경선을 제의했으나 이를 거부한 김대중을 탓하며 대권 출마를 공식화했다. 김대중은 전 정권의 '실질적 정적'으로 간주되어 85년 2월부터 사면복권까지 55회에 이르는 연금, 정치활동 금지를 당했기에 사실상 당내경선에서의 승산이 희박했다. 본인도 이를 인지하고 있었기에 대권 후보 출마를 결심한 이상 신당 창당이 필요했다. 김대중은 대권출마 선언과 함께 평화민주당을 창당, 총재가 되었다.

이로써 대통령 선거는 통일민주당의 김영삼, 평화민주당의 김대중, 민정당의 노태우의 3파전으로 전개되었다. 그리고 12월 16일, 제 13대 대통령 선거의 승자는 노태우였다. 득표율 36.6퍼센트(828만 표)를 기록하며 대통령에 당선되었다. 김영삼은 28퍼센트, 김대중은 27.1퍼센트의 득표율을 기록했다.

이런 결과를 받아들이지 못하고 명동성당을 중심으로 한 부정 선거 규탄 집회 및 시위가 열리기도 했다. 다만 이런 반응은 많은 시민의 지지를 얻지는 못했다. 왜? 단순히 대선 결과만 놓고 봤을 때, 김영삼과 김대중의 표를 합하기만 했어도 노태우의 집권을 막는 일이 충분히 가능했기 때문이다. 노태우 당선의 일등 공신은 민주화 대표주자 둘의 분열이었다.

그리고 다시 그 분열의 책임은 김대중에게로 돌아갔다. 어떻게 얻어낸 민주화인데 또다시 동시 출마라는 바보 같은 선택으로 이 같은 비극을 초래했는가? 두 사람은 이에 대해 각자 자신의 입장을 밝혔다. 김대중은 단일화를 추진하지 못한 자신의 책임을 통감한다고 했고, 김영삼은 약속을 어긴 김대중 때문에 일이 수포로 돌아간 것이라며 책임을 전가했다.

1987년 대선에는 각종 지역감정 선동 공략이 난무했는데, 이런 조치로 호남과 김대중에 대한 인식은 더욱 나빠졌다. 일을 주도한 것은 보안사였다. 노태우(민정당)는 주로 대구와 경북에서 각각 70.7퍼센트, 66.4퍼센트의 유효표를 얻었고, 김영삼(통민당)은 부산, 경남에서 56퍼센트, 51.3퍼센트를 얻었다. 김대중은 광주, 전남, 전북에서 94.4퍼센트, 90.3퍼센트, 83.5퍼센트의 표를 얻었다. 통계에서 보듯 지역주의가 짙게 반영된 선거였다.

이는 대선 전 유세기간 동안 5공 정권이 벌인 공작 탓이 컸다. 11월 1일, 김대중의 숙소에 300여 명이 습격을 가하는 사건이 있었다. 호텔 현관이 파괴되고 차량은 10여 대 파손, 평민당 당원도 15명이 부상당했다. 11월 14일에는 김영삼이 광주에 유세를 갔다가 군중에서 돌이 날아와 피신하는 사건이 발생했다. 보안사에서 주도한 '돌멩이 투척 사건'은 반호남 정서를 극대화시키기 위한 전략이었다. 거기에 11월 29일,

노태우의 광주유세에서도 각목이 날아오고 폭력사태가 연출되었다. TV를 통해 이런 광주의 폭력 사태가 편집, 방영되면서 호남을 제외한 다른 지역 시민들은 위협을 느꼈다.

그와 동시에 노태우의 이미지를 상승시키려는 목적의 방송이 다수 나왔다. 9월12일, MBC 기자들은 '공정보도와 뉴스 활성화를 위한 우리의 제언'이라는 성명서를 통해 불공정 보도 사례 10여 건을 공개하기도 했다. 11월 9일, KBS 기자들도 'KBS의 노태우 후보 여론조작 방송 계획'을 통해 노태우를 위한 매체로 기능했던 텔레비전 방송을 비판했다.

이런 TV의 여론조작과 보안사의 지역감정 선동 공작이 버무려지면서 비호남 지역에게 호남은 과격하고 지역감정의 근본적인 원인 세력이 되었다. 여기에 더해 선거유세에서 발생한 폭력사태가 계기가 되어서로 간에 헐뜯는 비판전이 전개되자 지역감정의 골은 가만히 두어도 깊어지는 지경이 됐다.

이 상황에서 노태우의 6공은 새로이 집권을 준비하고 있었다. 우리는 1987년 6월 민주 항쟁을 위대한 민중의 승리로 기억하지만, 아직 세상이 변하기에는 많은 것이 그대로였다.

맺음말

우리나라의 현대사 책을 쓰기란 결코 쉽지 않았다. 시사 만화가가 되려면 현대사와 시사를 공부해야 했고, 앞서 머리말에서 밝힌 이유도 있어 이 책을 준비하게 되었다. 2017년 8월에 시작해서 2019년 3월에야 책이 나오게 되었으니 햇수로만 3년이 걸렸다.

책을 쓰는 동안 내가 과연 이런 책을 쓸 수 있는 사람인가 두려웠고 쓰는 과정은 외로움의 연속이었다. 글이 써지지 않고 그림이 그려지지 않아서 깊은 우울에 빠져 지내기도 했다. 지독한 우울에는 어떤 약도 듣지 않는다. 전부를 줄 것 같은 사랑도 곁을 지켜주는 성실한 누군가도 그 괴로움의 깊이를 헤아릴 수 없다. 홀로 침전하는 시간 속에서 오롯이 그 괴로움을 견뎌야 했다. 외롭고 긴 터널을 지나야 했다. 일일이다 헤아릴 수 없을 정도로 많은 일을 겪었지만 벼랑 끝에 서서 아무것도 보이지 않고 아무도 믿을 수 없을 때마다 결국 무릎 꿇게 되는 자리는 내가 믿는 예수그리스도 앞이었다. 그는 보이지 않고 만질 수 없어서 그를 자주 잊어버리곤 했다. 내팽개친 채로 무시해버리고 그렇게 당장 닥친 일에 몰두하기 일쑤였다. 나는 나약했고 감정적이었다. 스스로 인내하기 벅찬 시간들을 다시 겪으면서 예수를 필요로 했다. 가장 가까운 곳에 무릎을 꿇고 마음의 침전물들을 쏟아내면 느낄 수 있다. 하염없는 사랑과 위로를, 공허와 무의미가 반복되는 삶의 탁류가 위에서 아래로 끝을 모르고 샘솟는 생명의 물방울로 정화되는 것을 느낄 수 있다. 이는 모든 사랑의 근원이었다.

누군가가 물었다. 왜 창조주는 이 세상의 불행을 막아주지 않느냐고. 이 세상을 창조한 누군가, 즉 신이라는 존재가 있다면 왜 이렇게 끔찍한 세상을 내버려두느냐고. 한국현대사를 돌아보면 괴롭다. 끔찍하다. 활자를 읽어나가는 일이 버거울 정도로 슬프고 괴롭고 분노가 치밀어 오른다. 비단 한국현대사뿐일까. 인류가 만들어온 지구의 역사는 한 맺힌 절규와 같다. 차마 입을 떼기 어려운 일들이 계속해서 일어난다.

큰지막한 사건들로 둘러싸인 역사뿐 아니라 그 속을 살아가는 개개인의 인생사도 참혹함과 비참함의 연속일 것이다. 좋고 나쁜 사건이 일어나는 것은 막을 수 없다. 이 세상이 돌아가는 원리인 것이다. 최초의 인류에게는 이미 부여받은 자유의지가 있었고, 금지된 나무에 손을 댄 순간부터 물잔은 엎어졌다.

그러나 거기서 이야기가 끝나지는 않는다. 가장 가까운 곳에서 타들어가는 생명의 불씨를 살려내고자 목숨으로 빚을 갚은 한 남자가 있었다. 그는 나무에 달려 죽었다.

깊은 우물 속을, 길고 긴 터널을 거니는 여정에 있는 사람들. 세상에 만연한 악 때문에 일어나는 사건과 흐르는 피와 눈물, 억울한 일들은 막을 길이 없지만 언제나 나와 당신의 곁에는 한 켠에 무릎 꿇을 수 있는 자리가 있다. 사람의 힘으로는 감당이 되지 않는 괴로움과 삶의 소진, 무기력과 공허를 모두 포용하는 위로부터 내려오는 사랑. 손을 뻗으면 닿는 곳에 보이지 않지만 따스한 품이 언제나 있다.

우리는 사람들이 제각기 자신이 믿는 방식대로 살아가는 시대에 살고 있다. 나 또한 내 방식대로 내가 믿는 것을 믿으며 살아간다. 더 자유롭게 나만의 삶을 추구하며 살고 싶었지만 나는 생각보다 훨씬 나약해서 넘어져 다치고 다친 자리는 쓰라렸다. 하지만 그 자리에는 결국 내가 믿는 신앙이 놓여있었다.

이것이 지금 내가 추구하고 옳다고 믿는 방식이다. 사람의 목숨이 다하는 것을 막을 수 없듯이 좋은 소식만큼이나 나쁜 소식도 계속 있을 것이다. 비열한 욕망과 선동이, 기만과 위선이 정직한 사람들을 등쳐먹을 것이다. 그렇지만 나는 내가 있는 자리에서 가치 있고, 의미 있고, 생명을 살릴 수 있는 일을 할 것이다. 현대사를 읽어낸 당신 또한 당신이 옳다고 믿는 방식으로 역사를 해석하고 그것을 감당해낼 것이다. 멋진 일이다. 의미 있는 일로 영감을 받고 그 영감을 또 다른 이들과 함께 나누는 일. 그것은 생명을 나누는 일이고, 무엇보다 값진 일이다. 우리가 함께 가장 가까운 자리에 생명을 심을 수 있다면 좋겠다.

참고문헌

1. 서중석의 한국 현대사/서중석/웅진지식하우스

2. 박문국의 현대사 특강 – 이승만과 제1공화국/박문국/소라주

3. 주대환의 시민을 위한 한국현대사/주대환/나무나무

4. 나의 한국 현대사/유시민/돌베개

5. 솔직하고 발칙한 한국현대사/김민철 외 3명/내일을 여는 책

6. 시로 만나는 한국현대사/신현수/북멘토

7. 유신/한홍구/한겨레 출판

8. 아!대한민국/중앙일보/랜덤하우스 중앙

9. 전두환 타서전/정일영 황동하 엮음/그림씨

10. 민주주의 잔혹사/홍석률/창비

11. 재판으로 본 한국현대사/한승헌/창비

12. 함께 보는 한국 근현대사/역사학연구소/서해문집

13. 죽음을 넘어 시대의 어둠을 넘어/황석영/창비

14. 대한민국 헌법 이야기/정종섭/나남

15. 헌법/이국운/책세상

16. 역사란 무엇인가/E.H.카/육문사

17. 국가란 무엇인가/유시민/돌베개

18. 세상은 바꿀 수 있습니다/이용마/창비

19. 만화로 보는 한국현대사/백무현/가람기획

20. 특강/한홍구/한겨레 출판

21. 대한민국의 대통령들/강준식/김영사

22. 한국현대사 산책 1950년대 3/강준만/인물과 사상사

23. 한국현대사 산책 1960년대 1/강준만/인물과 사상사

24. 한국현대사 산책 1960년대 2/강준만/인물과 사상사

25. 한국현대사 산책 1960년대 3/강준만/인물과 사상사

26. 한국현대사 산책 1970년대 1/강준만/인물과 사상사

27. 한국현대사 산책 1970년대 2/강준만/인물과 사상사

28. 한국현대사 산책 1970년대 3/강준만/인물과 사상사

29. 한국현대사 산책 1980년대 1/강준만/인물과 사상사

30. 한국현대사 산책 1980년대 2/강준만/인물과 사상사

31. 한국현대사 산책 1980년대 3/강준만/인물과 사상사

32. 내가? 정치를? 왜?/이형관,문현경/한빛비즈

33. 단박에 한국사 현대편/심용환/위즈덤하우스

34. 한국증권시장발달사/김주용/대한증권업협회

35. 대한민국정당사 1/중앙선거관리위원회/중앙선거관리위원회

36. 정치사의 현장증언-제3공화국/서병조/중화출판사

37. 한국정당정치실록2: 6.25전쟁부터 장면정권까지/연시중/지
    와 사랑

38. 4.19혁명론 2(자료편)/일월서각 편집부/일월서각

39. 역정: 나의 청년시대-리영희 자전적 에세이/리영희/창작과
    비평사

40. 1950년대 후반의 사회이념: 민주주의와 민족주의/김경일

41. 한국현대사의 재인식 4: 1950년대 후반기의 한국사회와 이승
    만정부의 붕괴/서중석/오름

42. 비극의 현대지도자: 그들은 민족주의자인가 반민족주의자인
    가/서중석/성균관대학교출판부

43. 이승만 몰락, 피플 파워 현장: 이만섭 전국회의장 회고 3.15 마
    산의거/이만섭/신동아

44. 해방 후 한국 학생운동사/이재오/형성사

45. 민족과 더불어 80년: 동아일보 1920~2000/동아일보사/동아
    일보사

46. 곡필로 본 해방 50년/김삼웅/한울

47. 고문과 조작의 기술자들: 고문에 의한 인간 파멸과 정의 실증
    적 연구/조갑제/한길사

48. 소용돌이의 한국정치/그레고리 헨더슨/한울아카데미

49. 한국정치 100년을 말한다/김성진/두산동아

50. 뿌리깊은 한국사 샘이 깊은 이야기 7. 현대/류승렬/솔

51. 조병옥과 이기붕: 제1공화국 정치사의 재조명/이형/삼일서적

52. 분단한국사/김정원/동녘

53. 심마니 한국사2: 개항에서 현대까지/전국역사교사모임/역
    사넷

54. 한국 현대정치사 : 정치변동의 역학/김영명/을유문화사

55. 4월혁명/4월혁명동지회

56. 내 무덤에 침을 뱉어라 3: 혁명전야/조갑제/조선일보사

57. 제2공화국과 장면/이용원/범우사

58. 제2공화국과 한국민주주의/이재봉/나남

59. 야당40년사/이영석/인간사

60. 1960년대의 사회운동/박태순, 김동춘/까치

61. 대한민국 50년사 1: 건국에서 제3공화국까지/임영태/들녘

62. 한국현대사의 재인식 5: 1960년대의 전환적 상황과 장면정
    권/김세중/오름

63. 장면 윤보선 박정희: 1960년대 초 주요 정치지도자 연구/심지
    연/백산서당

64. 현대한국정치론/한승주/법문사

65. 장면은 왜 수녀원에 숨어 있었나/정대철/<동아일보>사

66. 대통령과 장군: 윤보선 대 박정희/김준하/나남

67. 청년을 위한 한국현대사 1945~1991: 고난과 희망의 민족사

68. 한국현대정치론1: 제1공화국의 국가 형성, 정치 과정, 정책/한용원/나남

69. 내 무덤에 침을 뱉어라 4: 국가개조/조갑제/조선일보사

70. 한국의 군부정치/한용원/대왕사

71. 대한민국사: 단군에서 김두한까지/한홍구/한겨레 신문사

72. 브루스 커밍스의 한국현대사/브루스 커밍스/창작과 비평사

73. 각하, 우리 혁명합시다/이석제/서적포

74. 한국정치체제론/김호진/박영사

75. 내 무덤에 침을 뱉어라 1: 초인의 노래/조갑제/조선일보사

76. 박정권 18년: 그 권력의 내막/이상우/동아일보사

77. 대한민국사 02: 아리랑 김산에서 월남 김상사까지/한홍구/한겨레 신문사

78. 알몸 박정희/최상천/사람나라

79. 한국 현대사 뒷얘기/김삼웅/가람기획

80. 내 무덤에 침을 뱉어라 2: 전쟁과 사랑/조갑제/조선일보사

81. 실록 박정희/중앙일보 특별취재팀/중앙M&B

82. 격동 30년: 제 1부 쿠데타의 새벽 1/이영신/고려원

83. 한국언론사/김민환/사회비평사

84. 민주언론 민족언론/송건호/두레

85. 한국언론 100대 특종/허용범/나남

86. 한국의 자본가 계급/서재진/나남

87. 민족일보 사장 조용수 평전/원희복/전국언론노동조합연맹

88. 김수영 평전/최하림/실천문학사

89. 청년을 위한 한국현대사 1945~1991: 고난과 희망의 민족사/
김동춘/소나무

90. 정치공작사령부 남산의 부장들 1/김충식/동아일보사

91. 다큐멘터리 박정희 3/김교식/평민사

92. 조선일보와 45년: 권력과 언론 사이에서/방우영/조선일보사

93. 장군의 비망록2: 격동의 현대사를 주도한 장군들의 이야기/
김문/별방

94. 우리도 좋은 대통령을 갖고 싶다: 8명의 역대대통령과 외국대
통령의 비교평가/주돈식/사람과 책

95. 한국정치 100년을 말한다: 우리들이 꼭 알아야할 한국정치의
실상/김성진/두산동아

96. 역사와 함께 시대와 함께: 김대중 자서전1/김대중/인동

97. 한국현대정치사의 이해/오명호/오름

98. 한국 현대사 바로잡기/김삼웅/가람기획

99. 색깔논쟁/김헌식/새로운 사람들

100. 한경직 평전/조성기/김영사

101. 한국사회의 교육열: 기원과 심화/오욱환/교육과학사

102. 서울 도시계획 이야기: 서울 격동의 50년과 나의 증언 1/손정
목/한울

103. 한국형 경제건설 1/오원철/기아경제연구소

104. 장준하: 민족주의자의 길/박경수/돌베게

105. 해방 후 정치사 100장면: 해방에서 김일성 죽음까지/김삼웅/가람기획

106. 국회의원 마누라가 본 이 나라의 개판정치/윤금중/한국문원

107. 사선을 넘고 넘어: 채명신 회고록/채명신/매일경제신문사

108. 실록 한국은행/한규훈/매일경제신문사

109. 대통령을 그리며/이동원/고려원

110. 빈들에서: 나의 삶, 한국현대사의 소용돌이 2 - 혁명, 그 모순의 회오리/강원용/열린 문화

111. 한미 갈등의 해부/문창극/나남

112. 한국여성노동자 운동사/이옥지/한울아카데미

113. 메이데이 100년의 역사/역사학연구소/서해문집

114. 동굴속의 독백/리영희/나남

115. 한국방송과 50년/노정팔/나남

116. 내 무덤에 침을 뱉어라 5: 김종필의 풍운/조갑제/조선일보사

117. 우리는 지난 100년동안 어떻게 살았을까 3/한국역사학연구회/역사비평사

118. 한국정치변동론/한배호/법문사

119. 분단과 혁명의 동학: 한국과 멕시코의 정치경제/김병국/문학과지성사

120. 신문발행인의 권력과 리더십: 장기역의 부챗살 소통망 연구/안병찬/나남

121. 경향신문 50년사/경향신문사 시사편찬위원회/경향신문사

122. 한국을 움직인 현대사 61장면/지명관/다섯수레

123. 한국정당정치의 이해/김용호/나남

124. 분단과 반민주로 본 한국정치 이야기 상/이정석/무다미디어

125. 박정희의 시대/하야시 다케히코/월드콤

126. 혁명과 우상: 김형욱 회고록 2/김경재/전예원

127. 서울 도시계획 이야기: 서울 격동의 50년과 나의 증언 4/손정목/한울

128. 국가와 혁명과 나/박정희/지구촌

129. 흙 속에 저 바람 속에: 이것이 한국이다/이어령/문학과 지성사

130. 대한민국 다큐멘터리/정지환/인물과 사상사

131. 논쟁으로 본 한국사회 100년/조현연/역사비평사

132. 남북을 잇는 현대사 산책/김지형/선인

133. 현대 한국정치: 이론과 역사 1945~2003/손호철/사회평론

134. 세계를 구름처럼 떠도는 사나이/피터현/푸른숲

135. KCIA 비록(秘錄)-X파일 1: 중앙정보부 전 감찰실장 방준모 전격증언/문일석/한솔미디어

136. 경제근대화의 숨은 이야기: 국가 장기 경제 개발 입안자의 회고록/이기홍/보이스사

137. 영욕의 한국경제: 비사(秘史) 경제기획원 33년/김홍기/매일경제신문사

138. KBS야, 너 참 많이 컸구나!/김재길/세상의창

139. 노근리 그 후, 주한미군 범죄 55년사/오연호/월간 말

140. 전태일 평전/조영래/돌베개

141. 6.3 학생 운동사/6.3동지회/역사비평사

142. 하일과거사 처리의 원점: 일본의 전후처리 외교와 한일회담/이원덕/서울대학교출판부

143. 실록 박정희와 한일회담: 5.16에서 조인까지/이도성/한송

144. 경제 못 살리면 감방간데이: 한국의 경제부총리, 그 인물과 정책/주태산/중앙M&B

145. 동아자유언론 실천운동백서/동아일보사 노동조합/동아일보사

146. 한국의 언론 사회사 하(下)/김영호/지식산업사

147. 대통령 후보들: 역대 대통령 선거 내막/조재구/성정출판사

148. KCIA 비록(秘錄)-X파일 2: 중앙정보부 전 감찰실장 방준모 전격 증언/문일석/한솔미디어

149. 방송에 꿈을 심고 보람을 심고/임택근/문학과 사상사

150. 관료부패와 통제전략: 비교론적 시각/강성남/장원출판사

151. 남북한현대사/하야시 다케히코/삼민사

152. 현대사회문제/정근식/사회문화연구소

153. 우리시대의 언어게임: 언어로 보는 한국현대사/고길섶/토담

154. 임자, 자네가 사령관 아닌가: 김용환 회고록/김용환/매일경제신문사

155. 한국사회 50년: 사회변동과 재구조화/박경애/서울대학교출판부

156. 불행한 조국의 임상노트: 정치재판의 현장/한승헌/일요신문사

157. 한국 민족주의의 탐구: 송건호 평론선/송건호/한길사

158. 내 남편 윤이상 (상)/이수자/창작과 비평사

159. 책의 탄생/김언호/한길사

160. 서울 도시 계획 이야기: 서울 격동의 50년과 나의 증언2/손정목/한울

161. 서울: 시간을 기억하는 공간/심승희/나노미디어

162. 자유인(自由人), 자유인: 리영희 교수의 세계인식/리영희/범우사

163. 스핑크스의 코: 리영희 에세이/리영희/까치

164. 조선일보 70년사 제1권/조선일보사/조선일보사

165. 북한정치사회의 이해/김창희/법문사

166. 북한 50년사: 우리가 떠안아야 할 반쪽의 우리 역사/김학준/동아출판사

167. 조선신문 100년사/리용필/나남

168. 남북한 정치의 구조와 전망/이종석/한울아카데미

169. 개발독재와 박정희 시대: 우리 시대의 정치경제적 기원/이종석/창비

170. www.한국현대사.com/김진국, 정창현/민연

171. 한국외교 어제와 오늘/김창훈/다락원

172. 다큐멘터리 박정희 4/김교식/평민사

173. 한국사회의 교육열: 기원과 심화/오욱환/교육과학사

174. 대통령들의 초상: 우리의 역사를 위한 변명/이병주/서당

175. 호외, 백 년의 기억들: 강화도조약에서 전두환 구속까지/정운현/삼인

176. 한국 현대언론사론/정진석/전예원

177. 한국 언론의 사회사 상(上)/김영호/지식산업사

178. 한국 언론의 사회사 하(下)/김영호/지식산업사

179. 새로 쓰는 한국 언론사/김민남 외/아침

180. 한국 전쟁과 한국자본주의/경상대학교 사회과학연구소/한울아카데미

181. 한국 대중가요사/이영미/시공사

182. 문단골 사람들: 이호철의 문단일기/이호철/프리미엄북스

183. 한국현대사 강의/김인걸 외 편저/돌베게

184. 박정희 대통령과 주변사람들/김종신/한국논단

185. 한국정치사/한국정치연구회/백산서당

186. 1960년대/김성환 외/거름

187. 강좌 한국 근현대사/역사학연구소/풀빛

188. 실록 제 3공화국/박봉현/고려출판문화공사

189. 총성 없는 전선: 격동의 한.미.일 현대 외교 비사/정진석/한국문원

190. 권력과 여인/이정식/돋움

191. 유고!/조갑제/한길사

192. 한국의 이너서클: 대기자 취재파일/손광식/중심

193. 어처구니없는 한국현대사/김희경 외/지성사

194. 한국경제정책 30년사: 김정렴 회고록/김정렴/중앙일보사

195. 한국형 경제건설2/오원철/기아경제연구소

196. 이 땅에 태어나서: 나의 살아온 이야기/정주영/솔

197. 카리스마 vs 카리스마 이병철, 정주영/홍하상/한국경제신문

198. 한국의 대중문화/강현두/나남

199. 통일 한국의 땅 이야기: 토지제도가 바로 서야 나라가 바로선 다/임철/동연

200. 오늘의 한국사회/임희섭, 박길성/나남

201. 파벌로 보는 한국야당사: 정치파벌에 대한 심층적 분석/이영 훈/에디터

202. 고난의 한길에도 희망은 있다/김옥두/인동

203. 한국의 노동운동과 국가/최장집/나남

204. 이야기 여성사 1/여성신문사 편집부/여성신문사

205. 발굴 한국 현대사 인물/한겨레 신문사/한겨레 신문사

206. 한국 노동계급의 형성/구해근/창작과 비평사

207. 다시 쓰는 한국현대사 2: 휴전에서 10.26까지/박세길/돌베개

208. 더 넓은 가슴으로 내일을/최형우/깊은 사랑

209. 조선일보와 45년/방우영/조선일보사

210. 한국사회와 관료적 권위주의/한상진/문학과지성사

211. 멍청한 군상들: 전 보안사 베테랑 수사관의 자전적 수사 실 화/백동림/도서출판답게

212. 에너지 정책과 중동진출/오원철/기아경제연구소

213. 유신시대의 곡필/김삼웅/신학문사

214. 한국형 경제건설 2: 내가 전쟁을 하자는 것도 아니지 않느냐/
오원철/한국형경제정책연구소

215. 한국 현대사 바로잡기/김삼웅/가락기획

216. 청와대 비서실 1/김진국, 정창현/중앙일보사

217. 청와대 비서실 3/박보균/중앙일보사

218. 위인 박정희/정재경/집문당

219. 산 자여 말하라: 나의 형 최종길 교수는 이렇게 죽었다/최종
선/공동선

220. 흥남부두의 금순이는 어디로 갔을까/이영미/황금가지

221. 공장의 불빛/석정남/일월서각

222. 한국 여성 노동자 운동사 1/이옥지/한울아카데미

223. 노동운동과 노동자 문화/정현백/한길사

224. 한국의 여성운동: 어제와 오늘/이효재/정우사

225. 역설의 변증: 통일과 전후세대와 나/리영희/두레

226. 정치공작사령부 남산의 부장들 2/김충식/동아일보사

227. 마키아벨리로부터 배우는 지도력/마이클 레딘/리치북스

228. 대한민국 군인 정승화/정승화/휴먼앤북스